HISTOIRE
UNIVERSELLE,
ANCIENNE ET MODERNE.

HISTOIRE UNIVERSELLE,

ANCIENNE ET MODERNE;

PAR M. LE COMTE DE SÉGUR,

DE L'ACADÉMIE FRANÇAISE, PAIR DE FRANCE, etc. etc.

Histoire Moderne.

TOME SEIZIÈME.

HISTOIRE DE FRANCE.

BRUXELLES,

ARNOLD LACROSSE, IMPRIMEUR-LIBRAIRE,
RUE DE LA MONTAGNE, Nº 1015.
1826.

HISTOIRE MODERNE.

HISTOIRE DE FRANCE.

CHAPITRE PREMIER.

SUITE DES CAPÉTIENS.

PHILIPPE III, DIT LE HARDI.

(1270.)

Douleur de Philippe.—Arrivée de Charles d'Anjou en Afrique.—
Ordonnance relative à la majorité des rois.—Victoires de Charles
sur les Sarrasins. —Traité avec eux. —Désastre de la flotte des
croisés.—Mort de Thibaut, roi de Navarre. —Mort de la reine
Isabelle.—Arrivée de Philippe à Paris.—Hommages rendus à la
mémoire de saint Louis.—Ses obsèques.—Sacre de Philippe.—
Son gouvernement.—Ordonnance relative aux avocats. —Désordres du clergé réprimés.—Austérité du roi.—Contraste dans
les mœurs de ce temps.—Progrès de l'autorité royale.—Puissance
de l'université.—Hommage du roi d'Angleterre.—Élection d'un
empereur d'Allemagne.—Concile à Lyon.—Mort de deux illustres docteurs.—Mariage de Philippe.—Différends pour le
royaume de Navarre.—Procès de La Brosse.—Son jugement.—
Sa condamnation et sa mort.—Ambition de Charles d'Anjou.—
Ses insultes au souverain pontife.—Origine de la maison d'Autriche. —Tyrannie de Charles.—Vêpres siciliennes.—Massacre
des Français dans toute la Sicile.—Descente de Charles en Sicile.
—Combat singulier proposé par le roi d'Aragon.—Sa lâcheté.
—Victoires de Roger Doria.—Défaite de Charles-le-Boiteux.—

Mort de Charles d'Anjou. — Mort du roi de Castille. — Guerre entre Philippe et le roi d'Aragon. — Mariage de Philippe-le-Bel. — Derniers succès du roi. — Mort de Pierre d'Aragon. — Maladie et mort de Philippe. — Ses enfans. — Ministres, guerriers et savans sous ce règne. — Fondations de Philippe. — Première lettre d'anoblissement.

Douleur
de Philippe.

PHILIPPE, fils de saint Louis, au moment de monter sur le trône, semblait plutôt destiné à suivre son père dans la tombe. La fièvre contagieuse qui l'avait atteint, et la vive affliction qu'il éprouvait, étendaient un voile funèbre sur le flambeau de ses jours; mais sa jeunesse (il avait alors vingt-cinq ans), la vue d'un ennemi féroce qui entourait son camp, le désir de sauver l'armée et de la ramener en France, enfin l'impression des derniers conseils que son père lui avait donnés pour lui retracer ses devoirs et pour raffermir son courage, le firent triompher de la maladie et de la douleur.

Arrivée
de Charles
d'Anjou en
Afrique.

Il était encore en danger, lorsque son oncle, Charles d'Anjou, débarqua sur la côte d'Afrique avec les troupes qu'il amenait de Sicile. Ce prince, impétueux dans tous ses sentimens, donna les signes du plus violent désespoir lorsqu'il vit étendu sur sa couche funèbre l'infortuné monarque qu'il avait si vivement pressé de commencer cette guerre fatale, et dont il espérait partager les triomphes. Il inonda son corps de larmes, et obtint qu'on lui donnerait le cœur et les entrailles du roi. Ils furent enterrés en Sicile, dans l'abbaye de Montréal près de Palerme.

Philippe avait ordonné à Geoffroi de Beaulieu de porter en France les restes mortels de saint Louis;

mais l'armée s'y opposa : elle aurait cru périr tout entière s'il ne lui était rien resté de ce héros qui l'avait si souvent conduite à la victoire, et dont elle voulait venger la mort. Il semblait que l'ombre seule de ce grand homme, planant sur elle, pouvait lui donner l'espérance de vaincre encore les Sarrasins.

Comme Philippe, miné par la fièvre, ne concevait qu'un espoir peu certain de revoir sa patrie, il craignait d'exposer la France aux troubles inséparables d'une longue minorité ; et, pour que son fils encore enfant fût moins long-temps assujetti aux liens d'une régence, il changea par une ordonnance l'époque de la majorité des rois, jusque-là fixée à vingt et un ans. Par cette ordonnance, les monarques furent déclarés majeurs à quatorze ans.

Ordonnance relative à la majorité des rois.

Bientôt il fallut s'arracher à la douleur et aux larmes pour combattre. Le roi, se trouvant trop faible encore pour monter à cheval, confia le commandement de l'armée à son oncle Charles.

Ce prince, dont le chagrin et la colère enflammaient le bouillant courage, fut puissamment secondé par l'ardeur d'une armée qui demandait à grands cris le signal du combat et de la vengeance. Les Français s'élancèrent tous rapidement sur les pas de Charles avec une telle furie qu'au premier choc ils enfoncèrent les barbares, les mirent en fuite et leur tuèrent cinq mille hommes (1).

Victoires de Charles sur les Sarrasins.

Cette victoire était glorieuse ; mais la position des chrétiens n'en resta pas moins critique : les

______

(1) 1270.

Musulmans recevaient chaque jour des renforts ; et, décidés à éviter habilement désormais toute bataille décisive, ils fatiguaient par des escarmouches continuelles l'armée royale, qui voyait chaque jour consumer ses forces par la disette, par la chaleur et par la contagion.

Ainsi les Français étaient menacés d'une ruine totale ; une ruse de Charles les sauva : marchant contre les Maures avec une moitié de l'armée, il feignit tout à coup de fuir devant eux. Les Sarrasins, le croyant frappé de terreur, se rassemblent en masse, le poursuivent avec impétuosité, et tombent dans le piége qu'il leur avait tendu.

Au moment où ils ont tourné une colline, Charles fait volte-face ; et, tandis qu'il renouvelle le combat, Philippe, qui avait recouvré ses forces et qui s'était posté derrière la hauteur avec l'élite de ses troupes, tombe à l'improviste sur le flanc des barbares, et y jette un affreux désordre. En vain ils veulent résister à ces deux attaques ; leur acharnement ne fait que rendre leur défaite plus sanglante. De toutes parts ils sont enfoncés, massacrés. La plus grande partie périt sur le champ de bataille ; le reste, cherchant son salut dans la fuite, entraîna dans sa course le roi de Tunis, et fut poursuivi par les Français jusqu'au pied des montagnes.

Tels furent les jeux funèbres qui signalèrent les obsèques du héros de la France et de la croix. Cette journée accrut la gloire militaire de Charles, et justifia le surnom de Hardi que la postérité a donné au fils de saint Louis, surnom qu'aucun événement postérieur de son règne ne lui aurait mérité.

Après cette victoire, tous les princes et seigneurs qui se trouvaient dans le camp français, rendirent hommage à Philippe pour leurs fiefs. Les deux rois vainqueurs assiégèrent Tunis. Philippe étant de nouveau saisi par la fièvre, Charles écrivit en son nom aux régens de France pour confirmer leurs pouvoirs; de plus, abusant de la confiance de son neveu, il ordonna à ces régens de payer ses propres dettes en même temps que celles de saint Louis. Le pieux monarque n'en avait point laissé; mais, par respect pour sa mémoire, la régence acquitta celles de Charles.

Philippe, fatigué par tant de combats, épuisé par le chagrin, et ne pouvant plus conserver d'espoir raisonnable de conquêtes, cessa de résister aux instances des régens qui pressaient son retour au nom de la France. Ainsi, profitant du découragement dans lequel était tombé le roi de Tunis, il conclut avec le prince musulman une trève de dix ans.

Le roi sarrasin paya tous les frais de la croisade, et donna à Charles un tribut égal à celui que le prince français payait au pape. Les chrétiens captifs furent délivrés, et une liberté illimitée de commerce fut accordée par le monarque africain à tous les Francs, avec une exemption totale de taxes.

Après la signature du traité, les rois et l'armée remontèrent sur leurs vaisseaux, portant avec eux le corps de saint Louis. Édouard d'Angleterre arrivait en ce moment avec ses troupes au secours des croisés. Tous alors, partant pour la Sicile, firent de tristes et derniers adieux à ce funeste et brûlant rivage, dont la courte et stérile conquête avait enlevé à l'Europe tant d'illustres guerriers, et à la France le plus grand de ses rois.

Il semblait que le ciel eût résolu de réunir à cette époque tous ses fléaux pour rendre la fin de cette guerre plus désastreuse, et pour mettre un terme à cette folie belliqueuse et fanatique.

Désastre de la flotte des croisés. Lorsque la flotte des croisés eut perdu de vue la terre africaine, une violente tempête la dispersa. A peine échappée à la furie des Sarrasins, elle se vit en proie à celle des vents et des flots; presque tous les vaisseaux de Charles furent brisés. Plusieurs s'engloutirent dans la mer, et quatre mille Français ou Siciliens périrent.

Mort de Thibaut, roi de Navarre. Philippe arriva dans un port de Sicile, suivi d'un petit nombre de bâtimens. Peu de jours après, le trop fameux Thibaut, roi de Navarre et comte de Champagne, mourut des suites de la maladie contagieuse qui avait fait tant de ravages dans l'armée.

Mort de la reine Isabelle. Isabelle d'Aragon, femme du roi Philippe, était grosse; elle tomba de cheval, et ne survécut à cette chute que peu de jours.

Le vertueux Alphonse, frère de saint Louis et comte de Poitiers, fut attaqué de la peste à Sienne, en Toscane, et termina une vie qu'il avait rendue glorieuse par de nombreux exploits et de touchantes vertus. Douze jours après, sa femme, Isabelle de Toulouse, le rejoignit dans le tombeau.

Malgré tant de malheurs, et, pour ainsi dire, d'avertissemens célestes, Philippe et tous les princes et seigneurs qui se trouvaient avec lui en Sicile, jurèrent solennellement qu'ils partiraient dans trois années pour la Palestine; mais l'opinion des peuples était changée, et, en dépit de ce serment des princes, la guerre de Tunis fut la dernière des croisades.

Accablé de toutes les pertes qu'il venait d'éprouver, le roi Philippe partit pour retourner dans ses États. Florence lui fit un froid accueil. Milan lui offrit douze chevaux richement enharnachés et la seigneurie du Milanais; mais la douleur avait éteint momentanément son ambition; il refusa ces dons. Enfin il traversa l'Italie et arriva en France, portant le deuil de toute sa famille (1). « Il ne présenta » aux regards de ses peuples, dit Mézeray, d'autres » trophées que des cercueils tristement remplis et » des caisses vides. » Il fit son entrée à Paris dans le mois de juin 1271.

Sans avoir adopté les formes, les lois, les cérémonies des Égyptiens, de tout temps et par-tout, les peuples ont exercé le droit imprescriptible de juger les rois après leur mort : ils ne prononcent point d'arrêt; mais les sentimens qu'ils font éclater à ces tristes époques, dictent les jugemens de la postérité.

Hors de France, comme en France, toutes les villes, tous les bourgs, tous les villages, tous les hameaux qui se trouvaient sur la route que suivait le cortège funèbre de saint Louis, rendirent par des signes d'une véritable douleur et par des larmes sincères, d'honorables et de pieux hommages à ce monarque universellement chéri et regretté.

Ses restes furent vénérés comme des reliques, et la voix publique le canonisa, pour ainsi dire,

____

(1) 1271.

avant l'Église. Rome seule se montra presque indifférente à une si grande perte. La discorde régnait dans le sacré collége : le Saint-Siége était vacant, et, malgré les exhortations du roi Philippe, les cardinaux perdirent en disputes huit mois, avant de s'accorder sur l'élection d'un pape. Enfin ils donnèrent la tiare à un archidiacre de Liége, qui prit le nom de Grégoire X (1).

Ses obsèques.

Dès que le roi fut revenu dans sa capitale, il fit célébrer les obsèques de saint Louis et porta lui-même sur ses épaules le cercueil du roi son père, de Notre-Dame à Saint-Denis.

« On croit par tradition, dit Vély, que sept mo-
» numens de pierre qui existent sur la route de
» Paris à Saint-Denis, furent élevés par l'ordre de
» Philippe III aux lieux où ce prince fut obligé de
» s'arrêter, lorsqu'il portait les restes mortels de
» saint Louis. »

On voit dans la chronique de Saint-Denis à quel point de folie se porte la vanité humaine, vanité que ne peuvent arrêter ni la loi de l'Évangile, ni le respect dû au temple, ni le sévère aspect d'un cercueil : lorsque le cortége funèbre arriva à Saint-Denis, les moines lui fermèrent la porte de leur église, et ne permirent au roi d'y entrer qu'après qu'il eut commandé aux archevêques de Paris et de Sens de se dépouiller de leurs ornemens pontificaux.

Lorsqu'on eut rendu cet hommage aux priviléges de l'abbaye, les moines remplirent leur devoir de

_____

(1) 1272.

chrétiens, et les restes mortels de saint Louis furent placés près de ceux de Philippe-Auguste. On mit à côté de lui les ossemens de son fils Tristan et de sa belle-fille Isabelle. Enfin on plaça à ses pieds le corps de Villebon son chambellan.

Le 15 du mois d'août 1271, le roi Philippe III fut sacré à Reims par l'évêque de Soissons. On ne vit à cette cérémonie de pairs laïques que le duc de Bourgogne et le comte de Flandre. Robert, comte d'Artois, y portait l'épée de Charlemagne, nommée *la joyeuse.* *Sacre de Philippe.*

La vénération et l'affection que saint Louis avait inspirées à la France, et le respect imprimé par ce grand prince à ses vassaux et aux monarques étrangers, avaient accru et affermi l'autorité royale. Philippe III, en montant sur le trône, ne se vit exposé à aucun des périls qui avaient menacé son père dans sa jeunesse; les factieux étaient devenus des sujets soumis, et l'auréole de la gloire d'un grand roi inspirait encore après lui une profonde vénération pour la royauté.

Louis IX était un de ces princes auxquels on succède paisiblement, mais qu'on ne remplace pas.

Philippe, loin de se trouver réduit, comme les derniers Carlovingiens, à la possession des villes de Reims et de Laon, ou, comme Hugues Capet, à la suzeraineté des terres situées entre la Loire et la Seine, se voyait possesseur de la Normandie, de la Touraine, du Poitou, des comtés du Perche, de Clermont, de Macon, de Beaumont-sur-Oise, de Namur, de Béziers, de Carcassonne, de Péronne, de Narbonne, d'une foule de seigneuries dans la

Beauce, de l'Auvergne, de la Saintonge, du Languedoc, de l'Albigeois, du Rouergue, du Quercy, de l'Agénois et du comtat Venaissin.

Son gouvernement. Le roi, montrant de la modération dans ses premiers actes, rendit l'Agénois à Édouard d'Angleterre, et le pays Venaissin au pape. Continuant à suivre la route que lui avait tracée son père pour soumettre par degrés la justice des seigneurs à la justice royale, il soutint l'autorité de ses baillis et sur-tout celle de son parlement.

Gaston de Foix avait refusé de rendre hommage à Édouard : tous deux furent contraints de faire juger leur différend par le parlement royal.

Ordonnance relative aux avocats En 1274, une ordonnance de Philippe prescrivit aux avocats un serment qui les obligeait de ne se charger que de causes justes, et leur défendit de recevoir des honoraires au delà de trente livres. En cas d'infraction, ils étaient réputés coupables de parjure et d'infamie.

Désordres du clergé réprimés. Depuis long-temps nos rois et les seigneurs français représentaient vivement au Saint-Siége la nécessité de réprimer les désordres et les scandales d'un grand nombre d'évêques et d'abbés. Un exemple était devenu nécessaire ; le pape Grégoire le donna : il jugea et condamna l'évêque de Liége, qui, loin de cacher ses crimes, en tirait vanité. Il avait pour concubine une abbesse bénédictine, et vivait avec d'autres religieuses, desquelles il s'était vanté d'avoir eu quatorze enfans en vingt-deux mois. Après sa condamnation il fut contraint d'abdiquer.

Philippe, comme saint Louis, cherchait, par son

exemple, à faire revivre les austérités de la morale chrétienne. Tout, vices et vertus, était excessif dans ces siècles d'ignorance. Le monarque français, poussant à l'extrême une dévotion louable si elle eût été modérée, portait sous sa cuirasse un cilice, et se condamnait à une abstinence « plus convena- » ble, dit l'abbé Vély, à un moine qu'à un roi. » Austérité du roi.

Ainsi les mœurs du temps offraient le plus éton- nant contraste de rigueur et de dissolution : tandis que saint Louis et son successeur sacrifiaient leur vie pour la croix, tandis que les conciles permet- taient, ordonnaient même le massacre des héré- tiques, l'autorité royale assignait aux courtisanes des quartiers, et protégeait ainsi leur honteux com- merce. Les seigneurs exerçaient sur les nouvelles mariées de leurs domaines un droit dont le nom seul offensait la pudeur et déshonorait l'espèce humaine. Contraste dans les mœurs de ce temps.

Les ordonnances qui prescrivaient le célibat aux prêtres, étaient journellement enfreintes. Les pères de famille se voyaient diffamés et privés de sépul- ture pour avoir refusé d'enrichir leurs églises. Le Saint-Siége accablait les peuples d'impôts, et dé- posait les rois. « Enfin, dit l'abbé Millot, l'avidité » de certains prélats était telle, que Clément IV » se vit contraint d'adresser une sévère réprimande » à l'évêque de Maguelone, qui avait fait frapper » des écus portant l'empreinte de Mahomet, parce » que, depuis les guerres d'Asie et d'Afrique, ce » genre de monnaie offrait un gain considérable. »

L'accroissement de l'autorité royale pouvait seul mettre des bornes à cette licence des seigneurs, et des prélats. Philippe exerça et étendit le droit que Progrès de l'autorité royale.

s'étaient acquis ses prédécesseurs, de donner aux villes des franchises communales, d'y établir des marchés et d'appeler au parlement des jugemens de leurs seigneurs. S'emparant peu à peu de la police générale du royaume, le roi soumit à son autorité l'administration des ponts et chaussées.

« Ce fut ainsi, comme le remarque Condillac,
» qu'en Allemagne et en France, les monarques
» augmentèrent leur puissance par la protection
» qu'ils accordèrent aux communes. En Angleterre,
» les barons, appelant les communes aux parle-
» mens, s'agrandirent par leur appui, tandis qu'en
» Italie les communes, sans souverain et sans pro-
» tecteur, se formèrent en républiques. Par-tout
» on vit diminuer graduellement la puissance des
» nobles; l'autorité temporelle du clergé diminua
» pareillement, et ces deux ordres privilégiés fu-
» rent insensiblement réduits à compter le peuple
» pour quelque chose. »

Les poètes du temps attaquaient les vices d'une partie du clergé par d'amères satires : « Ces abbés,
» disaient-ils, avaient remplacé les trois vertus,
» *charité, vérité, droiture*, par *trahison, hypo-*
» *crisie, simonie*, qu'ils appelaient *les dames de*
» *ce monde. Mensonge*, ajoutaient-ils, *devient*
» *évangile. Nul n'est mes sauz* (sauvé) *sans bé-*
» *guignage.* »

Puissance de l'université. Les écoliers de l'université se battirent avec les moines de l'abbaye de Saint-Germain. L'abbé fut jugé et condamné; car l'université était devenue une puissance redoutable.

Le récit des actions de Philippe-le-Hardi justifie

peu son surnom ; et l'histoire, en retraçant son règne, a plus à parler des événemens qui se passèrent de son temps, sans son influence, que de ceux
qu'il dirigea.

En 1272, la mort de Henri III, roi d'Angleterre,
et de son frère Richard, roi des Romains, donna
la couronne britannique au prince Édouard, qui
se trouvait alors en Palestine. Une querelle élevée
entre les comtes d'Armagnac, de Foix et de Casaubon, agita le midi de la France ; le seigneur de
Casaubon, contraint de se réfugier dans un château
royal, y fut assiégé. Philippe, irrité de cette insulte, conduisit ses troupes dans les provinces méridionales, battit le comte de Foix, le fit prisonnier,
et le retint quelque temps dans ses fers.

Le roi d'Angleterre, Édouard Ier, revenu en Europe, rendit solennellement hommage au roi de
France (1). Sa cause et celle de Gaston de Béarn,
qui refusait de lui rendre les devoirs de vassal, furent jugées par le parlement de Philippe, qui prononça en faveur d'Édouard.

A cette même époque, les électeurs d'Allemagne,
réunis à Francfort, résolurent de ne plus choisir
d'empereur que parmi les princes allemands. Ils
élurent Rodolphe-le-Roux, qui avait récemment
exercé la charge de grand-maréchal du palais d'O-
tocare, roi de Bohême.

Ce Rodolphe était comte d'Hapsbourg en Suisse ;
il devint la souche de la maison d'Autriche. Plusieurs auteurs, depuis, ont prétendu que Rodolphe

(1) 1273.

descendait de la famille des anciens ducs de Lorraine et comtés d'Alsace, laquelle faisait remonter
son origine jusqu'à Archinoald, maire d'Austrasie.

Au reste, cette illustre maison d'Autriche, qui
devint dans la suite si puissante, et qui aspira fréquemment à la monarchie universelle, n'exerça
dans ses commencemens qu'une faible autorité.

Le trône impérial était alors regardé par les
grands princes d'Allemagne comme un titre vain,
dangereux, et plus onéreux qu'utile : aussi Rodolphe
rencontra peu de concurrens qui voulussent lui dis-
puter ce sceptre alors sans éclat.

Pendant l'interrègne qui avait précédé son élection, la Pologne, le Danemarck et la Hongrie s'é-
taient affranchis du joug de l'Empire. Lubeck,
Cologne, Dantzick et quatre-vingts villes se con-
fédérèrent et formèrent une ligue républicaine, sous
le titre de *ligue anséatique*. L'activité, l'industrie
et le courage de cette ligue contribuèrent puissamment aux progrès de l'Allemagne en richesses et
en civilisation.

Rodolphe, loin de renouveler les anciennes prétentions impériales sur la possession des villes
d'Italie, et voulant plutôt remplir ses trésors qu'accroître ses domaines, vendit à ces villes la paix et
la liberté.

Les grands respectaient encore si peu le nouveau
César, qu'Otocare, roi de Bohême, refusa dédai-
gneusement de rendre hommage à un empereur
qu'il avait vu officier dans son palais. « Je ne lui
» dois rien, disait-il avec un orgueil insultant,
» puisque je lui ai payé ses gages. »

L'élection du pape Grégoire avait été si longue,
si difficile, et faisait craindre pour l'avenir tant de
troubles, que le Saint-Siége reconnut la nécessité
de ramener l'ordre au sein de l'Église de Rome (1).

Un grand concile fut convoqué à Lyon pour régler l'élection des papes, réformer les abus dont se
plaignaient les membres les plus respectables du
clergé, et pour décider en même temps plusieurs
questions relatives à la situation des chrétiens dans
la terre sainte, aux intérêts de l'empire grec et
aux dissensions qui agitaient l'Allemagne; car alors,
dans ces congrès solennels, la tiare s'élevait au-
dessus des couronnes, et les princes de la terre les
plus fiers consultaient respectueusement sur leurs
droits les princes de l'Église, dont la puissance temporelle s'était accrue à tel point qu'elle menaçait
l'Europe du joug d'une monarchie théocratique
universelle.

Concile à Lyon.

Ce concile s'ouvrit le 1er mai 1274. On y vit réunis cinq cents évêques, soixante et dix abbés, mille
députés de différentes églises et chapitres, les ambassadeurs de tous les princes de l'Occident et ceux
même de l'empereur grec Michel Paléologue. Le
pape présidait cette assemblée; il était assis sur un
trône qu'entouraient quinze cardinaux.

Le roi Philippe avait donné au souverain pontife, dans la ville de Lyon, un palais magnifiquement meublé, plusieurs grands-officiers et officiers
pour le servir, et une garde nombreuse.

Les ambassadeurs de l'empereur des Grecs ab-

(1) 1274.

jurèrent leurs erreurs devant le concile, et recon-
nurent solennellement ce dogme de l'Église romaine qui déclare « que le Saint-Esprit procède
» du Père et du Fils. »

Pour récompenser l'obéissance de Michel Paléologue, le pape le reconnut comme empereur légitime des Grecs, et défendit à Baudouin II, qui
venait d'être renversé du trône, de porter le titre
impérial.

Dans le même concile, l'élection de Rodolphe de
Hapsbourg, comme empereur des Romains, fut
confirmée. Le pape avait obtenu le désistement du
roi d'Aragon, Alphonse, concurrent de Rodolphe.
Grégoire accorda au nouvel empereur l'autorisation
de lever un impôt sur les biens de l'Église germa-
nique pour payer les frais d'une nouvelle guerre
contre les Musulmans.

Le concile, s'occupant ensuite du but principal
de sa réunion, ordonna qu'à la mort des papes il
serait formé à Rome un conclave composé de cardinaux; et que, pour hâter l'élection d'un souverain pontife, les cardinaux resteraient enfermés
dans le conclave sans pouvoir en sortir jusqu'au
moment où cette élection serait terminée.

« Trois jours après leur clôture, dit le décret
» du concile, si les cardinaux ne sont pas d'accord
» pour le choix d'un pape, on réduira pour les
» cinq jours suivans leur table à un seul plat; et,
» au delà de ces cinq jours, jusqu'à ce que l'élec-
» tion soit consommée, ils ne recevront pour tout
» aliment que du pain et de l'eau. »

Le concile, voulant réprimer le fléau de l'usure

qui se montrait alors par-tout sans frein, prit des décisions sévères contre les usuriers. Philippe en fit emprisonner un grand nombre; mais à cette époque où la langueur de l'industrie et l'inactivité du commerce rendaient l'argent très-rare, le besoin qu'on avait de ces usuriers les mit au-dessus des lois, et leur valut la liberté.

Les évêques et les abbés craignaient alors l'effrayante multiplicité des ordres monastiques; et, malgré la bienveillance du Saint-Siége pour une milice si utile à l'accroissement de son autorité, il accorda aux vœux du concile la suppression de plusieurs ordres mendians. Les prêcheurs et les mineurs furent exceptés de cette réforme; on ajourna celle des carmes et des augustins.

Dans la même année (1), l'Église perdit deux docteurs illustres : Saint Bonaventure, qui venait d'être nommé cardinal, et saint Thomas d'Aquin. L'histoire a conservé une réponse remarquable de saint Thomas d'Aquin au souverain pontife. « Vous » voyez, lui disait un jour le pape, que l'Église est » plus prospère que dans les temps où elle disait : » *Je n'ai ni or ni argent.* » (Actes des Apôtres.) « Cela est très-vrai, saint père, répondit le doc- » teur; mais aussi l'Église ne peut plus dire au pa- » ralytique : *Lève-toi et marche.* »

Mort de deux illustres docteurs.

Si les peuples étaient dégoûtés des croisades, le Saint-Siége s'obstinait toujours à les provoquer : aussi le concile accorda de nombreuses indulgences aux princes, aux seigneurs et aux guerriers qui

(1) 1274.

voudraient se croiser encore pour la délivrance de
la Palestine. Ses efforts furent vains; une fatale expérience avait guéri les peuples de cette folie rui-
neuse et destructive.

Mariage de
Philippe. Après la clôture du concile, le roi épousa Marie
de Brabant (1). Son mariage fut célébré à Vincennes,
et l'année suivante la reine fut sacrée dans la Sainte-
Chapelle.

Différends
pour le
royaume de
Navarre. La mort de Henri, roi de Navarre, donna naissance à des différends qui amenèrent peu de temps
après une guerre dans laquelle la France se vit
entraînée. Henri ne laissait qu'une fille nommée
Jeanne. Il avait nommé Pierre de Montaigu son
tuteur (2).

Les rois d'Aragon et de Castille formèrent bientôt le dessein de s'emparer de la Navarre, et de
fortifier leurs prétentions en épousant l'héritière de
ce royaume.

Ferdinand de Castille, plus prompt que son rival, entra avec ses troupes dans la Navarre; mais
il n'y trouva plus la reine douairière, veuve de
Henri, ni sa fille Jeanne. Ces deux princesses s'é-
taient réfugiées à la cour de Philippe, qui les prit
sous sa protection, se chargea de la tutelle de Jeanne,
et envoya comme gouverneur en Navarre Eustache
de Beaumarchais, qui y conduisit un corps de troupes françaises.

Sur ces entrefaites, Ferdinand, roi de Castille,
mourut. La reine Blanche, sa femme, lui avait
donné deux fils, Alphonse et Ferdinand; mais leur

_____

(1) 1275. — (2) 1276.

oncle Sanche, au mépris de leurs droits, s'empara du trône.

Les deux jeunes orphelins, dépouillés de leurs droits, échappèrent aux fers de l'usurpateur, et se réfugièrent en Aragon (1). Là, au lieu d'un protecteur, ils trouvèrent un tyran perfide qui les fit arrêter. Leur mère seule se sauva en France, « que » l'on commençait déjà, dit Mézeray, à regarder » comme l'asile des rois malheureux. »

Philippe, irrité de tant d'injustices, prit les armes pour défendre la cause de sa sœur Blanche, et, suivant les anciens usages, un héraut, envoyé par lui, menaça solennellement la Castille du poids de sa vengeance, si elle ne rendait pas à ses neveux leurs droits et le trône dont l'usurpation de Sanche les avait dépouillés.

Le duc de Brabant et l'empereur d'Allemagne formèrent une alliance avec Philippe, et joignirent leurs troupes aux siennes. Le roi, à la tête de son armée, marcha vers les Pyrénées. Par ses ordres, Robert d'Artois entra dans la Navarre, qui s'était soulevée contre le gouverneur Beaumarchais.

Ce royaume fut promptement soumis; mais ce premier succès ne fut suivi d'aucun exploit éclatant: Philippe avait hérité de la bravoure de son père, mais non de sa prudence et de son habileté. Il n'avait rien prévu ni préparé pour la subsistance de ses troupes. Ses ennemis enlevèrent à force d'or tous les vivres que le roi aurait dû s'assurer; et, tandis qu'ils amusaient par de feintes négociations Robert

(1) 1277.

d'Artois, ambassadeur de ce monarque, ils réduisirent, par leurs accaparemens, l'armée française
à une telle disette, qu'elle fut obligée de se retirer
sans combattre.

Procès de
La Brosse.

Dans ce même temps, l'insolence d'un favori
subalterne porta une mortelle atteinte au repos in-
térieur du roi, compromit scandaleusement l'honneur de la reine, et produisit d'étranges et humi-
liantes scènes que peuvent seules expliquer les
mœurs d'un siècle encore à demi barbare.

Le roi venait de perdre son fils aîné Louis, fruit
de son premier mariage. Un intrigant, nommé
Pierre La Brosse, autrefois barbier de saint Louis,
était parvenu à la dignité de chambellan, et s'était
emparé peu à peu de la confiance du roi.

La jeune reine Marie de Brabant méprisait La
Brosse, et se plaisait à humilier la vanité d'un parvenu dont l'insolence, encouragée par les basses
flatteries de quelques courtisans, ne connaissait
presque plus de frein.

La Brosse détestait la reine; il forma le dessein
de la perdre dans l'opinion publique et dans l'esprit
de son époux par des calomnies adroitement ré-
pandues.

Quelques scélérats, achetés par lui, accusèrent
cette princesse d'avoir empoisonné le prince Louis,
dans le dessein d'assurer le trône à ses propres enfans. Les médecins déclarèrent qu'ils avaient trouvé
sur le corps du prince des traces de poison. La malignité publique adoptait ces bruits. Bientôt un dé-
lateur gagé accusa solennellement la reine.

Ce scandaleux procès allait commencer, lorsque

le duc de Brabant, conformément aux coutumes de la chevalerie, envoya à Paris un chevalier qui invoqua en son nom, le jugement de Dieu, et offrit de soutenir en champ clos l'innocence de la reine. L'imposteur épouvanté n'osa point soutenir son accusation; il fut pendu.

Aux yeux de la justice Marie était absoute; mais elle ne l'était pas dans le cœur d'un époux méfiant, d'un père privé de son fils, d'un monarque entouré des piéges de la calomnie. Philippe, entraîné par ses soupçons et cédant à de dangereux conseils, chargea l'abbé de Vendôme et l'évêque de Bayeux d'aller interroger, sur la vertu de sa femme, une religieuse dont on vantait alors la science en astrologie, la sainteté, et que le vulgaire crédule vénérait comme une inspirée. La Brosse, par l'entremise du vidame de Laon et d'un moine vagabond qu'il avait payé, se croyait sûr de la docilité de la béguine.

L'évêque de Bayeux, parent de la femme de La Brosse, et secrètement lié aux intérêts de ce favori, alla d'abord seul consulter cette religieuse. Revenu près du roi, il lui dit que la béguine n'avait rien voulu lui révéler que sous le secret de la confession, ce qui le mettait dans l'impossibilité d'éclaircir les doutes de sa majesté.

Cette réponse équivoque, loin de calmer les chagrins du roi, aigrit sa douleur et augmenta ses soupçons. Cependant Philippe irrité, après avoir répondu à l'évêque, avec humeur, qu'il l'avait chargé d'interroger la béguine et non de la confesser, envoya, sans consulter son favori, l'évêque de Dôle et un templier près de la religieuse.

Ceux-ci s'acquittèrent plus loyalement de leur commission, et ils revinrent dire à Philippe que, d'après les réponses de la religieuse, l'accusation était calomnieuse, et que la reine, toujours fidèle à son époux, était totalement innocente du crime qu'on lui avait imputé. Depuis ce temps Marie reprit son crédit et son influence sur le roi, tandis que la faveur de La Brosse diminuait rapidement.

Ce fut après ces événemens que le roi, comme nous l'avons dit, porta ses armes dans le Béarn, dans la Navarre, et se vit forcé par le défaut de subsistances de se retirer assez honteusement avec son armée (1).

La reine, qui regardait Pierre La Brosse comme l'auteur de tous ses chagrins et des affronts auxquels elle avait été exposée, accusa cet indigne favori de s'être laissé corrompre par l'or des Espagnols, et d'avoir ainsi par cette trahison compromis l'honneur du monarque et des armes françaises.

Philippe était alors revenu à Melun; là, un jacobin, sorti d'un couvent de Mirepoix, vint porter secrètement au roi un paquet contenant une lettre de Pierre La Brosse, qui avait été interceptée. Cette lettre, que les auteurs du temps ne nous ont point conservée, contenait probablement quelques avis, quelques renseignemens donnés par La Brosse aux Castillans.

Son
jugement. Ce qui est certain, c'est que Philippe indigné dit, en prononçant son juron accoutumé : « *Par Dieu* » *qui me fit*, il faut qu'on jette ce traître en pri-

______

(1) 1277.

» son et qu'on le juge. » On le conduisit à Paris : Sa condamnation et sa mort. là il fut, dit Mézeray, jugé, condamné et pendu, en présence des ducs de Bourgogne, de Brabant, et de Robert, comte d'Artois (1). L'évêque de Bayeux, beau-frère de La Brosse, se sauva près du pape. Les biens de leurs complices furent confisqués.

L'envie résiste aux jugemens les plus authentiques : on avait détesté La Brosse quand il était puissant, on le plaignit lorsqu'il fut condamné ; et la reine, défendue par la voix publique quand on la persécutait, se vit de nouveau exposée aux soupçons de la multitude après son triomphe : c'est ce que prouve une chronique de saint Magloire, qui parle ainsi de cet événement :

> L'an mil deux cens septante et huit
> S'accordèrent li baron tuit
> A Pierre de La Brosse pendre ;
> Pendu fu sans raencon prendre ;
> Contre la volonté le roy
> Fu il pendu, si com je croy,
> Mien encient qu'il fu desfet,
> Plus par envie que par fet.

Ce qui est assez remarquable, c'est que La Brosse fut pendu au gibet de Montfaucon, qu'il avait fait relever quelques années auparavant.

Des guerres rares et de courte durée, et les querelles domestiques dont nous venons de parler, troublèrent faiblement le règne de Philippe ; et la France en repos vit peu à peu réparer ses forces épuisées par la perte de deux millions d'hommes,

(1) 1278.

et de deux cents millions de livres tournois que lui
avait coûté pendant un siècle la folie des croisades;
folie bien stérile, puisque, après des efforts prodigieux et de brillans exploits, elle avait vu les Musulmans s'emparer de nouveau de Jérusalem, du
tombeau de Jésus-Christ, et les Grecs renverser
l'empire latin, qui n'avait duré que cinquante ans.

Ambition
de Charles
d'Anjou.

L'ambition des princes de l'Europe s'était cal-
mée: le fils de saint Louis semblait n'avoir hérité
que des vertus pacifiques de son père. La fougue
impétueuse d'un seul roi, Charles d'Anjou, agitait
encore l'Europe, et opprimait une partie de l'Italie
qui fut bientôt inondée du sang des Français (1).

Charles, roi de Naples et de Sicile, sénateur de
Rome et vicaire de l'Empire, loin de jouir en paix
de ses conquêtes, voulait se rendre maître de l'Italie. Il porta même ses vues ambitieuses sur le trône
de Constantinople, auquel il prétendait avoir des
droits comme gendre de l'empereur Baudouin dé-
trôné.

En même temps, étendant ses vues d'agrandissement sur l'Asie et la Palestine, il acheta de la fille
de Lusignan le sceptre de Jérusalem; car tel était
alors le sort des peuples et des pays qu'ils habi-
taient, les rois prétendaient en disposer comme de
domaines, de troupeaux et de propriétés personnelles.

Michel Paléologue et Rodolphe, empereurs, l'un
des Grecs, et l'autre des Allemands, s'allièrent pour
opposer une digue à son inquiète activité; et leurs

(1) 1279.

flottes réunies, triomphant de celle de Charles, le
forcèrent de renoncer à ses gigantesques projets.
Le caractère altier de ce prince grossissait le nombre de ses ennemis, et lui enlevait ses alliés les plus
naturels.

A cette époque la puissance temporelle du Saint-
Siége était pour le conquérant de Naples l'appui le
plus nécessaire; il se priva lui-même de cette utile
assistance en traitant avec une hauteur insultante
le souverain pontife, qui avait demandé pour un
de ses neveux la main d'une fille de Charles. « Quoi-
» que le pape, répondit le prince français, porte
» la chaussure de pourpre, son sang n'en est pas
» devenu plus digne de se mêler avec celui de la
» maison royale de France. »

Nicolas III occupait alors le trône pontifical :
c'était un Romain nommé Gaïétan, issu de l'illustre
famille des Ursins. Irrité de l'affront qu'il venait
de recevoir, il se joignit aux ennemis de Charles,
qui se vit forcé de renoncer à ses titres de sénateur
et de vicaire du Saint-Empire.

Dans le même temps la reine Marguerite, veuve
de saint Louis, réclama la Provence et implora,
pour soutenir ses droits, l'appui de l'empereur,
alors souverain de ce comté.

L'ambition a ses bassesses comme ses hauteurs :
Charles, craignant de perdre la Provence, rendit
hommage à Rodolphe comme à son suzerain, et lui
promit pour l'un de ses fils sa fille Clémence.

Rodolphe alors venait de cimenter sa puissance
par une éclatante victoire qu'il remporta sur son
ancien seigneur Otocare. Otocare périt, et Rodolphe

Ses insultes envers le souverain pontife.

Origine de la maison d'Autriche.

conquit le duché d'Autriche, dont il investit son fils Albert. De ce moment leur maison prit le nom de maison d'Autriche.

Tyrannie de Charles.

Si Charles, irrité par son ambition, excitait contre lui l'animosité des étrangers, il s'attirait par ses rigueurs, par ses injustices, par sa tyrannie, la haine de ses sujets. Loin de réprimer l'orgueil, la cupidité, la licence des guerriers français qui remplissaient sa cour et son camp, il les encourageait à opprimer, à pressurer, à outrager le peuple infortuné que le sort avait soumis à leurs armes.

L'erreur la plus commune aux oppresseurs des nations et aux flatteurs des tyrans, est de prendre l'immobilité causée par la crainte, et le silence prescrit par la nécessité, pour des signes de calme et de résignation. Ils apprennent trop tard que plus on se tait devant l'injustice, plus on est près de consiprer contre elle. Sous le joug de la tyrannie, la plainte annonce un reste d'espérance. Lorsqu'un peuple opprimé reste muet, c'est qu'il est disposé au désespoir et à la révolte, et alors il ne faut qu'un homme et qu'un événement pour que la vengeance éclate.

Vêpres siciliennes.

Un Napolitain nommé Jean de Prochita, parce qu'il possédait une île de ce nom, avait joui d'un grand crédit dans la Sicile sous le règne de Mainfroy; il était considéré comme un habile médecin et un savant jurisconsulte.

Charles d'Anjou le dépouilla de ses charges et confisqua ses biens (1). Prochita, nommé par d'au-

____

(1) 1281.

tres auteurs Procida, conçut le ferme et hardi dessein de venger ses affronts et de délivrer sa patrie.

C'était un de ces caractères à la fois violens et souples, qu'aucun péril n'arrête ; qu'aucun obstacle ne rebute, et qui, impénétrables dans leurs desseins, savent les déguiser sous mille formes, associer les passions des autres aux leurs, et attendre l'occasion propice pour arriver plus sûrement à leur but.

On ne trouve point d'associés dans une conspiration sans leur offrir des appuis qui calment leur terreur, et des moyens pécuniaires qui rendent le succès probable. Procida, certain que l'ambition de Pierre, roi d'Aragon, servirait ses projets de vengeance, puisque ce prince, ayant relevé le gant de Conradin, avait par là manifesté précédemment ses prétentions au trône conquis par Charles d'Anjou, courut secrètement conférer avec lui.

Assuré de son consentement et de sa coopération, il se déguisa en cordélier, parcourut toute la Sicile, enflamma les ressentimens, et ourdit avec adresse et mystère la trame de sa conspiration. Sous le même déguisement, il se rendit à Constantinople, communiqua son projet à Michel Paléologue, en obtint une somme d'argent considérable, et revint à Rome où il trouva le pape Nicolas III disposé à favoriser son entreprise.

Il se croyait au moment de la faire éclater ; mais la mort imprévue de Nicolas III et l'élévation du pape Martin IV, élu par l'influence de Charles, forcèrent Procida à suspendre l'exécution des scènes sanglantes qu'il méditait.

Il consacra encore deux années à resserrer les

liens qui l'unissaient avec ses complices, et à augmenter le nombre des conjurés. Infatigable dans
ses courses, dans ses efforts, multipliant sans cesse
ses conférences, on ne peut concevoir comment un
homme suffit à tant de travaux, échappa à tant de
périls, et sut couvrir pendant deux ans d'un voile
impénétrable une conspiration devenue presque
universelle à Naples, en Sicile, et dans le secret
de laquelle étaient nécessairement entrés tant d'é-
trangers. La haine profonde inspirée par la tyrannie la plus violente peut seule expliquer comment
cet horrible mystère put rester si long-temps caché
aux regards de Charles, de ses ministres et de sa
vigilante police.

Les conjurés étant convenus que le lendemain
de Pâques, dans l'année 1282, lorsque les cloches
sonneraient les vêpres, on ferait main basse sur
tous les Français, ce funeste massacre s'exécuta avec
une rage, une cruauté, dont l'histoire d'aucun peuple n'avait encore offert l'exemple (1).

Le gouvernement, dont la chute était jurée,
s'endormait dans une profonde sécurité. On dit cependant que Charles, qui était alors en Toscane,
avait reçu quelques avis secrets; mais il les méprisa.

L'armement du roi d'Aragon, qui s'embarquait
avec une flotte nombreuse sous prétexte d'aller en
Afrique combattre les Sarrasins, éveilla si peu les
soupçons de Charles, qu'il lui prêta quelque argent
pour cette expédition.

Au reste, Pierre d'Aragon avait si bien masqué

____

(1) 1282.

sès desseins, que le roi de France, Philippe, lui donna aussi vingt mille écus d'or pour favoriser le succès de sa croisade.

Ainsi les Français furent frappés de la foudre sans avoir entrevu aucun nuage, aucun éclair qui l'annonçât.

Palerme fut le premier théâtre où cette horrible vengeance éclata. On dit qu'un acte de violence commis par un Français redoubla dans cet instant fatal la furie d'un peuple déjà trop disposé à la vengeance.

Rémy, gouverneur de Palerme, ayant commandé à quelques soldats de s'assurer si, comme on en avait eu avis, les Siciliens qui se rendaient à l'église portaient des armes cachées, ces soldats fouillèrent indécemment la fille d'un Sicilien nommé Roger.

Aux cris de cette jeune vierge, ses parens accourent; la cloche funèbre sonne; Procida paraît; les habitans sortent en foule de leurs maisons, et le massacre commence. Dans l'enceinte de la ville et dans toute l'étendue de la Sicile, tous les Français sont, dans le même moment et au même signal, assaillis, renversés, égorgés.

Vainement ces infortunés cherchent un asile dans les temples. Les cordeliers, les dominicains, partageant la fureur populaire, poignardent ces malheureux au pied des autels. La haine et la férocité étaient portées à tel point qu'on vit les Siciliens mêmes dont les filles étaient mariées à des Français, exterminer sans pitié ces filles innocentes, et écraser leurs enfans sur le pavé. Huit mille Français périrent à Palerme, en deux heures, dans cette affreuse journée, burinée en traits de sang dans les fastes de l'histoire, sous le nom de *vépres siciliennes.*

La tyrannie de Charles était horrible, la vengeance fut plus horrible encore. La dernière de ces scènes épouvantables eut lieu à Catane, le 4 avril. Un Français, nommé Jean Viglemad, veut embrasser de force une noble Sicilienne, Julie Villanelli : le mari, furieux, accourt pour la défendre ; il tombe percé de coups. Julie demande vengeance : le peuple s'arme et immole tous les Français au nombre de plus de huit mille.

Quelques-uns se réfugièrent dans un château fort, où la faim termina leur vie. Plusieurs conçurent l'espoir de se sauver sous le costume des habitans du pays, et en parlant leur langage ; mais les Siciliens soupçonneux les forçaient, en les rencontrant, à dire le mot *ciceri,* et, comme ils prononçaient mal ce mot difficile pour les étrangers, ils étaient à l'instant reconnus et poignardés.

Tel fut le criminel et terrible châtiment de ces conquérans coupables qui, abusant sans mesure de la victoire, et égarés par l'exemple de leur roi, avaient abaissé les grands, dépouillé les riches, opprimé le peuple, outragé la pudeur et déshonoré les familles.

La vengeance fut cependant inexcusable dans ses excès : puisse-t-elle au moins avertir à jamais les oppresseurs de l'inévitable péril auquel les livre tôt ou tard le désespoir des opprimés ! Le sang de vingt mille Français a gravé en traits ineffaçables cette cruelle leçon.

La même époque en offre heureusement une plus

douce : au milieu de cette explosion de la haine la plus violente et des vengeances les plus implacables, un Provençal, Guillaume des Porcelets, issu d'une illustre famille, seigneur d'une partie de la ville d'Arles, se vit respecté par la furie des Siciliens; leurs poignards tombèrent devant lui.

Il avait suivi Charles en Italie; après s'être signalé dans de nombreux combats, il avait obtenu le gouvernement de la ville de Pouzzole. Son intègre probité, son impartiale justice, la sagesse et la douceur de son gouvernement lui méritèrent l'affection générale; et, au milieu du massacre de tous ses compatriotes, il resta seul debout et intact, comme ces anciens temples, comme ces monumens antiques de la piété, dont la sainteté, au milieu des invasions barbares, excitait la vénération, et arrêtait la licence des plus farouches conquérans.

Il est facile de concevoir l'effet que dut produire la nouvelle de cette révolte et de ce massacre sur le caractère violent du roi Charles. Enflammé du désir de venger sa couronne, son honneur et les victimes de la férocité sicilienne, il rassemble à la hâte les débris de ses troupes, appelle, invoque, obtient des secours du pape et du roi de France, débarque en Sicile, et assiége Messine.

La ville, investie par les Français, excommuniée par le Saint-Siége, intimidée par les armes de Charles et par les foudres du Vatican, offre de capituler. Elle ne demande, pour toute condition, qu'une amnistie. Mais l'orgueil blessé et la passion de la vengeance sont inaccessibles à la pitié. Le roi fut inexorable.

Le désespoir rendit aux assiégés leur courage, et leur créa, pour ainsi dire, de nouvelles forces; ils se défendirent avec opiniâtreté. Bientôt la flotte du roi d'Aragon arriva sur les côtes; il y débarqua son armée, entra dans Palerme, et y fut couronné roi de Sicile.

Malgré ce secours tant désiré, les Siciliens, réunis aux Espagnols, étaient encore inférieurs en nombre aux guerriers de Charles, et tout pouvait faire présumer que ce prince, habile dans l'art de la guerre, marchant à la tête de troupes accoutumées à la victoire, triompherait de son ennemi.

Le roi d'Aragon, qui redoutait une telle lutte, n'osa point confier sa fortune au sort d'une bataille; et, pour s'assurer le sceptre dont il s'était emparé, préférant honteusement la ruse à la force, il proposa au roi Charles, sous le prétexte honorable d'épargner le sang de leurs sujets, de vider leur propre querelle par un combat singulier, en champ clos, où chacun des deux rivaux se ferait assister par cent chevaliers.

Cette proposition, conforme aux mœurs du temps et aux coutumes de la chevalerie, réussit, fut acceptée, et devait l'être puisqu'elle était adressée à un prince brave, hardi, fougueux, français en un mot, et plus guerrier que politique.

Il ne vit pas, ou ne voulut pas voir, malgré les avis prudens du pape, que donner du temps au roi d'Aragon, c'était lui donner la couronne. Il accepta donc le défi, choisit pour lieu du combat un champ près de Bordeaux, pour époque le 1er juillet 1283, et pour juge du camp le roi d'Angleterre.

On convint d'une trève pour un an; et le siége
de Messine fut levé. Rome seule, ne reconnaissant
point la trève, continua à se servir de ses armes.
Le pape excommunia et déposa le roi d'Aragon.

Ce monarque, peu alarmé de ce nouveau genre
de guerre, répondit avec un dédain insultant au
souverain pontife, « que désormais, pour obéir à
» ses décrets, il ne s'appellerait plus roi, mais *che-*
» *valier d'Aragon, seigneur de la mer, et père*
» *de trois monarques.* »

L'année suivante (1), l'impétueux Charles, ponc-
tuellement fidèle à sa parole, arrive à Bordéaux;
et, à l'heure assignée pour le combat, il entre dans
le champ clos avec les cent chevaliers qui l'accom-
pagnaient; mais vainement il y resta depuis le lever
jusqu'au coucher du soleil; le roi d'Aragon n'y parut point.

Il est vrai que ce perfide prince, dès que le jour _{Sa lâcheté.}
eut fait place aux ténèbres, descendit à Bordeaux
dans la maison du sénéchal, y prit acte de sa com-
parution, lui laissa ses armes, pour prouver qu'il
avait rempli sa promesse, et s'enfuit précipitamment, parce qu'il craignait, disait-il, d'après des
avis certains, de tomber dans un piége que le roi
de France lui avait tendu. Les Espagnols lui donnèrent le surnom de *grand;* et les Français indignés
celui de *traître :* la postérité les lui laisse tous deux
réunis.

Le pape, appuyé cette fois par l'opinion publique,
lance de nouveau ses foudres contre l'Aragonais,

____

(1) 1283.

invite tous les princes de l'Europe à se croiser
contre lui, et dispose de la couronne d'Aragon en
faveur de Charles, comte de Valois, second fils du
roi de France, qui reçut ce sceptre d'un légat envoyé en France par le souverain pontife.

C'était ainsi que le Saint-Siége profitait de toutes
les circonstances pour accroître son autorité temporelle, et des passions aveugles des rois qui abais-
saient ainsi leur couronne, et la soumettaient à la
tiare.

Philippe aurait dû sentir que, recevoir une couronne du pape, c'était lui reconnaître, dans d'autres
circonstances, le droit de lui enlever la sienne.

Victoires de Roger Doria. Tandis que Charles, reconnaissant tardivement
une faute irréparable, voyait la perfidie de son
rival triompher de sa crédulité, Roger Doria, amiral du roi d'Aragon, remporta une victoire sur la
flotte de Charles, débarqua ses troupes en Italie,
défit celles du prince français, et vint camper près
de Naples.

Défaite de Charles-le-Boiteux. L'armée de Charles d'Anjou était alors commandée par son fils Charles-le-Boiteux. Ce jeune
prince, trop ardent pour attendre l'arrivée de son
père et les renforts qu'il lui amenait, attaqua l'a-
miral avec furie, mais sans ordre, fut vaincu, pris
et conduit enchaîné à Palerme.

Les implacables Siciliens le condamnèrent à mort,
pour venger les mânes de Conradin ; mais la générosité de la reine Constance le déroba à la fureur
du peuple ; et, peut-être par politique autant que
par pitié, elle l'envoya en Aragon au roi son époux,
qui le retint en prison.

Trois jours après ce funeste combat, Charles, enflammé de colère et accablé de douleur, arriva près de Naples avec des troupes trop peu nombreuses pour réparer un si grand revers.

Disputant cependant pied à pied et avec courage les débris de son sceptre, il lutta encore quelques mois contre la fortune, maintint son autorité dans la Pouille, dans la Calabre, et mourut à Foggi en 1285, laissant à son fils Charles-le-Boiteux le triste héritage de sa mémoire détestée, de sa couronne perdue et de sa gloire flétrie.

Ce prince, par un mélange trop ordinaire alors de dévotion et de vices, prononça en mourant ces paroles rapportées par Villani, et qu'il adressait au crucifix : « Sire Dieu, je crois vraiment que vous » êtes mon sauveur : ainsi vous prie que vous ayez » pitié de mon ame. C'est plus pour servir sainte » Église que pour mon profit, que je fis la proye » du royaume de Sicile; ainsi vous me pardonne- » rez mes péchés. »

A la même époque mourut un monarque non moins infortuné, Alphonse, roi de Castille. Sanche, son fils, le dépouilla de son sceptre. Alphonse, en mourant, maudit ce prince dénaturé, et légua ses droits, sa couronne et sa vengeance à ses petits-fils, Alphonse et Ferdinand, descendans de Blanche de Castille. Le sort, qui favorise trop rarement la vertu, favorisa le crime, et l'ingrat Sanche conserva le trône qu'il avait usurpé.

Le roi Philippe gémissait des égaremens, de la tyrannie et des malheurs de Charles son oncle; mais, ne pouvant avec honneur rester insensible à tant d'affronts, à tant de revers et au massacre de tant de Français, il déclara la guerre à Pierre, roi d'Aragon; et, pour mieux assurer sa vengeance, conformément aux mœurs du temps, il fit publier en France une croisade contre ce prince.

On accourut à son appel de toutes parts, et bientôt il marcha vers les Pyrénées à la tête de cent vingt mille hommes, dans le dessein de détrôner son ennemi, et de placer la couronne d'Aragon sur la tête de son fils, Charles de Valois.

En chemin, il fut rejoint par Jacques, roi de Majorque et de Minorque, qui s'était vu aussi dépouillé de ses domaines par l'ambition du monarque aragonais.

Avant de partir pour cette expédition, le roi de France avait marié son fils aîné, Philippe-le-Bel, alors âgé de quinze ans, et lui avait fait épouser Jeanne, comtesse de Brie et de Champagne. Les deux époux étaient parens; mais le pape leur accorda les dispenses nécessaires pour que ce mariage restât inattaquable.

La fortune se montra d'abord favorable aux armes de Philippe; peu de jours après qu'il eut réuni ses troupes à Narbonne, il s'empara de Perpignan, conquit le Roussillon; entra dans la Catalogne, y prit d'assaut plusieurs villes, et assiégea Gironne.

Pierre d'Aragon accourut pour défendre cette ville, et livra bataille aux Français; mais il fut vaincu, blessé, et, après cinquante jours de siége, Gironne se soumit aux armes de Philippe. Ce succès fut le terme des conquêtes de Philippe-le-Hardi.

Sur ces entrefaites, Pierre mourut de sa blessure, laissant à son fils aîné, Alphonse, la couronne d'Aragon, et à son second fils, Jacques, celle de Sicile.

Son amiral, le vaillant Doria, plus habile, plus heureux que son maître, attaqua, près des côtes de Catalogne, la flotte française, qui apportait à l'armée de Philippe des vivres, sans lesquels il ne pouvait plus ni poursuivre ses succès ni rester en Espagne.

Bientôt le défaut de subsistances et l'ardente chaleur de l'été répandirent une maladie contagieuse dans le camp français. Le roi en fut atteint; on le transporta en litière à Perpignan; ses troupes furent obligées de se retirer précipitamment et d'abandonner toutes leurs conquêtes.

Le chagrin que ce triste dénouement d'une campagne si brillamment commencée faisait éprouver à Philippe, aigrit les souffrances de ce monarque; il y succomba le 6 octobre 1285, et mourut à Perpignan, âgé de quarante-cinq ans; il en avait régné seize : son cœur fut inhumé à Narbonne, et son corps à Saint-Denis (1).

Ce monarque, bienfaisant, pieux, mais crédule, mérita en Palestine, par sa bravoure, le surnom de *Hardi*. Faute d'habileté ou de fortune, il régna sans éclat; mais il obtint peut-être par ses vertus un prix plus désirable que la gloire : son peuple le chérit et le bénit, parce qu'il ne lui imposa point de nouvelles taxes, le maintint long-temps en paix,

(1) 1285.

le garantit de toute oppression, et fit régner la justice.

Philippe avait épousé, en 1262, Isabelle d'Aragon : neuf ans après, elle mourut. Les enfans qu'elle avait laissés furent Louis, mort jeune et empoisonné; Philippe-le-Bel, qui succéda à son père; Charles, comte de Valois, chef de la race qui porta ce nom, et Robert, mort au berceau.

Le roi épousa en secondes noces Marie de Brabant. Cette princesse aimait les lettres : elle corrigea, avec le secours d'un poète nommé Ly-Roy-Adenez, le roman de Cléomadez, et mit en vers les exploits de quelques anciens preux, entre autres ceux d'Ogier-le-Danois.

Philippe eut plusieurs enfans de cette princesse : le premier, Louis, comte d'Évreux, dont le fils, nommé Philippe, devint roi de Navarre, en épousant Jeanne de France; ce furent eux qui donnèrent le jour à un prince trop célèbre par ses crimes, et qui ne mérita que trop le nom de Charles-le-Mauvais, que ses contemporains lui donnèrent.

Marie eut encore deux filles : Marguerite, qui épousa Édouard Ier, roi d'Angleterre, et Blanche, mariée à Robert, duc d'Autriche, fils de l'empereur Albert.

Les ministres de Philippe furent Mathieu de Vendôme, le fameux Pierre La Brosse, pendu au gibet de Montfaucon, Barbet, archevêque de Reims, Henri de Vezelay, et Pierre Châlons; ces trois derniers exercèrent les fonctions de chancelier.

Les guerriers qui commandèrent sous ce règne les armées françaises, furent le connétable Humbert de Beaujeu, ainsi que les maréchaux Lancelot de Saint-Maard, Ferri de Verneuil, et Guillaume, seigneur du Bec-Crespin.

Les lumières s'avançaient insensiblement avec la civilisation : les chroniques de cette époque citent les noms et les ouvrages de cent vingt-sept poètes français.

Les savans les plus illustres dont les noms brillent pendant le règne de Philippe III, furent Albert-le-Grand, saint Bonaventure, saint Thomas d'Aquin, Raymond de Pennafort, et Roger Bacon.

Roger Bacon était né en Angleterre en 1216 ; il entra dans l'ordre des franciscains ; ayant acquis des connaissances alors très-rares en astronomie, en mathématiques et en chimie, ses partisans lui donnèrent le titre de *docteur admirable*; mais ses envieux le firent passer pour sorcier.

Le général des franciscains adopta leurs soupçons. Bacon fut jeté en prison, et n'obtint sa liberté qu'après de longs efforts pour prouver qu'il n'avait aucun commerce avec le diable. Il avait proposé au pape Clément IV, mais sans succès, la réforme nécessaire du calendrier.

Bacon fabriqua des miroirs ardens ; on lui doit les premières idées qui amenèrent l'invention des lunettes, des télescopes et des microscopes. L'honneur de la découverte de la poudre lui fut attribué sans preuves par quelques auteurs ; mais, ce qui est certain, c'est qu'il avait composé un écrit sur l'inflammation du salpêtre mêlé au charbon, et que l'invention de la poudre eut lieu peu de temps après la publication de cet écrit.

Un savant de ce siècle ne pouvait se garantir de la faiblesse du temps, la crédulité ; aussi Bacon se livra aux rêves de l'astrologie et aux chimères de la pierre philosophale. Son principal mérite fut d'être un des premiers qui aplanirent et abrégèrent la route qui mène au but de la science, en appuyant ses raisonnemens, non sur de vagues théories, mais sur l'expérience.

Saint Thomas d'Aquin, né à Naples, avait fait ses études d'abord au Mont-Cassin, et ensuite chez les frères prêcheurs, à Naples. Tandis que ces moines prétendaient le consacrer à la vie religieuse, ses parens s'efforçaient de le rendre au monde. Envoyé à Paris par l'ordre de ses supérieurs, il fut enlevé en route par ses frères, qui l'enfermèrent dans un château, et introduisirent dans sa chambre une jeune fille, qui s'efforça vainement de le séduire.

Thomas, fidèle à sa vocation, mais trop emporté par un zèle contraire à la charité, repoussa d'une manière farouche la jeune séductrice, et la poursuivit avec un tison ardent. Enfin, irrité des persécutions de sa famille, il sauta par la fenêtre de sa prison, et se rendit à Cologne, où il acheva ses études sous la surveillance d'Albert-le-Grand.

Thomas était silencieux et mélancolique. Ses compagnons d'école, trompés par cette taciturnité qu'ils regardaient comme un signe d'ineptie, l'appelaient ironiquement *le bœuf muet*. Mais Albert-le-Grand leur dit que les doctes mugissemens de ce bœuf retentiraient un jour dans l'univers.

Thomas fit un long séjour à Paris, où il enseigna

la philosophie et la théologie. Il accompagna Albert et Bonaventure pour défendre, avec plus de zèle que de justice, la cause de leur ordre contre Guillaume de Saint-Amour, leur accusateur.

Clément IV lui offrit l'archevêché de Naples; il le refusa. Saint Louis l'estimait et l'appela souvent près de lui. Absorbé par ses méditations, à la cour comme ailleurs, il oublia tellement un jour que c'était chez le roi qu'il dînait, qu'au milieu de sa distraction il frappa violemment la table, en s'écriant : « Voilà une réponse décisive contre les ma-
» nichéens. »

Averti par ses voisins de l'inconvenance qu'il venait de commettre, il cherchait assez gauchement à s'excuser; mais le bon roi, loin de s'offenser de cette inadvertance, voulut qu'il dictât sur-le-champ à un secrétaire l'argument décisif qui l'avait si profondément occupé et distrait.

Le pape l'appela au concile de Lyon; il mourut peu de temps après. Sixte IV le canonisa; ses contemporains le surnommèrent *docteur angélique.* C'était en effet le plus profond des scolastiques de cette époque barbare. Aujourd'hui les dix-huit volumes in-folio sortis de sa plume sont oubliés. Le seul de ses ouvrages dont on ait gardé quelque souvenir, est celui qu'on appelle *La Somme de saint Thomas.* Il y développe la doctrine sacrée, et explique, autant qu'il le peut, l'essence de Dieu, celle des trois personnes divines, et les relations de la créature avec le Créateur.

Le style de saint Thomas est remarquable par sa clarté, par sa vigueur; mais il manque d'élégance et de pureté. Ce docteur, alors si célèbre, professait avec chaleur les erreurs de son temps sur la puis-, sance temporelle des papes, et sur les droits qu'ils s'arrogeaient de déposer tout prince coupable en-, vers l'Église.

On croit communément que le maître de saint Thomas, Albert-le-Grand, mérita le second de ces deux noms par son génie; mais le fait est que Le Grand était son nom de famille.

Albert, provincial dominicain, fut nommé par Alexandre IV. maître du sacré palais, et investi d'un évêché; mais ces dignités lui parurent des chaînes. Entraîné par ses penchans irrésistibles pour la vie monacale et pour l'étude, il abandonna son palais épiscopal, et se réfugia dans une cellule.

Albert donna des leçons publiques de philosophie et de théologie qui attirèrent une foule d'auditeurs; parmi lesquels on remarquait les hommes les plus distingués du siècle.

Albert fut appelé au concile de Lyon, et mourut à Cologne, âgé de soixante-dix-sept ans. Personne aujourd'hui, je crois, ne connaît les vingt et un volumes in-folio composés par ce savant.

L'abbé Fleury ne conçoit pas comment, en aucun temps, Albert a pu jouir de quelque célébrité. « Ce » prétendu savant, dit-il, avait emprunté sa phy- » sique des Arabes, et ne connaissait d'autres prin- » cipes que les quatre élémens. Ignorant en astro-, » nomie, il se montrait passionné pour l'astrologie, » qu'il regardait comme une véritable science. » Enfin, pour juger de l'étendue de ses connais- » sances en géographie, il suffira de dire qu'il

» plaçait la ville de Byzance en Italie près de
» Tarente. »

Sa doctrine avait rendu la logique de son temps
plus obscure en l'enrichissant par mille subtilités
ridicules. Cependant le peuple l'admirait comme
un grand sorcier ; et prétendait qu'on trouvait chez
lui une tête d'airain qui répondait aux questions
quelconques qu'on lui adressait. Enfin, ses enthou-
siastes partisans assuraient que Guillaume, comte
de Hollande, dînant chez lui le jour des Rois, Albert,
pour lui faire une réception plus agréable, avait
changé momentanément l'hiver en été. Au reste,
plusieurs ouvrages ou recueils qu'il n'avait pas composés, mais qu'on lui attribua, et entre autres un
livre de l'un de ses disciples, intitulé : *De secretis
mulierum et naturæ,* augmentèrent sa réputation
de sorcellerie.

Un homme non moins révéré sous le règne de
Philippe-le-Hardi, fut un Toscan nommé Fidenza.
Guéri, dit-on, à l'âge de quatre ans d'une grave
maladie par les prières de saint François, il reçut
de sa mère le nom de Bonaventure, que depuis il
conserva toujours. Ce savant, inscrit dans la lé-
gende des saints, entra jeune encore dans l'ordre
des frères mineurs, dont il fut général en 1256.

Ses maîtres étaient tellement édifiés de ses pieuses
vertus et de sa constante sagesse, qu'ils prétendirent que le péché d'Adam n'avait point passé en
lui. Il professa long-temps la philosophie et la
théologie.

On trouve dans ses lettres des preuves évidentes
de l'extrême relâchement des mœurs des moines à

cette époque. « Je vois, disait-il, pourquoi la splen-
» deur de notre ordre s'obscurcit ; car, pour quel-
» que affaire que ce soit, on demande sans pudeur
» de l'argent, et l'on se montre passionné pour
» ce métal, le plus grand ennemi de notre pau-
» vreté. Nos frères vivent dans l'oisiveté ; ils restent
» endormis dans un état monstrueux et mitoyen
» entre la contemplation et l'action. La vie vaga-
» bonde de plusieurs scandalise leurs hôtes au lieu
» de les édifier. On redoute presque autant leurs
» visites et leurs demandes importunes que la ren-
» contre des voleurs ; enfin, leur inconduite, leur
» luxe et la somptuosité de nos bâtimens nous ex-
» posent en tout genre aux mauvais jugemens des
» hommes. »

Bonaventure remédia en partie à ces abus. Nommé
en 1270 à l'archevêché d'Yorck, il refusa ce siége.
Sa vertu était si respectée, qu'après la mort de Clément IV, les cardinaux s'engagèrent à élire pour
pape celui que Bonaventure leur désignerait, et il
choisit Grégoire X, qui par reconnaissance le nomma
évêque d'Albano et cardinal.

Lorsqu'on lui apporta le chapeau et la pourpre,
on le trouva modestement occupé à laver lui-
même sa vaisselle. Il suivit le pape au concile et
mourut peu de temps après. Sixte IV le canonisa
en 1482.

Saint Bonaventure nous a laissé six volumes in-
folio. On trouve dans ses méditations sur la vie de
Jésus-Christ plusieurs faits que les évangiles n'ont
point mentionnés. Ses écrits ont un caractère de
douceur qui touche plus le cœur qu'il ne plaît à

l'esprit. Ses contemporains le nommèrent *docteur séraphique.*

Philippe III, marchant sur les traces de son père, favorisa autant qu'il put le progrès des études. Ce fut lui qui forma l'université de Montpellier, le collége d'Harcourt à Paris, et la confrérie des chirurgiens de Saint-Côme et de Saint-Damien.

Philippe suivit constamment le système des princes capétiens ses prédécesseurs, et tous ses efforts tendirent à diminuer graduellement la puissance des seigneurs. Une innovation remarquable contribua efficacement sous son règne à porter une forte atteinte à l'éclat de la noblesse. Ce fut lui qui donna la première lettre d'anoblissement. Elle eut lieu en faveur d'un bourgeois nommé Raoul, l'orfèvre.

Le président Hénault ne regarde cette innovation que comme un retour à l'ancien ordre de choses établi chez les Francs, qui tous étaient libres et égaux entre eux. Le nom de *noble* même était nouveau, et ne datait que de la seconde race. Montesquieu a soutenu l'opinion contraire sans la prouver.

Mais ce qui paraît certain, c'est qu'au temps de Philippe III, la noblesse, devenue héréditaire depuis quatre siècles, avait acquis un éclat et une puissance presque souveraine; que Hugues, élu roi par les seigneurs, avait été contraint de sanctionner, de confirmer les seigneurs dans les droits et priviléges que la violence et leurs armes avaient conquis, et que cette existence, indépendante de la volonté royale, devait nécessairement perdre de son importance, lorsque le roi s'attribuait le droit de créer des nobles, et d'en affaiblir ainsi la considération, en en augmentant à son gré le nombre.

On prétend aussi que, sous le règne de Philippe, les ambassadeurs de tous les princes chrétiens se rassemblèrent à Montpellier. Là ils convinrent que les domaines de leur couronne seraient inaliénables, et qu'on y réunirait ce qui en aurait été séparé.

Selden, Laurière et dom Vaisset regardent ce fait comme apocryphe. Cette assemblée peut donc n'avoir pas eu lieu : cependant il est constaté qu'à la même époque plusieurs monarques, en Europe, déclarèrent, comme s'ils avaient agi de concert, que leurs domaines seraient dorénavant inaliénables.

Ce fut encore Philippe qui commença à éclaircir la législation des apanages. On sentait de plus en plus le danger des anciens démembremens de la couronne ; et, pour prévenir ces inconvéniens, le parlement rendit un arrêt qui adjugea au roi le comté de Poitiers au préjudice de Charles d'Anjou, son oncle.

Philippe ne négligeait aucune occasion d'affermir l'autorité royale : un de ses grands vassaux, le roi d'Angleterre, avait jusque-là daté les chartes de ses domaines, comme duc de Guienne, de l'année de son propre règne. Il fut contraint depuis de les dater du règne de Philippe.

Tous ces faits prouvent la constance avec laquelle tous les princes de la dynastie capétienne travaillèrent à l'élévation de leur pouvoir, et parvinrent enfin à le rendre presque absolu. Heureux si, mieux éclairés, ils s'étaient bornés à détruire l'anarchie féodale, sans porter d'aussi graves atteintes aux libertés de la nation !

L'aristocratie, si fortement attaquée en France, triomphait alors en Italie. A Venise, cette aristocratie, long-temps modérée, devint oligarchique. Le doge Gradenigo fit passer une loi par laquelle on n'admit plus dans le grand conseil qu'un certain nombre de familles choisies.

Sans la gloire éclatante que le règne de saint Louis répandit sur la France, peut-être le nom de son fils eût été gravé plus honorablement dans nos annales. Il ne créa point comme son père, mais il conserva ce qui avait été créé. Lorsqu'on succède à un homme de génie, maintenir son ouvrage est encore un mérite assez peu commun; et si Philippe n'égala point son père, au moins il ne se montra jamais indigne d'être né de lui.

CHAPITRE SECOND.

PHILIPPE IV., DIT LE BEL.

(1285.)

Tableau de la France sous ce règne. — Sacre du roi à Reims. — Guerre avec l'Espagne. — Mort du roi d'Aragon. — Mort de Marguerite, veuve de saint Louis. — Exploits de Roger Doria. — Descente du roi de Sicile en Calabre. — Habileté de l'ingénieur Sanguinette. — Hommage d'Édouard à Philippe. — Traité entre ces deux rois. — Intrigues du Saint-Siége. — Affaires de Castille. — Mort d'Alphonse, roi d'Aragon. — Usurpation de son frère Frédéric. — Mort de don Lope de Haro. — Désordres du clergé. — Conciles à cette occasion. — Origine de Notre-Dame de Lorette. — Guerre entre la France et l'Angleterre. — Cause de cette guerre. — Arrêt du parlement contre Édouard. — Sédition à Rouen occasionnée par les impôts. — Abolition des combats judiciaires. — Conquête de la Guienne. — Ligue contre Philippe, formée par Édouard. — Réponse de Philippe au défi d'Adolphe de Nassau. — Défaite de ce dernier. — Succès de Charles de Valois. — Défaite des Anglais. — Incendie de Douvres. — Révolte du comte de Flandre. — Érection de la Bretagne en duché-pairie. — Époque brillante de ce règne. — Grande lutte entre le sacerdoce et la royauté. — Élection de Célestin V. — Fondation de l'ordre de ce nom. — Abdication de ce pape. — Élection de Boniface VIII. — Son portrait. — Proscription des Colonnes. — Prétentions du pape à la monarchie universelle. — Résistance de Philippe. — Bulle *Clericis laïcos.* — Ordonnance de Philippe. — Remontrances au pape. — Ses concessions. — Succès de Philippe en Flandre. — Déclaration du pape. — Canonisation de saint Louis. — Arbitrage du pape. — Réunion de la principauté de Galles à la couronne d'Angleterre. — Bulle du pape brûlée. — Exploits de Charles de Valois. — Traité avec Albert d'Autriche. — Établissement du jubilé. — Tentatives de Philippe auprès du pape. —

Le petit-fils de saint Louis monta sur le trône dans des circonstances heureuses, où il semblait n'avoir qu'à recueillir doucement les fruits des travaux pénibles de ses prédécesseurs.

La nature et la fortune s'étaient réunies pour lui prodiguer leurs faveurs. Les guerriers avaient admiré son jeune courage dans la guerre de Catalogne. Sa taille majestueuse et la beauté de ses traits lui firent donner par le peuple le nom de Philippe-le-Bel. Il n'avait encore montré que des sentimens généreux, et les Français, toujours prompts à croire ce qu'ils désirent, espéraient voir revivre dans ce jeune monarque, âgé de dix-sept ans, la vaillance, la fierté, les vertus et la douceur de saint Louis.

« Heureuse époque pour la France, dit avec rai-
» son Mably, si, après tant de guerres, de crimes,
» de folies et de malheurs, chacun ne désirant
» que de vivre sous l'égide des lois, sous la pro-
» tection d'une autorité juste et ferme, il avait
» reparu sur le trône un saint Louis ou un Char-
» lemagne! Un destin contraire y fit monter Phi-
» lippe-le-Bel. »

Ce prince conserva la gloire de la France par ses armes, son indépendance par sa fermeté; il accrut l'autorité royale; mais la justice, la liberté dispa-rurent devant le pouvoir arbitraire, et les peuples furent en proie à l'ambition du monarque, ainsi qu'à la basse avidité de ses ministres.

Avant lui, on ne connaissait d'attentat contre l'autorité royale que le crime de félonie, c'est-à-dire, l'infraction du droit seigneurial et de la foi promise par le vassal à son seigneur. Sous le règne de Philippe, on commença à parler du crime de lèse-majesté, expression d'autant plus terrible qu'elle est vague, et qui servit trop souvent d'arme à la tyrannie.

Les gens de loi, qui remplaçaient peu à peu les pairs dans le parlement, transformèrent bientôt les vassaux en sujets; et les réclamations les plus fondées sur d'anciens droits seigneuriaux furent traitées de rebellion par les nouveaux magistrats du prince.

Ces mêmes légistes, introduisant dans notre droit

public le droit divin, déclarèrent le roi seul législateur. Ils firent plus : adoptant les principes de la théocratie juive, ils considérèrent la désobéissance au prince comme un sacrilége.

Enfin, dans le même temps où ils privaient les seigneurs de la plus grande partie de leur indépendance, flattant encore adroitement les préjugés de la vanité féodale, ils achevèrent d'opprimer les anciens propriétaires des alleux, image encore vivante des anciens hommes libres de la Gaule ; de sorte que ces propriétaires, privés de leurs antiques prérogatives, se trouvèrent forcément soumis à toutes les obligations féodales imposées aux vassaux les plus inférieurs. Aussi bientôt cette étrange maxime, *qu'il n'y a point en France de terre sans seigneur*, devint générale dans le royaume.

Philippe, après avoir reçu à Perpignan les derniers soupirs et les derniers adieux de son père, ramena son armée à Carcassonne. Là, il chargea les seigneurs de Lévis, de Narbonne et de Montbrun, de recevoir en son nom le serment de fidélité des Albigeois, des Toulousains et des habitans du Rouergue. Il se rendit ensuite à Reims, où il fut sacré par l'archevêque Pierre Barbet.

Son premier soin, dès qu'il eut pris les rênes du gouvernement, fut de soutenir la guerre entreprise par son père contre les Espagnols. Autrefois les Normands, plus tard les Allemands, presque constamment les Anglais, avaient été les seuls ennemis obstinés de la France. Une nouvelle rivalité venait d'éclater entre nos rois et ceux des Espagnes. Cette lutte funeste inonda de sang pendant plusieurs

Sacre du roi à Reims.

Guerre avec l'Espagne.

siècles l'Italie, remplit l'Europe de troubles, et ne fut terminée que sous Louis XIV par la paix des Pyrénées.

Mort du roi d'Aragon. Pierre, roi d'Aragon, après avoir ressaisi toutes les conquêtes faites sur lui par les Français, venait de mourir. A ses derniers momens, effrayé par les menaces du Saint-Siége, il jura, s'il échappait à la mort, d'obéir dorénavant aux ordres du pape, et par cette soumission il obtint l'entière absolution de tous ses péchés.

Mort de Marguerite, veuve de saint Louis. La paix, qui était alors assez généralement désirée, fut soudainement retardée par la mort de l'illustre Marguerite, veuve de saint Louis. Cette vertueuse reine était si respectée dans sa vieillesse, que les princes de l'Europe, croyant qu'elle avait hérité de la sagesse de son époux, la prenaient presque tous pour arbitre de leurs différends. Elle mourut à Paris dans un couvent de cordelières.

Exploits de Roger Doria. Les deux fils aînés de Pierre d'Aragon, partageant deux sceptres, furent couronnés l'un à Saragosse, et l'autre à Palerme. Ces deux sceptres étaient portés par des mains faibles; mais leurs armes étaient alors confiés à un habile guerrier, au célèbre Roger Doria.

Cet amiral, pénétrant dans le Roussillon, qu'il dévasta, mit en fuite trente mille Français, et les poursuivit jusqu'à Béziers. Peu de temps après, débarquant avec ses troupes à l'embouchure de l'Hérault, il prit d'assaut la ville d'Agde, répandant au loin la terreur de son nom, de ses armes, le carnage et l'incendie. Quatre mille hommes, envoyés par Philippe pour ralentir sa marche, périrent sous ses coups. Il enleva dans nos ports plusieurs vaisseaux marchands, livra au pillage les environs de Narbonne, et rentra dans les murs de Barcelone avec de riches dépouilles et un grand nombre de prisonniers.

Le roi de Majorque, allié de Philippe, ne le vengea que faiblement de ces revers. Il entra dans le Lampourdan à la tête d'une armée française, et dévasta cette malheureuse contrée; mais, plus prompt à piller qu'à combattre, il recula devant le jeune roi d'Aragon, Alphonse, et repassa honteusement les Pyrénées (1).

La guerre se soutenait avec une égale ardeur en Italie entre les maisons d'Aragon et d'Anjou. Le comte d'Artois, Robert, petit-fils de St Louis, était régent du royaume de Sicile; il avait donné le commandement de soixante et dix vaisseaux au comte d'A-velli. Les troupes de ce général surprirent Agosta, et menacèrent Catane; mais là se bornèrent ses succès.

Il venait de céder son commandement à un prince français, Charles Martel, fils de Charles-le-Boiteux, que le roi d'Aragon retenait encore en prison. L'intrépide Doria vint l'attaquer; la bataille fut longue et opiniâtre; mais la fortune se décida contre les Français. Doria leur enleva quarante bâtimens et leur prit quatre mille hommes, qui ne redevinrent libres qu'après avoir payé de fortes rançons; Doria ne voulut pas recevoir celle de Gui de Montfort, soit par haine pour sa personne, soit par crainte de son nom, et il le garda prisonnier.

(1) 1287.

Don Jayme d'Aragon, roi de Sicile, se hâtant de profiter de cette victoire, fit une descente en Calabre, et s'empara de presque toutes les villes de cette province; Belvédère seule lui résista; elle était défendue par Sanguinette, habile ingénieur français; cet ingénieur avait établi sur les remparts un grand nombre de machines qui répandaient la terreur parmi les assiégeans, en lançant sur eux sans relâche une grêle d'énormes pierres.

Le cruel don Jayme ne sut opposer à la vaillance de Sanguinette que les armes d'un tyran; il avait fait prisonniers dans un combat deux fils de l'ingénieur français. Ce barbare prince fit attacher ces deux jeunes gens contre un poteau, placé à l'endroit où il tombait le plus de pierres.

L'intrépide Sanguinette, fidèle à ses devoirs, et leur sacrifiant le plus doux sentiment de la nature, continua de lancer la mort contre les Espagnols; un de ses fils périt; l'autre échappa comme par miracle à ces foudroyantes décharges.

Témoin de la résignation du fils et du stoïque courage du père, don Jayme, vaincu et atteint par un remords tardif, ordonna de délier sa jeune victime, la renvoya dans les bras de son père et leva le siége.

Robert, comte d'Artois, s'avançait alors pour le combattre : bientôt les deux armées furent en présence; mais, au moment où la mêlée allait commencer, elles apprirent qu'une trève venait d'être conclue entre la France et l'Aragon, et que les deux monarques avaient accepté la médiation d'Édouard, roi d'Angleterre, pour régler les conditions d'une paix définitive entre eux.

Édouard, qui savait mieux qu'aucun autre prince
de son temps faire plier son ambition sous la nécessité des circonstances, abaisser sa fierté lorsqu'il
le croyait utile à ses intérêts, et faire de nouveau
éclater tout son orgueil quand l'occasion paraissait
favorable à ses vues, vint à Paris sur la demande
du monarque français, assista au parlement, et
rendit hommage à Philippe le jour de la Pentecôte
de l'année 1287.

Il est vrai qu'en fléchissant le genou devant le
trône de France, il demanda que désormais on ob-
servât plus fidèlement que par le passé les conditions du traité de paix conclu avec saint Louis :
ce qui fit que plusieurs écrivains anglais affectèrent
de considérer cette demande comme une restriction
à l'hommage rendu et au serment prêté.

Au reste, une partie des réclamations d'Édouard
était juste. En 1289, Philippe conclut avec lui un
nouveau traité par lequel il lui restitua la directe
des diocèses de Cahors, Limoges et Périgueux, avec
les fiefs de Saintonge possédés précédemment par
les comtes de Poitiers.

D'une autre part, Édouard renonça à tous droits
sur les fiefs du Quercy, au moyen d'une pension
de trois mille livres que l'on convint de lui payer.
Enfin, par ce même traité, Édouard fut reconnu
comme médiateur entre les rois de France et d'A-
ragon.

Dans ces temps encore à demi barbares, telle
était la malheureuse situation des peuples : épuisés
par des guerres continuelles, leur sang et leurs trésors étaient incessamment versés, non pour leur

sûreté, pour leur bonheur, pour leur dignité, pour leur indépendance, pour la prospérité de leur agriculture et de leur industrie, mais pour l'intérêt ou la vanité de quelques seigneurs ou de quelques princes.

Ces guerres étaient des procès de famille; les peuples se ruinaient et s'égorgeaient pour décider si, d'après des pactes féodaux ou des tableaux généalogiques, les pays qu'on regardait comme des fermes, et les nations comme des troupeaux, passeraient dans les mains de la maison d'Aragon ou de celle d'Anjou, dans celles des héritiers ou des ennemis de Conradin ou de Charles. Aucun intérêt général ne servait de base à la politique; et il ne pouvait s'établir aucune balance entre les puissances européennes, puisqu'un mariage, une mort, un divorce changeait à tous momens l'étendue et les limites des États.

Le mariage et le divorce de Louis-le-Jeune auraient dû éclairer sur les funestes conséquences de ce système. Louis, par son mariage, avait acquis la Guienne et un tiers de la France, qui était la dot d'Éléonore; par son divorce, il perdit ces immenses possessions. Le roi d'Angleterre, en partageant son trône et son lit avec la même Éléonore, devint plus puissant que son seigneur, et presque autant roi de France que lui.

Le procès des maisons d'Aragon et d'Anjou, pour la propriété des royaumes de Naples et de Sicile, fit trop long-temps le malheur de la France, de l'Espagne et de l'Italie; des millions de victimes furent immolées à ces plaidoyers sanglans, où des populations entières mouraient en combattant pour le choix d'un maître.

Voilà ce qu'on apprend en déroulant les tristes annales de ce vieux temps qu'on voudrait nous faire regretter; temps brillant pour les chevaliers, temps illustré par leurs exploits, mais calamiteux pour les peuples, choquant pour la raison, et affligeant pour l'humanité.

L'ambition anti-évangélique du Saint-Siége aigrissait encore ces longues querelles. Au moment où Édouard, roi d'Angleterre, s'efforçait de rétablir la paix entre les maisons d'Anjou et d'Aragon, le père des fidèles, le pape Honorius, qui aurait dû prêcher la concorde aux chrétiens, entravait les négociations parce qu'il prétendait disposer seul du royaume de Sicile, comme d'une propriété de la couronne pontificale; et, à l'instant où les puissances belligérantes étaient prêtes à signer un traité, ce traité fut rejeté par le pape Nicolas IV, successeur d'Honorius.

Édouard ne se rebuta pas; négociant à la fois avec les cardinaux, le roi de France et celui d'Aragon, il obtint que Charles-le-Boiteux, prince de Salerne, fils du trop fameux Charles d'Anjou, serait remis provisoirement en liberté, à condition qu'il paierait cinq mille marcs d'argent, et laisserait en Aragon soixante-trois ôtages, parmi lesquels on comptait trois de ses fils et ceux des seigneurs de Provence les plus distingués.

Charles s'obligeait à confirmer la trève conclue pour un an entre la France et l'Aragon; il devait de plus employer tous ses efforts pour la faire approuver par le Saint-Siége; enfin il était convenu que, si au bout de trois années Charles n'était point parvenu à conclure une paix définitive entre le pape et les maisons d'Anjou et d'Aragon, il viendrait se remettre en prison, et laisserait le roi Alphonse d'Aragon disposer à son gré de la Provence.

Le pape, mécontent, non sans quelque raison, de la partialité du médiateur anglais, protesta contre un traité si humiliant pour la France. Il ordonna aux Siciliens de reconnaître solennellement Charles pour leur roi; mais ceux-ci bravèrent ses ordres et méprisèrent ses foudres.

Affaires du Castille. Dans le même temps l'intervention d'un légat du pape, le cardinal Jean Cholet, né Français, termina les différends qui existaient entre Philippe et don Sanche, roi de Castille. Les deux rois, par un traité conclu à Lyon (1), s'engagèrent à contraindre le roi d'Aragon de remettre entre les mains du monarque français ses deux neveux, les deux princes de la Cerda, fils de Blanche de France.

Mais, malgré leurs droits à la couronne, le roi de Castille ne voulut leur rendre que la Murcie, et encore sous le titre de fief. Ces deux princes, devenus libres, écoutèrent plus leur ambition que la prudence; ils prirent les armes contre le roi de Castille, et, comme Philippe ne voulut ou ne put les secourir, ils succombèrent.

Charles, prince de Salerne, avait hésité de se soumettre aux conditions du traité de Campo-Franco; mais enfin, découragé par l'ennui d'une

____

(1) 1289.

longue captivité, il accepta ces honteux engage-
mens contre lesquels le pape avait protesté.

Philippe, excité par les remontrances du souverain pontife, refusa de ratifier le traité; ainsi la
guerre recommença. Le pape dégagea Charles de
ses sermens; mais ce prince voulut les tenir; et il
se présenta sur les frontières d'Espagne, dans l'intention de reprendre ses fers. Un grand nombre de
chevaliers français attestèrent qu'il y avait paru
sans armes et avec peu de suite. L'historien anglais
Rymer prétend au contraire qu'il y vint accompagné d'un corps de troupes.

Quoi qu'il en soit, après quelques conférences
sans résultat, tenues à Perpignan, Charles retourna
en Italie, défit l'armée du roi d'Aragon en Calabre,
et lui accorda une trève. Les deux monarques convinrent d'une entrevue à la Jonquière. Deux légats
cardinaux s'y rendirent, et, les conférences étant
ensuite transférées à Tarascon, on y conclut en 1291
une paix qui compléta le triomphe de Rome et l'humiliation du monarque espagnol.

Par ce traité le roi d'Aragon promit de se rendre
à Rome pour obtenir son pardon, son absolution et
la levée de l'interdit jeté sur ses États. Don Jayme,
roi de Sicile, promettait d'engager Charles de Valois, frère de Philippe, à renoncer au sceptre d'A-
ragon qui lui avait été donné par le pape; ces
princes consentaient à partir pour la Palestine.
Enfin le roi d'Aragon s'engageait à ne plus donner
de secours à son frère don Jayme, pour lui assurer
le trône de Sicile.

Charles de Valois, ayant épousé la princesse

Marguerite, fille de Charles-le-Boiteux, renonça à
toute prétention sur l'Aragon, et reçut en dédommagement, par la générosité du roi Philippe son
frère, les comtés du Maine et d'Anjou.

Mort d'Al-
phonse, roi
d'Aragon. Sur ces entrefaites, Alphonse, roi d'Aragon, étant
mort subitement, don Jayme son frère lui succéda.
Ce prince faible, toujours effrayé des foudres du
Vatican, signa le traité précédemment conclu, se
réconcilia avec Charles-le-Boiteux, lui céda la Sicile et épousa la princesse Blanche, sa seconde fille.

Usurpation
de son frère
Frédéric. Cependant un autre prince aragonais, Frédéric,
frère d'Alphonse et de don Jayme, venait de s'em-
parer par les armes du trône de Sicile, au mépris
de tout traité. Vainement don Jayme lui refusa tout
secours, et le menaça même de s'armer contre lui.

Frédéric, audacieux, opiniâtre, brave, se maintint avec tant d'habileté et de bonheur contre les
efforts réunis de son propre frère, du pape et de
Charles, qu'ils furent contraints de lui laisser pour
sa vie le royaume de Sicile sous le nom de Trina-
crie. On décida seulement qu'après sa mort la couronne retournerait à la maison d'Anjou, engagement qui ne fut jamais rempli; car, après la mort
de Frédéric, la maison d'Anjou ne put conserver
que le royaume de Naples.

Les Siciliens n'avaient point perdu le souvenir de
la tyrannie sanglante des Français et de l'exécrable
vengeance qu'ils en avaient tirée. Ce souvenir terrible leur rendait le joug français odieux, et sans doute
les princes d'Aragon durent moins leurs succès à
leur habileté qu'à l'opiniâtre résistance de ce peuple
et à sa haine pour la mémoire de Charles d'Anjou.

La Castille prit peu de part à ces démêlés. Lorsque le roi don Sanche avait exigé la liberté des princes de la Cerda, ayant su que don Lope de Haro conseillait au roi d'Aragon de ne point relâcher ses deux prisonniers, il lui manda de venir dans la ville d'Alfaro, où il s'était rendu. Là il lui ordonna de mettre en liberté les captifs; il accompagna cet ordre d'injures et de menaces.

Haro, enflammé de colère, tira son épée et s'élança furieux contre le roi. Quelques officiers se précipitèrent sur lui, le frappèrent de leurs glaives et le jetèrent mort sur la place. Plusieurs seigneurs s'armèrent pour le venger; et les troubles qui furent la suite de cet événement, occupèrent assez le monarque castillan pour l'empêcher de prendre part aux querelles et aux négociations des princes d'Aragon et d'Anjou.

Tandis que tous ces événemens agitaient les monarques européens, le Saint-Siége, dont malheureusement l'ambition temporelle alimentait ces troubles, au lieu de les calmer, se vit obligé, par les plaintes universelles des grands et des peuples, de chercher à mettre un frein aux déréglemens scandaleux d'un grand nombre d'ecclésiastiques.

Un concile tenu à Wurtzbourg, en 1287, et un autre à Rouen, en 1299, publièrent des décrets fulminans contre la licence des prêtres et des moines qui combattaient dans les tournois, fréquentaient les cabarets, entretenaient des maîtresses, affectaient un luxe immodeste dans leurs vêtemens, logeaient des femmes chez eux, et consumaient leurs jours en festins. Les annales d'Oldenbourg citent même la conduite honteuse de quelques prêtres qui permettaient pour une année l'adultère, au moyen d'une forte taxe.

Le duc de Brabant et le comte de Luxembourg étaient convenus de vider une ancienne querelle par un combat. Chacun d'eux y parut sur le champ de bataille à la tête de quinze cents chevaliers. Le comte et ses trois fils y furent tués, et, au mépris des canons de l'Église, l'archevêque de Cologne combattit dans cette mêlée où il fut fait prisonnier.

Vainement on s'efforce de confondre le perfectionnement de l'espèce humaine et sa corruption, la science et l'impiété. Vainement les apôtres de l'ignorance, si favorable aux abus du pouvoir, veulent la faire considérer comme une source d'innocence et de pureté; il est et sera vrai, dans tous les temps, que c'est dans les ténèbres que règnent les vices, et que les temps de la licence furent toujours ceux de la superstition.

Origine de Notre-Dame de Lorette. Ce fut (1) au moment même où les conciles étaient contraints d'opposer quelques barrières à la dépravation du clergé, que se répandit une fable qui fut alors accréditée parmi tous les peuples chrétiens. On dit qu'une petite maison, autrefois habitée par la Vierge à Nazareth, et dans laquelle un ange lui avait annoncé l'incarnation du Verbe, ayant été miraculeusement transportée en Dalmatie, fut ensuite transférée au milieu d'un bois appartenant à une sainte veuve nommée Lorette. Peu de temps après, dit la chronique, deux anges transportèrent

_____

(1) 1291.

encore cette petite maison en France, dans un lieu où l'on bâtit une ville et une église sous le nom de Notre-Dame de Lorette. Elle est devenue fameuse par le grand nombre de miracles qui s'y opérèrent, et par les riches tributs que la crédulité d'une foule de pélerins y apporta.

Il fallait aux princes, aux prêtres, aux nobles et aux peuples de ces siècles, toujours des guerres, des pélerinages, des exploits et des miracles. Ennemis du repos, comme les Francs et les Germains leurs aïeux, la paix, contraire à leurs mœurs, les fatiguait. Peu d'entre eux cultivaient le commerce, encore moins les arts et les lettres. Les soins de l'agriculture étaient confiés à des mains serviles. Il n'existait de véritablement honorés que la science théologique, les exercices pieux, les tournois pendant la paix, la vie des camps et les chances des armes.

Cependant ce n'était plus pour un intérêt national que les peuples s'armaient. Toutes les guerres royales ou privées n'étaient profitables qu'aux princes et aux seigneurs. Mais, par habitude, par crainte et par un devoir d'honneur, tous les vassaux et arrière-vassaux se montraient toujours dociles, prêts à répondre au premier signal de leurs suzerains, et à verser sans fruit leur sang pour eux.

Malgré l'empressement avec lequel Édouard, roi d'Angleterre, était venu à Paris rendre à Philippe un hommage solennel et lui prêter serment comme son vassal et comme duc de Guienne, il était facile de prévoir que ces démonstrations d'amitié, plus politiques que sincères, ne seraient suivies que d'une

Guerre entre la France et l'Angleterre.

union peu durable. En effet, on n'avait pas tardé à s'apercevoir de l'injuste partialité d'Édouard dans sa conduite comme médiateur entre les rois de France et d'Aragon.

Le monarque anglais était trop fier et trop puissant pour subir avec résignation le joug de la vassalité; et, lorsque ses victoires en Écosse lui eurent soumis ce royaume, qui devint, sous le faible roi Bailleul, un fief de sa couronne, il fut évident que son orgueil n'attendait qu'une occasion favorable pour briser les liens qui le rendaient, à l'égard de ses possessions en France, dépendant de Philippe.

Cause de cette guerre. Lorsque les esprits sont disposés à la discorde, il suffit de la plus légère cause pour la faire éclater. Une querelle de matelots ralluma entre l'Angleterre et la France le feu de la guerre (1). Un homme, faisant partie de l'équipage d'un navire anglais, attaque et assassine, dans le port de Bayonne, un matelot normand. La partialité des compatriotes du meurtrier laisse ce crime impuni.

Le bruit de cette injustice commise sur les bords de l'Adour retentit sur ceux de la Seine. Les Normands irrités prennent les armes, s'élancent sur leurs vaisseaux, courent la mer et s'emparent de plusieurs navires anglais qu'ils livrent au pillage. Bientôt, par représailles, une flotte anglaise attaque deux cents barques normandes chargées de butin, les prend et les conduit dans les ports de la Grande-Bretagne.

Dès le premier moment de ces querelles, Édouard

____

(1) 1292.

avait envoyé à Paris le comte de Lincoln pour demander la punition des corsaires normands et la réparation des dommages qu'ils avaient causés à son commerce. Mais, sans attendre, comme il le devait, la réponse du gouvernement français, ses troupes, franchissant les limites de la Guienne, avaient surpris et incendié la Rochelle.

Philippe, justement courroucé d'une telle infraction de la paix, somma le roi d'Angleterre de lui faire réparation, et le menaça de le citer au parlement, s'il ne restituait pas les prises faites sur les Français par ses troupes de terre et de mer.

Édouard répondit avec fierté que, si les Français avaient des plaintes à lui porter, ils pouvaient les adresser au parlement anglais, qui était indépendant et qui ferait justice.

Peu de temps après, ce monarque fut cité au parlement de Paris, comme duc de Guienne et vassal du roi Philippe. Il était accusé d'avoir toléré les hostilités des habitans de Bayonne, celles des pirates anglais, d'avoir refusé toutes réparations, et d'avoir permis à ses sujets de continuer leurs violences, dont quatre officiers du roi et un grand nombre de Français étaient morts victimes.

On reprochait de plus à Édouard d'avoir proféré des paroles injurieuses contre son seigneur le roi de France, et d'exciter par-tout les sujets de ce prince à la révolte.

Cet arrêt, signé par Philippe, se terminait par ces paroles, que rapporte l'abbé Vély : « Voilà, » roi d'Angleterre, les excès commis par vos gens; » ils vous sont connus, vous les avez soufferts ou

» permis; c'est pourquoi nous ordonnons et com-
» mandons, sous les peines de droit, que vous ayez
» à vous présenter à notre cour, le vingtième jour
» après la fête de Noël prochain, pour y répondre
» sur tous ces griefs, entendre ce que l'équité lui
» dictera, et vous soumettre à ses arrêts. »

Édouard, comme on pouvait le prévoir, n'ayant pas comparu et à cette citation et à une seconde, fut condamné par défaut comme coupable de félonie. Le comte de Hainaut crut alors qu'il pourrait profiter de cette rupture pour satisfaire ses ressentimens contre le roi de France. Comptant trop légèrement sur l'appui des Anglais, il prit les armes; mais Charles de Valois, entrant rapidement dans ses domaines, l'effraya tellement par une si prompte invasion, qu'il se soumit et vint à Paris pour implorer sa grâce.

Sédition à Rouen occasionnée par les impôts.

Cependant le roi Philippe, jusque-là trop imprévoyant et trop prodigue, se trouvait dénué d'argent. Forcé de pourvoir aux dépenses de la guerre qui éclatait, et de faire face aux nombreux ennemis que la politique active d'Édouard cherchait à soulever contre lui, il imposa de lourdes taxes sur les vassaux de ses vastes domaines.

Parmi ces impôts, il en était un qu'on appelait alors *mautollu*, et qui fut depuis nommé *maltôte*. La levée de ce tribut ne fut pas facile, sur-tout en Normandie; elle excita dans la ville de Rouen une violente sédition. Les troupes royales la comprimèrent, et le roi usa contre les rebelles d'une cruelle sévérité. Les uns furent punis par la potence, les autres par l'exil, tous par la confiscation.

Suivant un usage déjà ancien, qui ordonnait la suspension des querelles privées lorsque les vassaux étaient appelés à se rendre sous la bannière royale, Philippe ordonna aux seigneurs de suspendre leurs différends et de réunir leurs efforts aux siens contre les Anglais. Il voulut même profiter de cette circonstance pour mettre un terme à l'usage des combats judiciaires.

Les tribunaux en avaient ordonné un entre les comtes de Foix et d'Armagnac, qui se disputaient l'héritage de Gaston de Moncade, vicomte de Béarn. Conformément aux usages de la chevalerie, ce duel avait lieu publiquement en présence du roi.

Déjà la barrière était ouverte; les deux rivaux ayant chacun attesté sur l'Évangile de la légitimité de ses droits, le signal avait été donné par les hérauts d'armes, et le combat était commencé. Après une lutte vive et longue, le comte d'Armagnac renversé tombe sur l'arène. Le roi le relève lui-même, et déclare que, par la plénitude de sa puissance royale, il évoque à lui cette affaire, et la jugera.

La fierté féodale, étonnée de cet acte inattendu du pouvoir suprême, parut se soumettre, et laissa le prince partager l'héritage entre les deux contendans. Mais, si l'on en croit Marca, auteur d'une histoire de Béarn, le jugement prononcé par le roi couvrit plus qu'il n'éteignit le feu de cette querelle, qui dura encore soixante ans.

L'arrêt du parlement avait confisqué le duché de Guienne, et le connétable Raoul de Nesle, chargé de l'exécution du jugement, conquit rapidement Bayonne, Bordeaux et un grand nombre de villes

Édouard, effrayé, envoya son frère, le prince
Edmond, à Paris, pour remettre à Philippe une
lettre dans laquelle il s'excusait de ne pas y venir
lui-même, prenant pour prétexte l'état doulou-
reux de sa santé qui ne lui permettait pas de s'embarquer.

Plusieurs écrivains anglais, pour laver l'Angleterre de la honte imprimée à ses armes par la
rapidité des conquêtes du connétable de France,
disent qu'Édouard ne s'était point opposé à l'invasion de la Guienne, parce qu'il était assuré de la
reprendre et de la posséder dorénavant, non plus
comme fief, mais comme domaine conquis, dégagé
de toute dépendance et de tout hommage.

Les mêmes auteurs accusent le roi de France de
mauvaise foi; ils prétendent que le prince anglais
Edmond, trompé par de feintes promesses, et
comptant sur une réponse favorable, s'était rendu
au parlement, et, à sa grande surprise, n'y avait
reçu qu'un refus formel de toute restitution.

Ils ajoutent que, ce prince éclatant alors avec
indignation contre un si bas artifice, dans lequel
avaient trempé la reine de France et la belle-mère
de Philippe, le monarque français, prenant prétexte de ces violences, avait renouvelé en plein
parlement ses reproches contre Édouard, et con-
firmé la confiscation de la Guienne.

Nos historiens n'ajoutent aucune foi à ce récit de
Rapin Thoiras, quoique cet auteur ait cité à son
appui un mémoire rédigé par le prince Edmond.

Tout espoir de conciliation ayant disparu, la
France et l'Angleterre ne s'occupèrent plus chacune

que de s'assurer la victoire par la force de ses troupes et par le nombre de ses alliés.

La jalousie qu'inspirait la France, devenue en peu de temps sous ses rois si puissante, servit alors les projets d'Édouard, et ce prince parvint à former contre Philippe une ligue formidable, dont les membres s'unirent à Cambrai par un traité (1).

Les alliés du roi d'Angleterre furent Adolphe de Nassau, roi des Romains, qui espérait faire revivre ses droits sur la Franche-Comté; le comte de Bar; le duc de Brabant, gendre d'Édouard; le comte de Gueldre, et l'archevêque de Cologne. Le comte de Flandre, Gui de Dampierre, croyant l'occasion favorable pour se rendre indépendant, entra aussi dans la ligue anglaise.

Les princes qui se rallièrent aux étendards de Philippe furent Jean Bailleul, roi d'Écosse, impatient de secouer le joug de l'Angleterre et de s'assurer un appui, en épousant Isabelle de Valois, nièce du roi de France; Éric, roi de Norwége, et Albert, duc d'Autriche, ennemi du roi des Romains; Humbert, dauphin de Vienne; enfin, Hugues de Longwy, Jacques de Châtillon, et quelques communes d'Espagne promirent leur secours au monarque français.

Le roi des Romains, Adolphe de Nassau, envoya un défi orgueilleux à Philippe, et l'accompagna d'une lettre si injurieuse, que le roi de France y répondit par ces paroles méprisantes : « En vérité, » ce style est par trop allemand. »

____

(1) 1293.

Défaite de ce dernier.

Peu de temps après, le duc Albert d'Autriche, ayant livré une bataille près de Spire au roi des Romains, le défit, le tua, et s'ouvrit ainsi par son épée le chemin qui le conduisit au trône impérial.

Édouard se vit encore bientôt privé d'un de ses alliés : le comte de Flandre, prenant peu de mesures pour sa sûreté, fut enlevé par quelques officiers français. Philippe le relâcha peu de temps après; mais il retint comme ôtage de sa foi la fille de ce comte; sa main était destinée au fils du roi d'Angleterre.

Succès de Charles de Valois.

En Guienne les Anglais combattirent sans éclat et sans succès (1). N'osant pas attaquer Bordeaux, ils s'étaient contentés de surprendre Bayonne et de harceler l'armée du connétable, inférieure en forces à la leur. Mais bientôt Charles de Valois vint secourir le connétable, repoussa les Anglais, prit la Réole et ternit sa gloire par des actes de cruauté; la garnison de Saint-Sever s'était rendue à lui; il en fit pendre les officiers.

Edmond, frère du roi d'Angleterre, vint combattre Charles de Valois; mais il fut battu, blessé, et contraint de s'enfermer dans Bayonne, où il mourut de ses blessures.

Défaite des Anglais.

Plus tard Lincoln, nouveau général de l'armée anglaise, reprit l'offensive et livra bataille aux Français, commandés par Robert, comte d'Artois. Le sort des armes lui fut contraire; les Anglais laissèrent un grand nombre de morts sur le champ du combat. On leur fit beaucoup de prisonniers; les

(1) 1296.

troupes anglaises, vivement poursuivies, se dispersèrent; leurs généraux, Lincoln et Richemont, cherchèrent leur salut dans la fuite.

Pendant ce temps, Mathieu de Montmorency et Jean d'Harcourt opérèrent une descente en Angleterre; mais l'incendie de la ville de Douvres fut le seul résultat de cette expédition. *Incendie de Douvres.*

Le comte de Flandre, rendu à la liberté et réclamant vainement celle de sa fille, s'arma de nouveau contre Philippe; et, ce qui peint les mœurs bizarres du temps, son défi et sa déclaration de guerre furent portés au roi de France par deux ecclésiastiques. *Révolte du comte de Flandre.*

Philippe rassembla une nombreuse armée dans le dessein de punir la témérité de ce vassal rebelle. Ce fut alors qu'il publia une nouvelle ordonnance dont le but était de défendre toutes les guerres privées pendant la durée de la guerre royale. Il prescrivit aux seigneurs de se donner des assuremens mutuels, et défendit à tous ses sujets de saisir pour dettes les chevaux et les armes des chevaliers qui se rendraient à l'armée du roi.

Philippe, voulant s'assurer l'amitié de Jean, comte de Bretagne, le fit duc et pair de France, avec le privilége de ne pouvoir plus désormais être cité à la cour par simple ajournement, mais seulement pour toute atteinte à la suzeraineté royale et pour appel de faux jugemens. *Érection de la Bretagne en duché-pairie.*

Cette érection de la Bretagne en duché-pairie fut le premier acte de ce genre dans notre monarchie; Philippe s'en fit un droit, et accrut par là considérablement l'autorité royale, qui s'élevait ainsi peu

à.peu sur les ruines de la puissance féodale. L'Anjou
et l'Artois furent érigés à la même époque par Philippe en comtés-pairies (1).

Époque brillante de ce règne.

Cette époque fut la plus brillante du règne de
Philippe. Le comte de Flandre avait été humilié.
Les Anglais dans le midi, vaincus trois fois, s'étaient
vus contraints de fuir; et, le duc de Bar ayant livré
bataille à une armée française, Jeanne, reine de
France et comtesse de Champagne, qui commandait en personne cette armée, vainquit complètement le duc et le fit prisonnier.

Une plus grande scène s'ouvrit alors sur le théâtre
du monde. Un pontife, plus ambitieux que ses prédécesseurs, élevé au Saint-Siége par de coupables
intrigues, y montra une audace, un orgueil, une
opiniâtreté sans exemple : aspirant presque ouvertement à la monarchie universelle, il porta les prétentions de la tiare contre les droits de la couronne
à tel point, qu'il ouvrit enfin les yeux trop long-
temps fermés des rois, des grands, des peuples, et
même de la partie sage et saine du clergé.

Grande lutte entre le sacerdoce et la royauté.

Une crise était devenue inévitable : il fallait ab-
solument décider si les gouvernemens de l'Europe
seraient désormais monarchiques ou théocratiques,
et si les princes seraient vassaux de Rome ou indépendans. Une lutte violente, mais décisive, s'engagea.

La royauté triompha; l'orgueil de Rome fut
abaissé. Le pape fléchit; le pouvoir temporel reprit
son indépendance, et l'Europe dut à la fermeté cou-

(1) 1296.

rageuse de Philippe-le-Bel l'heureux affranchissement d'un joug sacerdotal fondé sur un ignorant
fanatisme, et que condamnaient également l'Évangile et la raison.

Après la mort du pape Nicolas IV, les cardinaux
avaient élu un homme vertueux, mais simple,
« disposé, dit l'abbé Fleury, à prendre ses pensées
» pour des inspirations, ses songes pour des révé-
» lations, et tout événement extraordinaire pour
» un miracle. » Il prit le nom de Célestin V; plus
propre à régir des moines que des États, il fonda
l'ordre des Célestins.

Élection de Célestin V.

Fondation de l'ordre de ce nom.

Il se trouvait alors dans sa cour un prêtre intrigant, savant jurisconsulte et courtisan adroit; on le
nommait Benoit Caïétan. Connaissant la faiblesse
d'esprit de Célestin, et résolu de s'élever sur sa
ruine, il s'insinua dans sa confiance; il lui représenta sous des couleurs si vives la responsabilité
d'un souverain pontife, l'étendue de ses devoirs et
la sévérité des jugemens de Dieu, qu'il lui rendit
insupportable le poids de la tiare.

On raconte même qu'usant d'un bas et criminel
artifice, il introduisit, la nuit, par un trou fait à la
muraille de la chambre du pape, une longue sar-
bacane par laquelle, en grossissant sa voix, il fit
entendre au saint père des paroles menaçantes qui
lui prescrivaient, pour le salut de son ame, de renoncer au pontificat.

Quoi qu'il en puisse être, Célestin effrayé, soit
par ces paroles qu'il croyait émanées du ciel, soit
par la voix de sa conscience qui l'avertissait de son
incapacité, rassembla les cardinaux, leur déclara

Abdication de ce pape.

qu'il abdiquait, et les pria de lui choisir un successeur. Ils ne cherchèrent point à le détourner de sa
résolution, et Benoit Caïétan fut élu par eux sous
le nom de Boniface VIII.

Bientôt ce nouveau pape devint célèbre par sa
fierté, par son éloquence et par son esprit, plus
que par sa piété. Absolu, téméraire, inflexible dès
que la fortune le secondait, mais souple et com-
plaisant quand il n'était pas le plus fort, doué de
peu de foi, mais d'une immense ambition, il ne
considérait dans le pouvoir spirituel du Saint-Siége
qu'un moyen et un prétexte pour établir, accroître
et étendre sans bornes son autorité temporelle; ses
mœurs, sa conduite, et sur-tout son orgueil, furent
également condamnés par les écrivains ecclésiastiques et laïqnes.

Pasquier compare son ambition à celle de Grégoire VII. Le père Daniel, en blâmant son arrogance,
dit qu'il se croyait supérieur à tous ceux qui l'a-
vaient précédé sur le Saint-Siége; il parle, mais
avec ménagement, de ses vices, de ses intrigues cri-
minelles contre Célestin, et de l'effet funeste de
ses décrétales, qui furent désavouées par ses successeurs.

L'abbé Fleury trouve sa conduite envers les rois
contraire à l'esprit de la religion et inexcusable.
Plusieurs cardinaux et un grand nombre d'auteurs
de son temps l'accusèrent de débauche et même
d'impiété; enfin, l'opinion générale lui reprocha
la courte durée des jours de Célestin, qu'il avait
fait enfermer dans le château de Fumone : tel fut
l'homme qui entreprit d'imposer le joug de la vas-

salité, accepté honteusement par trop de rois, au plus fier des monarques, à Philippe-le-Bel.

La lutte entre de tels ennemis devait être vive, opiniâtre : elle le fut; mais l'émancipation des trônes en devint l'heureux résultat. Elle contribua aussi à celle du peuple; car, dans ce combat, le roi de France se crut obligé d'appeler les communes à son secours, de les introduire dans les états-généraux, et d'opposer ainsi un vœu national à l'ambition romaine.

L'homme sage et modéré se montre seul constant dans ses principes; les ambitieux en changent suivant leurs intérêts : c'est une vérité de tout temps. Boniface, dans sa vie privée, s'était montré gibelin et très-zélé pour la faction impérialiste. Élevé à la dignité de pape, il devint le guelfe le plus fougueux. On raconte même qu'en donnant les cendres le mercredi saint à l'archevêque de Gênes, il lui dit : « Souviens-toi, homme, que tu es gibe-
» lin, et qu'avec tous les gibelins tu seras foudroyé
» et réduit en poudre. »

Ce parti ainsi proscrit avait pour chefs dans Rome les barons des plus illustres familles, et particulièrement ceux de la maison des Colonnes. Le pape les fit arrêter et voulut qu'on les jugeât comme félons.

Les barons, indignés d'un tel abus de pouvoir, demandèrent la convocation d'un concile général, déclarant qu'ils y accuseraient Boniface d'avoir forcé Célestin, par des intrigues coupables, à déposer la tiare.

Le pape, furieux, excommunia les deux cardinaux Colonnes comme hérétiques et rebelles, et fit insérer la proscription de leur famille dans le fameux recueil des décrétales commencé sous le pontificat de Grégoire IX.

Un des Colonnes courut aux armes; mais, ses troupes étant mises en fuite par celles du pape, tous les chefs de cette illustre famille cherchèrent à fuir les cachots et les flammes de l'inquisition.

Boniface les avait d'abord trompés par un feint pardon; mais, après leur avoir fait livrer les forteresses qui leur appartenaient, il cessa tout déguisement et les fit par-tout poursuivre par ses sbires. Alors ils se sauvèrent tous, cherchant un asile, les uns en Sicile, d'autres à Gênes et en France.

Le pape, après avoir triomphé de l'aristocratie romaine, ne tarda pas à se montrer tel qu'il était, et à dévoiler hardiment ses prétentions à la monarchie universelle. Disposant des trônes comme de ses propriétés et de ses fiefs, il s'arrogea le droit de nommer un roi de Hongrie, donna à celui d'Aragon les couronnes de Sardaigne et de Corse; enfin, bravant toutes les puissances temporelles, il envoya en France et en Angleterre deux cardinaux chargés d'ordonner à Philippe et à Édouard de se soumettre à sa médiation et de conclure la paix, sous peine d'encourir l'excommunication s'ils désobéissaient à ses injonctions arrogantes.

« Le roi de France, répondit Philippe, gouverne
» ses États comme il veut, et ne prend la loi de
» personne. La guerre que je soutiens contre l'An-
» gleterre n'est point une affaire religieuse; le pape
» est libre de donner des conseils aux Français,

». mais il ne peut leur donner d'ordres; ils n'en re-
» cevront jamais de lui. »

L'intérêt privé et les passions qu'il excite fer-
ment les yeux sur les maximes les plus évidentes
de la raison : le comte de Flandre, oubliant ses
vrais intérêts et sa propre dignité, appela au pape
du jugement porté par le roi contre lui. L'évêque
de Meaux, dans l'espoir des faveurs de Boniface,
somme le monarque français de rendre justice au
comte de Flandre et de remettre sa fille en liberté,
sous peine de se voir cité à Rome pour y être jugé.

Cette démarche d'un prélat servile et d'un sujet
rebelle porta au comble l'indignation de Philippe.
Ce prince déclara solennellement qu'il ne devait
rendre compte de sa conduite qu'à Dieu seul, et
que jamais il ne laisserait introduire en France les
maximes ultramontaines.

Il y avait alors un vrai courage à se montrer si
fier; car, attaqué par une ligue formidable, le roi
s'était vu obligé de lever un lourd impôt sur ses
peuples. Cet impôt inaccoutumé avait excité un
mécontentement général, et, pour le calmer, sou-
lageant les communes et les seigneurs du paiement
d'une partie de cette taxe, il l'avait rejetée sur les
biens du clergé, que cette mesure pouvait disposer
à soutenir les prétentions romaines.

Boniface, profitant de cette circonstance, défendit formellement au clergé français de payer l'impôt qu'on exigeait de lui. Dans la fameuse bulle
publiée à cet effet, bulle connue sous le titre de
Clericis laïcos, il condamne les rois assez audacieux pour asseoir des taxes sur les biens de l'Église;

Résistance de Philippe.

Bulle *Clericis laïcos*.

il déclare traîtres et lâchés les évêques ou abbés qui paieraient ces taxes sans avoir obtenu le consentement du souverain pontife. Enfin, il menace d'excommunication tout contrevenant à ses ordres, et, considérant les dispositions de sa bulle comme des maximes générales de droit public, il les applique, non-seulement à la France, mais à tous les États de la chrétienté.

Ordonnance de Philippe. Philippe, par représailles, publia une ordonnance qui défendait à ses sujets toute exportation d'or, d'argent, de pierreries, de chevaux, de vivres et de munitions, sans sa permission expresse, et sans la désignation des lieux où l'on voulait envoyer les objets exportés.

Son but était de ne laisser parvenir à Rome aucun des riches tributs que d'antiques habitudes et un dévouement pieux versaient avec abondance dans le trésor du Saint-Siége. C'était porter le coup le plus sensible à la puissance romaine ; c'était tarir la source de ses biens ; c'était ébranler une des plus fortes bases de sa domination temporelle.

Boniface ressentit vivement une si dangereuse blessure, et ses expressions furent aussi violentes que sa colère : « Si vous osez, écrivait-il au roi de
» France, étendre sur les ecclésiastiques l'autorité
» de vos édits, vous méritez l'anathème prononcé
» contre ceux qui attaquent les libertés de l'Église
» et qui violent ses priviléges. Cette Église, par la
» volonté de Dieu, a le double droit de commander
» à tous et de n'être commandée par personne.
» Apprenez donc de moi, prince séculier, que votre
» sceptre n'a aucun pouvoir sur le clergé. N'ou-

» bliez pas que la querelle qui existe entre vous et
» le roi d'Angleterre est, par sa nature, de la com-
» pétence du Saint-Siége, puisqu'il est question de
» savoir et de décider si vous avez pù, sans pécher,
» enlever la Guienne à Édouard, et le comté de
» Bourgogne à Adolphe de Nassau. »

Après beaucoup d'autres reproches, Boniface termine sa lettre en menaçant le roi de l'interdit sur ses États et des foudres du Vatican, s'il méconnaît l'autorité du saint tribunal qui doit le juger. Ainsi la guerre était formellement déclarée entre les deux pouvoirs ; les bulles pontificales et des ordonnances royales multipliées furent les manifestes de cette guerre opiniâtre.

Philippe, par un long manifeste, s'efforça d'éclairer ses peuples sur la coupable ambition des papes. « Si nous cédions à leurs prétentions, disait-il,
» aucun roi ne pourrait plus ni défendre ses États,
» ni protéger sa noblesse, ni garantir l'indépen-
» dance et la sûreté de son peuple. De quel droit
» le vicaire de Jésus-Christ refuse-t-il de payer
» à César le tribut que le Sauveur et les apôtres
» payaient et voulaient qu'on payât à César ? Je
» respecte l'Église ; mais je ne crains point ses in-
» justes menaces. Je n'imiterai jamais l'exemple
» du roi d'Angleterre et d'Adolphe de Nassau. Ils
» ont reconnu tous deux le pape pour leur suze-
» rain ; voyez les suites de cette honteuse vassa-
» lité : Boniface, usant des droits que tous deux lui
» avaient cédés, vient de punir la rebellion de l'un
» et la tardive résistance de l'autre. »

Dans ce combat décisif entre la tiare et la couronne, et l'on peut même dire entre l'Évangile et l'ambition temporelle du Saint-Siége, la majorité de l'église gallicane s'illustra par une grande sagesse et par une droite raison.

L'archevêque de Reims et plusieurs évêques représentèrent fortement à Boniface le scandale que causaient l'orgueil et l'injustice de ses prétentions. Ils l'avertirent des résultats fâcheux d'une telle conduite, qui pouvait devenir funeste au clergé, dont le pape voulait, avec autant d'imprudence que d'injustice, étendre les priviléges, et à la religion même, dont elle blessait les saintes maximes.

Enfin, après avoir déclaré au souverain pontife que l'église gallicane se rassemblerait pour assurer le repos de l'État, et pour défendre de tous ses moyens l'honneur du roi et les libertés du royaume, les évêques suppliaient le souverain pontife de révoquer sa bulle ou de la modifier.

Ces remontrances étonnèrent la fierté de Boniface; et, malgré l'opiniâtreté de son caractère, se croyant obligé à quelques concessions, il permit au clergé français de donner au roi de légers secours en argent, non comme impôts, mais comme prêts ou dons gratuits.

Philippe, peu satisfait d'une si incomplète réparation, publia un nouvel édit pour déclarer que, relativement à l'administration de son royaume, il ne reconnaissait aucun supérieur, et que, soumis au pape seulement pour les choses spirituelles, il saurait toujours défendre l'indépendance de l'autorité temporelle que Dieu lui avait donnée.

Il ne suffisait pas de soutenir ses droits par des

ordonnances, il fallait les appuyer par des succès : selon une antique opinion populaire, la foudre ne tombe point sur le laurier; mais, ce qui est plus vrai et mieux constaté par l'histoire de tous les siècles, c'est qu'on brave sans crainte les rois vaincus, tandis qu'on respecte presque servilement les monarques favorisés par la fortune et couronnés par la gloire.

Philippe, après avoir armé chevaliers dans une cérémonie pompeuse son frère le comte d'Évreux et cent vingt seigneurs français, se mit à la tête de son armée, entra en Flandre, la dévasta, dispersa les troupes de la ligue et investit Lille. Ses généraux battirent plusieurs corps de Flamands près de Co— mines, et firent prisonniers un grand nombre de chevaliers.

Robert, comte d'Artois, fameux par une vaillance souvent téméraire, envahit une autre partie de la Flandre, remporta une victoire éclatante sur l'ar— mée de la ligue près de Furnes, et fit un grand carnage des Flamands. Les comtes de Juliers et de Beaumont furent terrassés et pris; mais le vainqueur paya cher cette victoire : son fils fut blessé, et mou- rut peu de temps après de ses blessures.

Le roi d'Angleterre, arrivé trop tard pour secou- rir ses alliés, s'était renfermé dans Bruges. Philippe y marcha; la ville, n'osant lui résister, ouvrit ses portes, et les Anglais se retirèrent à Gand. Bientôt ils regagnèrent leurs vaisseaux.

Charles de Valois et le connétable de Nesle les poursuivirent vivement dans l'espoir de brûler leur flotte; mais elle trompa leur attente par une prompte fuite.

Le roi de Sicile et le comte de Savoie s'entremi-
rent pour négocier un accommodement; et Philippe,
cédant à leurs instances, accorda une trève d'un
an au roi d'Angleterre et au comte de Flandre.

Pendant la durée de cette trève, le monarque
français resta en possession de Lille, Courtray,
Furnes, Cassel, Bruges et Douay. Après cette courte
et glorieuse campagne, il rentra triomphant dans
Paris les premiers jours de novembre (1).

Le succès des armes de Philippe produisit son
effet ordinaire; il ranima l'affection de ses peuples,
refroidit l'ardeur de ses ennemis, et contraignit
même l'orgueilleux Boniface à changer momentanément de ton et de langage.

*Déclaration
du pape.* Le souverain pontife, par une déclaration, mo-
difia ou du moins expliqua dans un sens plus doux
les dispositions de sa décrétale, *Clericis laïcos*, qui,
disait-il, ne s'applique point à la France, dont les
rois peuvent, sans la permission du Saint-Siége,
lever des subsides sur le clergé lorsque les besoins
de l'État l'exigent. « Nous n'avons jamais prétendu,
» ajoutait-il, porter atteinte aux libertés du royaume
» de France, aux droits des rois, aux priviléges
» des ducs, comtes et barons. »

Fier d'un si nouveau trophée, Philippe convoqua
une assemblée de tous les prélats de France, et fit
lire publiquement devant eux cette déclaration
pontificale.

*Canoni-
sation de
saint Louis.* Boniface, si constamment disposé à maîtriser et
à déposer les rois, crut alors devoir en canoniser

____

(1) 1297.

un. Depuis long-temps l'enthousiasme public demandait que cet honneur fût décerné à Louis IX,
déjà proclamé saint par le peuple qui le chérissait,
et le pape crut utile à ses intérêts d'accéder à ce
vœu national.

Trois évêques furent envoyés à Paris pour faire
les informations prescrites par un antique usage;
ils interrogèrent trois cents témoins, et parmi eux
un ancien compagnon du bon roi, le sire de Joinville. Ces témoins attestèrent, dit-on, et vérifiè-
rent soixante-trois miracles opérés par les reliques
de ce monarque, quoiqu'il n'y eût peut-être de
miraculeux dans sa vie que la réunion, sans exemple dans un tel siècle, de tant de lumières et de
modestie, de tant de dévotion et de fermeté contre
l'ambition des papes, et d'une gloire militaire si
brillante avec tant de justice, de douceur et d'humanité.

Le jour de l'arrivée de la bulle qui canonisait
Louis fut célébré en France par la joie publique et
par de brillantes fêtes. On se rendit en foule à
Saint-Denis. Tout Paris retentit du son des instrumens et des chants du peuple. Il y eut de nombreux festins; les rues étincelèrent d'illuminations :
le corps du pieux monarque fut porté en procession à la Sainte-Chapelle par les archevêques de
Paris et de Lyon, et rapporté à Saint-Denis par
le roi ainsi que par les princes de sa famille. Quelques années après, on transféra et l'on déposa une
côte du roi défunt à Notre-Dame, et sa tête dans la
Sainte-Chapelle.

Dans toutes les communes de France on consacra

des églises à saint Louis. Le vieux Joinville, rajeuni par un événement qui comblait ses vœux, en eut l'imagination si exaltée, qu'un jour il crut voir paraître à ses yeux le bon roi. Écoutons-le raconter lui-même naïvement cette vision : « Sire, » lui dis-je, quand vous partirez d'ici, je vous » mènerai loger dans une mienne maison. » « Par » la foi que je vous dois, me répondit l'ombre du » roi, je ne partirai pas sitôt d'ici puisque j'y suis. » « Or, ajoute Joinville, m'étant éveillé, il me vint » à l'idée que cette apparition avait pour objet » de m'avertir que je devais consacrer ma chapelle » au roi; aussi j'y ai fait faire un autel, et là ai » établi une messe perpétuelle pour chacun jour, » bien fondée en l'honneur de Dieu et de monsei- » gneur saint Louis. »

Arbitrage du pape. Philippe, vraiment Français par plusieurs de ses qualités et de ses défauts, était difficile à vaincre et facile à tromper. Irrité au delà de toutes mesures lorsque l'orgueil menaçant d'un ennemi le bravait, il se laissait trop promptement fléchir par la prière, et désarmer par une feinte douceur.

Voyant que le pape modifiait ses décrétales, abandonnait la plus grande partie des prétentions ultramontaines, lui reconnaissait le droit d'imposer le clergé de France, canonisait son aïeul, et promettait de seconder les vues de Charles de Valois sur le trône impérial, il crut à la sincérité de Boniface, et consentit à le reconnaître non comme juge, mais comme arbitre entre Édouard et lui.

L'Empire, la France et l'Angleterre envoyèrent des ambassadeurs à Rome. Le pape, ayant obtenu ce qu'il souhaitait, cessa de feindre, démasqua de nouveau sa haine contre Philippe, reprit dans son langage sa hauteur accoutumée, et prononça son jugement non comme un arbitre impartial, mais comme un ennemi déclaré du roi de France.

Le comte de Flandre s'était conduit en vassal rebelle et perfide.

Édouard refusant toute justice aux Français assassinés par ses sujets, venait de ternir son règne par un acte de férocité. Vainqueur du prince de Galles qui était tombé dans ses fers, il lui avait fait trancher la tête dans sa prison. Le fruit de ce crime fut la réunion de la principauté de Galles à la couronne d'Angleterre.

La sentence rendue par Boniface ordonnait à Philippe de restituer la Guienne à Édouard, et de rendre au comte de Flandre toutes les places conquises sur lui par les Français. Il devait ensuite se croiser et partir pour la Palestine. Le pape voulait que, comme gage de la paix, Marguerite de France fût donnée en mariage à Édouard, et Isabelle, fille de Philippe, à l'héritier du trône d'Angleterre.

De son côté, Édouard devait rendre à la France quelques châteaux qu'il lui avait enlevés, et le pape ordonnait que, jusqu'à l'exécution du traité, les villes que les deux rois s'engageaient à se restituer fussent laissées en séquestre entre les mains du souverain pontife.

Cette injuste sentence blessait également l'autorité royale de Philippe, son honneur et les principes du droit féodal; et, pour mettre le sceau à ce procédé injurieux, Boniface, publiant sa sentence, l'envoya solennellement signifier en plein parlement à Philippe, par l'évêque de Durham, ambassadeur du roi d'Angleterre.

Philippe écouta la lecture de cette bulle avec une indignation concentrée et un froid mépris; mais Robert, comte d'Artois, laissant éclater sa colère, arracha la bulle des mains de l'ambassadeur, la déchira et la jeta au feu, en jurant que jamais un roi de France ne souscrirait à de si injustes et de si honteuses conditions.

Philippe ne réprima point cet acte de violence qui ne pouvait lui déplaire. Il protesta solennellement contre l'injustice de la sentence, et sur-tout contre ses dispositions relatives au comte de Flandre.

Dans le même temps on apprit qu'Adolphe de Nassau venait de mourir, et que Boniface, violant ses promesses, favorisait les prétentions d'Albert d'Autriche à l'Empire, au détriment de celles de Charles de Valois.

Il serait difficile de peindre la colère du pape, lorsqu'il apprit l'emportement fougueux du comte d'Artois. « Quoi! dit-il, ma bulle a été brûlée en » présence du roi lui-même et des grands! c'est » ce que n'a jamais osé faire jusqu'ici aucun héré- » tique païen ou tyran. »

Tout espoir de paix était évanoui; et, dès que l'année 1299 eut amené l'époque où la trève expirait, Charles de Valois envahit la Flandre et s'empara rapidement de Béthune, de Dam et de Douay.

Gui de Dampierre, comte de Flandre, s'était précipitamment retiré à Gand; mais tout à coup, cédant à l'effroi que lui inspirait un si formidable ennemi, il se soumit et vint à Paris remettre à la merci du roi ses États, sa personne et celles de ses fils Robert et Guillaume. (1).

Philippe hésitait entre la clémence et la rigueur; mais enfin le désir de la vengeance l'emporta, et, trop irrité pour se montrer généreux, il dégrada son caractère par sa dureté contre un ennemi désarmé.

N'accordant au comte de Flandre et à ses fils d'autre grâce que la vie, ils les fit jeter en prison avec quarante seigneurs de leur suite, confisqua la Flandre, et en confia le gouvernement à Jacques de Châtillon, comte de Saint-Pol, oncle de la reine.

Bientôt le pape perdit encore un autre appui. Philippe invita Albert d'Autriche à une conférence dans laquelle ils concilièrent leurs différends. La main de Blanche, sœur du roi de France, fut donnée à Rodolphe, fils d'Albert. On régla les limites de l'empire et de la France. Quelques auteurs prétendent que, par ce traité, Philippe renonça, en faveur de la maison d'Autriche, à ses prétentions sur la Lorraine et l'Alsace, et que l'empereur, de son côté, lui abandonna les siennes sur le royaume d'Arles.

Cette défection inattendue d'un allié sur lequel Boniface fondait de grandes espérances l'irrita violemment. Dans sa fureur il cassa l'élection d'Albert, chassa de Rome ses ambassadeurs, se revêtit sans pudeur de l'habit militaire, se montra publiquement un glaive à la main, et déclara solennellement qu'il n'existait d'autre roi des Romains et d'autre

____

(1) 1299.

César que le souverain pontife, suprême monarque
de la chrétienté. Sa colère et ses menaces furent
dédaignées. Philippe n'en célébra pas moins le mariage de Blanche et de Rodolphe (1).

Établis-
sement du
jubilé. L'argent des peuples était doublement épuisé par
l'orgueil, l'ambition et la rivalité de Boniface et de
Philippe. Pour subvenir à leurs dépenses excessives, le roi de France altéra les monnaies, et le pape
établit un jubilé.

Sans s'appuyer sur aucun fait, sur aucune charte,
Boniface adopta un bruit qui s'était répandu en Europe. On disait que, suivant un antique usage, les
fidèles devaient, la dernière année de chaque siècle,
visiter les tombeaux des apôtres, et qu'en faisant
ce pieux pélerinage, ils obtenaient une indulgence
plénière pour leurs péchés.

Ce préjugé était trop favorable au Saint-Siége
pour qu'il négligeât d'en tirer parti. L'opinion populaire tint lieu de toute preuve. Une foule de
chrétiens accoururent de toutes les contrées à Rome,
et leurs nombreux tributs remplirent les trésors de
Boniface.

Villani atteste que chaque jour de l'année 1300
on put compter, dans les murs de Rome, plus de
deux cent mille pélerins qui rivalisaient de zèle et
de générosité; car le pape mesurait leur piété sur
la richesse de leurs offrandes. « Ainsi, dit Mézeray,
» furent renouvelés, continués et sanctifiés par les
» chrétiens, sous le nom de *jubilé*, les jeux sécu-
» laires du paganisme. »

(1) 1300.

Ces fêtes furent si lucratives, que dans la suite on jugea convenable de les multiplier. Clément VI ordonna que le jubilé serait célébré tous les cinquante ans, Urbain VI tous les trente-trois ans, et Paul II tous les vingt-cinq ans.

A l'occasion de ce jubilé, Boniface parut le premier jour en habits pontificaux; le lendemain il se montra revêtu de la pourpre impériale des Césars; et, saisissant successivement deux glaives posés sur l'autel, il s'écria : « Saint apôtre Pierre, reconnais » à l'un de ces glaives ton successeur ; et vous, » Seigneur Jésus-Christ, votre vicaire. » Étrange aveuglement d'un ambitieux pontife, portant le délire au point de citer, à l'appui de ses audacieuses prétentions, les exemples du divin et du saint modèle de la vie évangélique et de l'humilité chrétienne, qui condamnaient également son orgueil!

De jour en jour la querelle, si imprudemment élevée par Boniface entre la tiare et la couronne, devenait plus ardente. Chaque événement, de quelque nature qu'il fût, alimentait le feu de la discorde et faisait naître de nouveaux débats.

Vainement Philippe, voulant éviter une crise dangereuse, s'efforça d'adoucir l'esprit du pape sans manquer aux devoirs que lui prescrivait sa dignité; Boniface fut sourd à ses remontrances et inaccessible à ses prières.

Nogaret, baron de Cauvisson et depuis chancelier de France, fut envoyé au pape par le roi; il promit au souverain pontife que le roi, lorsque leur démêlé serait fini, partirait pour la Palestine. Il le prévenait en même temps que le roi des Romains venait

de signer un traité d'alliance avec Philippe, et qu'ils
étaient tous deux bien décidés à ne point se soumettre aux prétentions temporelles du Saint-Siége.

« Parlez-vous au nom du roi ou au vôtre ! » dit
Boniface avec colère ? « Il ne me désavouera jamais,
» répliqua l'ambassadeur, lorsque je chercherai à
» ouvrir vos yeux sur le danger d'armer contre
» vous un monarque puissant qui connaît ses droits
» et qui saura les soutenir. Il m'approuvera cer-
» tainement quand il apprendra que je vous ai re-
» présenté les malheurs que peut attirer sur vous
» un orgueil si peu convenable à un successeur de
» saint Pierre. »

Le pape répondit à ces reproches trop fondés, par
des plaintes amères sur les procédés de Philippe et
des seigneurs français, et par de vifs reproches sur
la conduite du vicomte de Narbonne.

Ce seigneur, au lieu de rendre hommage, pour
ses domaines, à l'archevêque de Narbonne, l'avait
rendu au roi. « Je punirai cette insolence, dit Bo-
» niface ; je citerai le coupable vicomte à mon tri-
» bunal, et, s'il refuse d'y comparaître, je lancerai
» sur lui les foudres du Vatican. »

L'archevêque avait autant de modération que le
pape montrait d'orgueil. Philippe le fit partir pour
Rome, dans l'espoir d'apaiser le courroux du saint
père ; mais rien ne put le fléchir (1).

Arrivée d'un légat en France. Loin d'adopter aucune voie de conciliation, Boniface choisit pour son ambassadeur Bernard de
Saisset, évêque de Pamiers, qui avait acquis une

____

(1) 1301.

fâcheuse renommée par ses intrigues, son esprit
querelleur et son insolente audace. « Ce prélat, dit
» Daniel, bravait sans cesse l'autorité légitime de
» son roi, et se montrait l'ardent champion de la
» puissance temporelle des papes. »

Rome reconnaissante soutint cet évêque dans une
grave contestation élevée entre lui et le comte de
Foix. Pour terminer cette querelle, Boniface avait
excommunié le comte ; dès lors il était facile de
prévoir quelle serait la conduite de ce nouveau lé—
gat. Arrivé à la cour de Philippe, son langage fut
plutôt celui d'un ennemi que d'un négociateur ; il
somma avec arrogance le monarque français de remettre sans délai le comte de Flandre en liberté,
sous peine d'être excommunié et de voir l'interdit
jeté sur ses États.

Philippe, surpris, lui rappela, avec une juste sé—
vérité, ses devoirs de chrétien, d'évêque et de sujet.
« Vous n'êtes point mon souverain, répondit in—
» solemment le fougueux prélat ; et, bien que Pa—
» miers soit en France, je ne suis point votre sujet ;
» car, en qualité d'évêque, je ne reconnais d'autre
» puissance spirituelle et temporelle que celle du
» pape. »

A ces mots, Philippe, ne pouvant plus contenir
son indignation, chassa honteusement de son palais
l'insolent légat, qui, de retour dans son diocèse,
y commit de tels actes de violence contre les agens
du roi, que ce prince donna l'ordre à ses tribunaux
de le citer, de le poursuivre et de le juger.

La commission chargée d'une information si importante dans un tel siècle et dans une telle matière,

fut composée des comtes de Foix, de Comminges, des évêques de Toulouse, de Béziers, de Maguelone, de l'abbé de Saint-Papoul, et de quelques magistrats.

 Les papiers de l'accusé furent saisis, et la commission le somma de comparaître avant un mois devant le conseil du roi. Il refusait de s'y rendre; mais le sénéchal de Toulouse, malgré les hésitations du garde-des-sceaux, Pierre Flotte, et les instances de l'archevêque de Narbonne, se rendit maître de la personne de l'évêque, et l'amena à Senlis, au pied du trône.

Là, en présence du conseil, il fut accusé par le garde-des-sceaux de trahison contre l'État, en cherchant, de concert avec les Espagnols et les Anglais, à soulever les comtes de Foix et de Comminges contre le roi, et à s'armer pour chasser les Français du Languedoc.

« Ce n'est pas le seul de ses crimes que je vous
» dénonce, dit le garde-des-sceaux à l'archevêque
» de Narbonne, à vous, métropolitain et juge or-
» dinaire de l'évêque de Pamiers; je lui reproche
» encore d'avoir insulté, injurié et calomnié le roi.
» Cet imposteur ose avancer que saint Louis avait
» peint, en sa présence, son petit-fils Philippe
» sous les plus odieuses couleurs, capable par ses
» vices de causer la ruine de la France, dont le
» trône passerait ainsi à des étrangers.
» Ce prélat rebelle, ajouta-t-il, ce vassal félon
» a osé dire que Philippe, dégradant la race de
» Charlemagne, et issu, par sa mère, d'un bâtard
» d'Aragon, n'est ni un homme ni une bête, mais

» un vain fantôme qui s'efforce de faire, par sa
» beauté, illusion au monde ; enfin il prétend que
» le roi, ayant altéré les monnaies, ne doit plus
» porter d'autre titre que celui de faux — mon-
» nayeur.

» Acquittez-vous donc, archevêque, dit le garde-
» des-sceaux en terminant son discours, acquittez-
» vous de vos devoirs en punissant, par un juste
» arrêt, ce prélat rebelle, coupable du crime de
» lèse-majesté, ou craignez, en le laissant impuni,
» de forcer le roi à se servir contre lui d'autres
» armes. »

L'archevêque, embarrassé d'une mission si sca-
breuse, qui le compromettait inévitablement, soit
avec le monarque, soit avec le Saint-Siége, cita
plusieurs canons de différens conciles, pour prouver qu'avant de procéder comme juge dans cette
affaire, il devait consulter les évêques ses suffragans,
et même le pape.

A ces paroles évidemment dilatoires, les barons,
membres du conseil, exhalant leur courroux avec
violence, tirent leurs glaives et se précipitent sur
l'évêque pour le tuer ; mais Philippe, s'opposant
lui-même à leurs coups, déroba le prélat séditieux
à leur fureur, et le fit mettre en lieu sûr à Senlis,
sous la garde de ses sergens.

Cependant l'archevêque, ne croyant plus possible
de rester dans l'inaction, consulta huit évêques
qui se trouvaient alors à la cour, et tous décidèrent que l'accusé resterait prisonnier sous la garde
de l'Église.

Bientôt de nouveaux témoins arrivèrent en foule

de tous côtés ; plusieurs d'entre eux accusèrent l'évêque de Pamiers de n'avoir pas plus ménagé, dans ses calomnies, la religion et le pape que le roi. « Selon lui, disaient-ils, le sacrement de pénitence » n'était qu'une invention humaine ; et il traitait » Boniface, non de pape, mais de diable incarné » qui, contre toute justice, avait canonisé saint » Louis, quoique ce prince fût en enfer. »

Ayant entendu toutes ces dépositions, les prélats écrivirent au pape pour le supplier de citer à son tribunal l'évêque de Pamiers, afin qu'il y fût condamné, comme il devait l'être, suivant la gravité de ses crimes.

Loin de déférer à cette prière, le pape rompit brusquement toute négociation avec Philippe, en déclarant solennellement à l'ambassadeur de France que toute puissance temporelle et spirituelle appartenait incontestablement au Saint-Siége.

« Je nie ce fait, répondit Nogaret. Réfléchissez » d'ailleurs que si votre prétention à l'autorité tem- » porelle avait quelque fondement, elle ne serait » encore que fictive, et ne pourrait s'exercer qu'en » paroles, tandis que celle du roi mon maître est » en action, en réalité, et par la force du sceptre, » des lois et des armes. »

Bulles
du pape. Bientôt on vit paraître plusieurs bulles foudroyantes. Par la première, le pape ordonne à Philippe de mettre en liberté l'évêque Bernard, et déclare qu'aucun prince laïque n'a de pouvoir sur les personnes ecclésiastiques.

Le roi, poussant trop loin peut-être alors le désir de la conciliation, permit à l'archevêque de Narbonne de faire transférer à Rome l'accusé pour qu'il y fût jugé. Cette condescendance ne fit que redoubler l'audace du pape.

Par une seconde bulle, il suspendit tous les priviléges accordés aux rois de France par ses prédécesseurs. Une troisième bulle faisait éclater encore avec plus d'arrogance son âpre orgueil.

Telles étaient ses expressions les plus remarquables : « Boniface, évêque, serviteur des servi-
» teurs de Dieu, à Philippe, roi des Français :
» Craignez le Seigneur et obéissez à ses comman-
» demens. Nous voulons vous apprendre que vous
» nous êtes soumis dans le temporel comme dans
» le spirituel; que la nomination aux bénéfices ne
» vous appartient en aucune manière. Vous n'êtes
» chargé de la garde des églises pendant leur va-
» cance que pour en réserver les fruits à ceux qui
» seront élus; si vous avez conféré quelques béné-
» fices, nous déclarons cette collation nulle en droit
» et en fait; enfin nous révoquons tout ce qui s'est
» passé en ce genre. Ceux qui penseront autrement
» seront regardés et traités par nous comme héré-
» tiques. » On trouve dans Villani le texte de cette étrange bulle, tiré du recueil des décrétales.

Comme l'irritation du roi était extrême, il ne garda aucune mesure dans sa réponse, conçue en ces termes : « Philippe, par la grâce de Dieu, roi
» des Français, à Boniface, prétendu pape, peu ou
» point de salut : Votre très-grande fatuité saura
» que nous ne sommes soumis à personne pour le
» temporel; que la collation des bénéfices et des
» siéges vacans nous appartient par le droit de

» notre couronne; que nous pouvons disposer des
» revenus des églises vacantes en régale; que nos
» dons, à cet égard, sont valides pour le passé
» comme pour l'avenir, et que nous maintiendrons
» de tout notre pouvoir ceux que nous avons pour-
» vus ou que nous pourvoirons de bénéfices. Ceux
» qui penseront autrement seront par nous réputés
» fous et imbéciles. »

Une quatrième bulle servit de réplique à Boniface : « Dieu, disait-il, l'a établi sur les rois et les
» royaumes avec le droit d'arracher, d'édifier, de
» planter, de perdre, de détruire et de dissiper. Il
» invite son cher fils Philippe à ne plus fermer son
» cœur aux enseignemens d'un maître qui tient la
» place du maître et seigneur de l'univers. »

Pressant et multipliant ses coups, Boniface publia
une cinquième bulle pour convoquer à Rome tout
le clergé de France, qui devait s'y rassembler le
1er novembre (1), afin de chercher les moyens
d'affermir la religion, de réformer les abus, de
réprimer les excès de Philippe, et d'établir en
France un bon et sage gouvernement. Enfin, s'a-
dressant à tous les prélats français, il les invite à
se soulever contre le roi, qui n'est plus à ses yeux
qu'un tyran.

En même temps le pape écrivait au roi une lettre
plus violente que toutes les autres; il y accusait
Philippe d'opprimer son peuple et le clergé par la
multitude des impôts, d'avoir ruiné l'église de Lyon,
d'avoir usurpé sur les monastères une juridiction

____

(1) 1302.

qui ne lui appartenait pas, de se montrer le des-
tructeur et non le gardien de la religion.

« Nous vous avons plusieurs fois, disait-il, mon-
» tré tous vos forfaits, dans l'espoir d'exciter en
» vous un salutaire repentir; mais, semblable à
» l'aspic qui n'entend point, vous avez fermé l'o-
» reille à nos avis paternels. Voilà pour quel motif
» nous avons commandé à tout le clergé français
» de se rendre près de nous en Italie, afin de re-
» médier par une sage réforme aux calamités qui
» pèsent sur votre royaume. Il vous sera permis
» d'y comparaître en personne ou par un ambassa-
» deur, pour y entendre notre jugement et celui
» de Dieu. »

Le monarque français opposa sagement à ces in- Modération
vectives les maximes orthodoxes du pape Gélase, de Philippe.
qui, distinguant avec discernement la puissance
temporelle de la puissance spirituelle, les avait dé-
clarées toutes deux indépendantes l'une de l'autre
et n'ayant chacune que Dieu au-dessus d'elle.

Philippe, loin de se croire coupable en réprimant
les excès de l'inquisition, s'en glorifia. « Je déclare,
» disait-il, que je déshériterais mes enfans, si je
» les croyais assez lâches pour reconnaître au-
» dessus d'eux, dans les choses temporelles, une
» autre puissance que celle de Dieu. »

Les deux glaives étaient tirés; l'engagement de- Première
venait inévitable : il fallait nécessairement ou que assemblée
la tiare fléchît, ou que la couronne tombât. Pour des états-
généraux.
soutenir cette lutte importante et décisive, chaque
parti devait réunir toutes ses forces; et Philippe,
heureusement éclairé, soit par ses propres lumières,

soit par de sages conseils, se déterminant à opposer aux prétentions ambitieuses du pape et à ses foudres les forces redoutables de la volonté nationale, convoqua près de lui son clergé, ses grands et son peuple (1).

Ce fut la première assemblée française qui porta le nom d'*états-généraux*, et ce fut en présence de cette assemblée que le roi fit brûler la bulle du pape comme aussi outrageante pour la religion que pour l'autorité royale. Ainsi du choc des armes d'un monarque absolu et d'un pontife arbitraire, jaillirent les premières étincelles de notre raison publique et les premières lueurs de nos libertés nationales.

Quoi qu'en dise Vély, ces états-généraux étaient, non pas entièrement une création, mais un renouvellement des anciennes assemblées des Francs sous la première race, et des parlemens convoqués par Pépin et Charlemagne sous la seconde; car, indépendamment des évêques et des seigneurs, nommés alors *optimates*, les monarques y appelaient des hommes libres, députés des villes. Pasquier tombe dans la même erreur que Vély : « Le peuple, dit-il, » n'avait jamais été appelé aux assemblées; on n'en » faisait non plus d'état que d'un zéro en chiffre. »

Ce qui ressort évidemment de tous les documens de notre histoire, c'est que l'usage d'exclure le peuple des parlemens, et de n'y appeler que les grands et le clergé, s'introduisit par la faiblesse des enfans de Louis-le-Débonnaire et de leurs descendans.

____

(1) 1302.

Les premiers Capétiens laissèrent dans le même oubli les hommes libres, non nobles. Louis-le-Gros, Philippe-Auguste et saint Louis lui-même, qui protégèrent avec tant d'efficacité l'affranchissement des communes, ne les firent point intervenir dans ces grandes délibérations nationales, où l'on décidait de la paix et de la guerre, des mariages et des alliances des princes, des lois que les rois voulaient faire adopter hors de leurs domaines et rendre ainsi générales, enfin du jugement des grands vassaux coupables de félonie.

Philippe-le-Bel fut donc le premier qui, appelant les communes dans le parlement, donna à cette assemblée le nouveau nom d'*états-généraux*; mais en même temps il est très-essentiel de remarquer qu'avec ce changement de nom, il en introduisit un trop favorable au pouvoir absolu et trop funeste pour les libertés nationales.

Leurs variations.

- Ces nouveaux parlemens, dépouillés des plus importantes prérogatives des parlemens antiques, n'exercèrent plus celle de délibérer sur les lois générales, sur la paix et sur la guerre, sur les plus grands intérêts de l'État. Cet ancien adage, *la loi se fait par la constitution du roi et par le consentement du peuple,* disparut de notre droit public.

On convoqua les états-généraux dans le but presque unique de leur demander de l'argent; il leur fut seulement permis d'exposer humblement au roi, sous le nom de *doléances,* leurs griefs et leurs vœux. Il est bien vrai qu'à leur première réunion, on les consulta sur les prétentions ultramontaines du Saint-Siége; mais il ne faut pas oublier que le principal

objet de cette prétention était un impôt sur le clergé,
qui, selon le pape, ne pouvait être levé en France
sans sa permission.

Depuis, selon les circonstances, les états-généraux cherchèrent à étendre leurs droits, et ce fut
peut-être une des raisons pour lesquelles nos rois
les convoquèrent si rarement. En leur absence, les
parlemens prétendirent représenter ces états. Ils
s'efforcèrent souvent de combattre le pouvoir arbitraire, défendirent avec courage les derniers débris
de la liberté, et refusèrent fréquemment d'enregistrer les lois dictées par des ministres injustes.
Mais, leurs prétentions étant contestées, et ne pouvant les appuyer, ni par des titres authentiques,
ni par une force réelle, ils étaient contraints fina-
lement de céder à l'autorité et d'enregistrer par
exprès commandement.

Cette absence de tout droit public bien réglé, ce
chaos d'intérêts et de prétentions opposées, se ter-
minèrent en 1789, comme on aurait dû dès long-
temps le prévoir, par une longue et terrible révolution. Voilà ce qu'après beaucoup de recherches,
tout lecteur impartial trouvera peut-être de plus
probable sur des questions si long-temps contro-
versées par un si grand nombre d'hommes éclairés,
d'historiens judicieux et de savans publicistes.

Tout en rendant justice à leurs talens, à leurs
travaux, à leurs systèmes plus ou moins ingénieux,
on pensera sans doute que la série des actes et des
faits cités dans toutes les pages de nos annales, est
le fil le plus sûr que nous puissions suivre pour ne
pas nous égarer dans ce labyrinthe politique.

Une autre observation, déjà indiquée par nous, doit singulièrement frapper. Depuis long-temps la négligence dédaigneuse des grands avait laissé remplir le parlement de bourgeois. Ce parlement, composé de légistes, embrassa la cause de l'autorité royale contre le système féodal, tira ses principes, et entre autres celui du droit divin, de la théocratie juive, et donna en grande partie pour code, aux Français les lois rédigées sous les empereurs romains. En conséquence, ils considérèrent les réclamations d'antique indépendance, quoique fondées sur des chartes féodales, comme rebellion et comme sacrilége. Les mêmes causes firent introduire sous Philippe-le-Bel le mot, nouveau pour les Français, de crime de *lèse-majesté.*

Tous ces changemens, opposés à l'intérêt des nobles et à des coutumes déjà anciennes, entraînèrent long-temps de vives oppositions et de fréquentes contradictions. Le roi Philippe, tantôt profitant des circonstances, et tantôt leur cédant, supprimait quelquefois d'antiques priviléges, et quelquefois en accordait de nouveaux. Tantôt il protégeait les laïques contre le clergé; tantôt il défendait celui-ci contre les seigneurs, et tirait parti de leurs divisions pour en devenir l'arbitre.

Si l'on se soulevait contre quelques-unes de ses ordonnances les plus injustes, il supprimait et châtiait les baillis chargés par lui-même de les faire exécuter. Il réparait des dommages réels par des promesses illusoires, et, comme le dit Mably, « nul » prince ne fut plus facile à promettre et à oublier » ce qu'il avait promis. »

· Jusqu'à son règne toutes les ordonnances des douzième et treizième siècles, ainsi que l'observe M. Halam, avaient été discutées et enregistrées aux parlemens. Philippe fut le premier qui rédigea les siennes seul avec son conseil privé, ne laissant aux parlemens que la vaine forme de l'enregistrement; et cette illusoire formalité fut la faible branche à laquelle postérieurement ce parlement s'attacha pour opposer quelque résistance au pouvoir ministériel, qui fut quelquefois encore contenu par ce dernier souvenir des libertés françaises.

Leur composition. — Les états-généraux furent donc composés de la réunion des trois ordres de la nation, l'ordre du clergé, celui de la noblesse et celui des communes. En leur présence le roi exposa en peu de paroles le désir de réformer les abus dont on avait à se plaindre, et pria les députés de concourir à cette utile réforme.

Le chancelier, prenant ensuite la parole, fit connaître à l'assemblée les besoins du trésor pour faire face aux dépenses qu'exigeaient la dignité de la couronne et la sûreté de l'État.

Après avoir écouté cette exposition des faits et ces demandes de subsides, les trois ordres devaient délibérer séparément, et ensuite, conformément aux instructions consignées dans les cahiers de leurs provinces, rédiger leurs réponses et leurs doléances.

« Bien que ces doléances, dit Pasquier, aient
» donné parfois lieu à de sages ordonnances, ce
» n'était au fond que belles tapisseries pour servir
» de parade à la postérité, le commun peuple étant
» celui sur lequel tombe principalement le poids

» des subsides. Ce fut pour cela que Philippe l'ap-
» pela en sa présence, afin que, dans l'espoir de
» changer son mal en bien, et chatouillé du vain
» honneur qu'on lui faisait en le consultant, il
» courût avec joie à ces diètes, et promît d'accor-
» der tout ce qu'on lui demandait. »

Au reste Philippe, dans la crise où il se trouvait,
se voyait presque forcé de caresser ainsi ses peuples pour calmer leur exaspération.

De toutes parts des révoltes éclataient. Rouen et
Orléans s'étaient vus agités par des troubles sérieux;
à Paris même, le roi avait été momentanément
assiégé dans le palais du Temple par le peuple en
tumulte.

Un impôt montant d'abord au centième et ensuite
au cinquantième du revenu de chaque propriété,
de plus une taxe de six deniers par livre sur la vente
de chaque denrée, étaient les véritables causes de
toutes ces séditions; et les agriculteurs ou marchands, continuellement opprimés par les vexations pécuniaires des barons et de leurs vassaux,
s'indignaient du surcroît de charges que leur im-
posait l'autorité royale.

L'objet principal de leur haine était le fameux
Enguerrand de Marigny, surintendant des finances;
et ce fut ce ministre qui, effrayé de ces soulèvemens, et ne voulant plus être seul responsable de
toutes ces innovations et empiétemens de la royauté,
attribués généralement à ses conseils, proposa au
roi d'appeler les communes à l'assemblée, dans
l'espoir de se réconcilier avec elles et de faire léga-
liser ainsi tous les abus qu'on pouvait lui reprocher.

Son attente ne fut point trompée; lorsqu'il eut développé, avec une éloquence remarquable dans un tel siècle, les besoins de la couronne, les dangers auxquels le gouvernement se trouvait exposé par la rebellion des Flamands et par la ligue formidable qui les soutenait; enfin lorsqu'il eut employé les plus forts argumens pour démontrer la nécessité des secours que le roi demandait à la nation, les états, entraînés par l'illusion de ses paroles, accordèrent à Philippe la levée d'un subside ou d'une taille très-considérable.

Mais, si l'amour-propre des communes, alors satisfait du nouvel honneur dont elles jouissaient, les fit consentir à supporter cette charge, bientôt elles en sentirent tout le poids, et, depuis cette époque, la haine populaire contre le surintendant devint de plus en plus violente et implacable.

Affaire du
pape discu-
tée aux
états.

Lorsque l'affaire des subsides fut décidée, Philippe se plaignit vivement aux états de la conduite orgueilleuse de Boniface. « Comment supporterions-» nous, dit-il, la merveilleuse impudence d'un tel » homme, dont le légat, Jean Dutillet, évêque de » Meaux, n'a pas eu honte de déclarer (et nous » citons ses propres expressions) que *le royaume* » *de France était tenu en foi et hommage de la* » *majesté papale, et sujet d'icelle!.* »

Le chancelier de France, Pierre Flotte, parlant au nom du roi, après avoir reproché au même pape ses taxes ruineuses sur le royaume, ses bulles contraires aux droits de l'église gallicane, ses nominations arbitraires aux évêchés et aux bénéfices qu'il prodiguait à des étrangers, enfin toutes les

insultes qu'il avait faites à la dignité et à l'indépendance de la couronne, déclara que le roi était
décidé à réprimer toutes les entreprises de la cour
de Rome contre les immunités, droits et priviléges
de l'église française et de l'autorité royale.

Toute l'assemblée, répondant à ce discours par
des applaudissemens et des acclamations unanimes,
s'écria que jamais on ne reconnaîtrait en France,
pour le temporel, d'autre pouvoir que celui de
Dieu et du roi.

Le comte d'Artois, au nom de la noblesse, féli-
cita le roi sur le zèle qu'il montrait pour le rétablissement de l'ordre et des lois. « Nous déclarons
» tous, dit-il, que nous sommes prêts à sacrifier no-
» tre sang pour la défense des libertés du royaume.
» Aucun des gentilshommes de France ne souffri-
» rait les entreprises ambitieuses de Rome, quand
» même sa majesté se montrerait disposée à les
» tolérer. Jamais la noblesse française ne recon-
» naîtra sur la terre d'autres supérieurs que le roi. »

La position du clergé exigeait plus de circons-
pection dans ses démarches : aussi, après avoir
professé le plus grand respect pour le maintien
des libertés du royaume et de l'autorité royale, il
exhorta le monarque à conserver soigneusement
l'heureuse union établie entre ses prédécesseurs et
le Saint-Siége ; enfin il demanda un délai pour délibérer avec plus de maturité sur des questions à la
fois si graves et si délicates ; son but était de gagner
du temps pour négocier.

La réponse des communes, vive dans ses sentimens, naïve dans ses pensées, fut grossière dans sa

rédaction. « C'est une grande abomination, dirent
» les députés du peuple, d'ouïr que ce Boniface
» entendît mâlement et ainsi qu'une bête d'espé-
» ritualité ces mots : *Ce que tu liéras en terre sera
» lié au ciel*: comme si ces paroles pouvaient si-
» gnifier que, dans le cas où le pape s'aviserait de
» mettre un homme en prison temporelle, Dieu
» mettrait pour cela ce même homme en prison au
» ciel. Nous supplions notre roi de garder la sou-
» veraine franchise de son royaume qui est telle
» que, pour le temporel, le roi ne reconnaît de
» souverain en terre fors que Dieu. »

Décla-
ration du
clergé.

Le mécontentement général des barons et du
peuple contre les prétentions du Saint-Siége éclatant alors en paroles menaçantes qui firent entre-
voir au clergé la possibilité et le péril d'un schisme,
il cessa de temporiser ; il déclara donc qu'il était
prêt à donner au roi toute assistance pour la conservation de sa personne royale, de sa dignité, des
libertés de la nation et des droits de la couronne,
conformément au devoir qui en est imposé à tous
ses membres par leur qualité de feudataires et par
la fidélité jurée au roi. Cependant tous les membres de cet ordre demandèrent au monarque la
permission de se rendre à Rome, où le pape les
avait cités.

Les trois ordres convinrent ensuite qu'ils écri-
raient au souverain pontife pour l'inviter à respecter dorénavant les priviléges, les franchises du
royaume et les droits du roi. Les dépêches des barons et des communes furent adressées aux cardinaux, et celles des membres du clergé au pape.

Pierre de Mornay, évêque d'Auxerre, envoyé à
Rome par le clergé français, fut chargé d'engager
Boniface à retarder la convocation de son concile.
Les évêques firent à Boniface les représentations
les plus pressantes pour lui démontrer l'inconvenance de cette maxime avancée par son nonce, *que
le roi relevait du pape pour le temporel.* « De
» plus, ajoutaient-ils, en nous appelant tous à Rome
» sous prétexte de réformer l'Église, vous divisez,
» vous désolez cette Église; vous privez le souve-
» rain de conseils, et le peuple de sacremens; les
» taxes, les levées, les exactions commises par vos
» légats, ont exaspéré les états-généraux. Toute la
» nation française est déterminée à défendre, à
» conserver les libertés de l'église gallicane; enfin
» nous-mêmes, après nous être vainement efforcés
» de calmer l'indignation du roi, des princes, des
» grands et du peuple, nous avons été obligés, par
» notre amour pour la justice et pour notre patrie,
» à nous prononcer en faveur des droits de l'au-
» torité royale. Excusez-nous donc, très-saint père,
» si nous ne nous rendons point à Rome, comme
» vous le désiriez; car le roi ne voudra jamais nous
» le permettre. Modifiez donc vos bulles mena-
» çantes, peu conformes à la charité, et songez
» qu'il est plus sage de retarder la convocation de
» votre concile, que d'exposer, en y persistant,
» la France au malheur d'un schisme, et la reli-
» gion à de grandes douleurs. »

    « L'Église romaine, répondit amèrement Boni-
» face, écoute avec compassion les paroles insen-
» sées de sa fille, l'église gallicane. Vous, prélats

» français, n'avez-vous pas honte de vous être laissé
» intimider par les menaces d'un indigne chance-
» lier, Pierre Flotte, véritable Bélial, malheureux
» cyclope, borgne de corps et aveugle d'esprit?
» Apprenez que si vous ne vous séparez pas de
» l'assemblée dont vous faites partie, vous rompez
» l'unité de l'Église. Soutenir que le pouvoir tem-
» porel n'est pas soumis au pouvoir spirituel, c'est
» tomber dans l'erreur des manichéens; c'est éta-
» blir, comme eux, deux principes rivaux. Au
» reste, nous vous déclarons que ceux d'entre vous
» qui nous obéiront, seront accueillis par nous avec
» faveur, et que nous saurons punir, selon la gra-
» vité de leurs fautes, ceux qui se montreront re-
» belles à nos ordres. »

Lettre des barons aux cardinaux. La lettre des barons de France aux cardinaux nous a été textuellement conservée. Elle était écrite en français avec une franchise assez vigoureuse, quoiqu'un peu prolixe. Ils se plaignaient à leurs honorables pères, chers et anciens amis, les cardinaux de l'Église romaine, de l'atteinte portée à la longue union de la France et du Saint-Siége. Ils en accusaient une haine sourde, cachée sous le voile de l'amitié. « Ce sont, disaient-ils, les extorsions et
» les déraisonnables entreprises du chef actuel de
» l'Église, qui finiront, si elles se poursuivent, par
» rompre totalement cette union si agréable aux
» yeux de Dieu, si nécessaire à l'affermissement
» de la foi. Nous ne voulons, en aucune sorte, sup-
» porter ses entreprises; nous nous y opposerons,
» quelque dommage qui en puisse arriver à nos
» personnes, à nos enfans, à nos biens. Nous ne

» supporterons jamais *ces mauvaises et outrageu-*
» *ses nouvelletés* que le pape vient de faire, en
» avançant, par message et par bulle, que le roi lui
» est soumis pour son temporel, et doit tenir de
» lui une couronne qu'on a toujours dit, en France,
» être sujette en temporalité de Dieu tant seule-
» ment; ce qui est chose notoire à tout le monde. »

Ils reprochaient de plus au saint père l'appel qu'il
avait fait aux évêques, aux docteurs, aux juriscon-
sultes pour les réunir à Rome, afin de remédier
aux excès, aux oppressions, aux dommages qu'il
prétendait avoir été commis par le roi et ses ministres contre les grands, la noblesse, les universités et le peuple.

« Et cependant, continuent les barons, jamais
» la noblesse, les universités ni le peuple ne se sont
» plaints de ces griefs au pape, et ne veulent les
» voir amender par son autorité, ni par aucune
» autre que celle dudit sire roi. Déjà ledit sire roi
» a remédié à une partie des abus; et, s'il avait
» retardé jusque-là, c'était pour ne point faire pa-
» raître qu'il y fût obligé par crainte et par com-
» mandement, ou correction, ni du pape ni d'autrui.

» Il est étrange, ajoutent-ils, que le pontife, qui
» siége maintenant à Rome, cherche à mettre le
» désordre dans le royaume, en pensionnant des
» rebelles, en commettant des exactions diverses,
» en introduisant *d'outrageuses nouvelletés*, en
» cherchant à priver le roi et la noblesse du droit
» qui leur a toujours appartenu pour la collation
» des bénéfices vacans.

» On est bien résolu, en France, à ne point to-

» lérer dorénavant de pareils attentats, qui causent
» de grandes douleurs, *grands mischiefs*, et qui
» ne peuvent plaire ni à Dieu ni à tout homme
» ayant cœur d'homme. On n'aurait jamais cru
» voir pareille chose qu'au temps où l'Antéchrist
» paraîtrait. Enfin, nous ne pouvons croire que le
» sacré collége ait pu donner son assentiment à de
» si grandes erreurs et à de si folles entreprises.

» Non, vous ne pourrez voir tranquillement tout
» se dissoudre par la perverse volonté d'un seul
» homme. Nous vous prions, puisque vous êtes
» établis et appelés en partie au gouvernement de
» l'Église, d'y porter remède, d'anéantir ces mali-
» ces, et de châtier l'auteur de ces excès, de sorte
» que l'état de la chrétienté demeure en son bon
» point. La noblesse française attend de vous là-des-
» sus, nos chers amis, une réponse nette et précise.
» Au reste, elle ne se départira jamais des résolu-
» tions qu'elle a prises à ce sujet, quand bien même
» le roi le voudrait. »

Cette adresse fut signée par trente et un membres
de la noblesse au nom de tous. On y remarquait
les signatures de Louis, fils du roi de France, du
comte d'Artois, des ducs de Bourgogne, de Bretagne, de Lorraine, et des principaux seigneurs de
la France. Cette détermination unanime des trois
ordres de l'État, la vigueur de leurs résolutions et
la fermeté de leurs paroles surprirent, conster-
nèrent la cour de Rome.

Désaveu
du pape.

Cependant l'inexorable Boniface voulait braver
ces orages et triompher de tous les obstacles opposés
à son ambition. Mais, personne autour de lui ne

partageant ni son opiniâtreté ni ses orgueilleuses
espérances, il se vit forcé, par les instances des
cardinaux, non-seulement à modérer l'âpreté de
son langage, mais à désavouer les discours insul-
tans que lui-même avait dictés à son nonce, l'évêque
de Meaux.

« Mes lettres et mes paroles, écrivait-il à Phi-
» lippe, ont été altérées ou mal interprétées; je
» n'ai jamais écrit ni pensé que votre royaume fût
» soumis au Saint-Siége pour le temporel. »

L'abbé Fleury observe, avec raison, que ce désaveu est très-remarquable, mais qu'il était facile
de juger s'il était sincère.

« Ce n'est point, continuait le pape, pour chan-
» ger les lois du royaume et pour m'immiscer dans
» son administration que j'ai convoqué près de moi
» le clergé français : mon seul but était de lui faire
» sentir l'inconvenance de ses procédés à l'égard
» du souverain pontife de l'Église universelle. »

Dans le même temps, il présida un consistoire,
devant lequel le cardinal Porto s'efforça de prouver
la fausseté des griefs allégués contre la cour de Rome
par l'église gallicane; et, revenant alors aux principes constans de sa cour, il affirme que les hérétiques seuls peuvent nier l'universalité de la puissance du pape, et ses droits incontestables à une
autorité absolue, puisque, étant le seul chef de l'É-
glise et représentant de Jésus-Christ, à qui tout
doit obéir, il est, pour le temporel comme pour le
spirituel, seigneur de toutes choses.

« A la vérité, dit le cardinal, le saint père laisse
» et confie aux rois la juridiction temporelle, mais

» en conservant le droit et en se réservant le pou-
» voir de juger toutes les affaires temporelles où
» l'on peut reconnaître quelque péché. Ainsi les
» plaintes de Philippe ne sont nullement fondées, et
» nous devons seulement demander à Dieu que le
» Saint-Esprit tire d'erreur ce prince et l'éclaire. »

Ses reproches contre les conseillers de Philippe. — Boniface, ne pouvant supporter plus long-temps la contrainte à laquelle il s'était vu réduit de ménager la dignité du roi, éclata pour lors en repro-ches violens et en injures contre les ministres et les conseillers du monarque français. « Son infâme
» chancelier, s'écria-t-il, ce ministre pervers, est
» un Achitophel, un hérétique, un homme pétri
» de vices et de méchanceté; lui et ses coupables
» complices, les comtes d'Artois et de Saint-Pol,
» entraînent Philippe et son peuple à une perte
» inévitable. Tous semblent avoir oublié cette an-
» tique prédiction de saint Remy : *Les rois et leurs*
» *royaumes seront heureux tant qu'ils resteront*
» *unis à l'Église; ils périront dès qu'ils vou-*
» *dront s'en séparer.* Je vois dans leur conduite
» autant d'ingratitude que de folie; car, en accor-
» dant à Philippe la permission de lever des dé-
» cimes sur le clergé, j'ai rendu, par ce don, le roi
» actuel deux fois plus riche que ne l'était son aïeul
» Philippe-Auguste. Je n'ai jamais eu *la fatuité*
» (étrange expression dont on s'est servi à mon
» égard) de penser que les rois de France tenaient
» leur couronne des papes; mais je soutiens qu'en
» tout ce qui regarde le péché, il nous est soumis.
» Au reste, il devrait se souvenir que trois de ses
» prédécesseurs ont été déposés par le Saint-Siége,

» et que, s'il ne montre pas désormais plus de sa-
» gesse, je le châtierai comme un enfant rebelle, et
» lui ôterai sa couronne. »

Ainsi, ces différends, qu'on avait espéré de con-
cilier, s'aigrissaient de jour en jour. Le duc de
Bourgogne offrit en vain sa médiation. Le pape regarda ces démarches pacifiques comme dictées par
la peur; ce qui le rendit plus audacieux et plus opiniâtre que jamais.

En conséquence il rassembla, cette même année (1), un concile qui s'ouvrit à Rome le 30 octobre; et ce qui peut faire juger du péril que courait
l'autorité royale, encore nouvelle et mal affermie,
c'est que, malgré les défenses expresses de Philippe,
quarante archevêques, évêques, prélats ou abbés
français, se rendirent en Italie et furent présens au
concile.

Boniface y parla d'un ton menaçant, mais sans
oser encore frapper le coup qu'il méditait. Son but
parut être, pour le moment, de solennellement établir et de faire adopter les maximes de la doctrine
ultramontaine.

« L'Église, disait-il, étant une et universelle,
» n'a qu'un chef; car elle serait un monstre si elle
» en avait deux. Jésus-Christ est ce chef; il a trans-
» mis son pouvoir absolu à saint Pierre et à ses suc-
» cesseurs. L'Église a deux glaives, le spirituel et
» le temporel; elle tient elle-même le premier, et
» confie le second au roi qui ne peut s'en servir sans
» l'ordre et la permission du souverain pontife.

(1) 1302.

» L'autorité temporelle est soumise à la puissance
» spirituelle, tandis que la puissance spirituelle
» institue la temporelle, la juge et jouit seule du
» privilége de n'être jugée que par Dieu : toute
» autre opinion tombe dans l'hérésie de Manès, qui
» admettait deux principes. »

Après cette exposition de sa doctrine, Boniface
lança deux bulles fulminantes pour déclarer que
tous les empereurs, rois et princes, doivent, ainsi
que les autres hommes, comparaître devant le
Saint-Siége, lorsqu'ils y sont cités; que, s'ils em-
pêchent leurs sujets de s'y rendre, ils sont, par ce
seul fait, anathématisés, et que le Saint-Siége peut
faire saisir leurs personnes et leurs domaines. « Telle
» est enfin, dit le pape en terminant sa bulle, telle
» est notre volonté à nous qui, par la permission
» du Seigneur, commandons à tout l'univers. »

Il répugne à la raison de retracer avec tant de
détails ces erreurs, ces débats, ces folies déplo-
rables; mais pourrait-on cependant ne pas regarder
ce soin pénible comme un devoir, lorsqu'au dix-
neuvième siècle on voit des écrivains vanter, et des
congrégations puissantes ressusciter de si étranges
maximes, dans l'espoir d'éteindre toutes les lumières et de nous replonger dans les ténèbres des
temps barbares ?

Il n'est pas moins utile de rappeler qu'en tout
temps la majorité de l'église gallicane a combattu
ces principes ultramontains. Le sage abbé Fleury a
condamné, comme il le devait, une si dangereuse
doctrine. « Cette doctrine, ajoute-t-il seulement,
» ne serait juste que si l'on se bornait à la soumis-

» sion de l'autorité temporelle pour ce qui concerne
» uniquement la conscience. »

Le vénérable abbé ne songeait pas à la difficulté
de tracer et de poser de justes et d'exactes limites
en pareilles matières, et ces limites sont et seront
un éternel sujet de guerre entre la raison et le fanatisme, entre l'Évangile et l'orgueil, entre la sagesse et les passions.

Les bulles du pape étaient deux actes d'hostilité
contre lesquels Philippe devait user de représailles,
et dans ce but il convoqua et tint au Louvre, le
13 mars 1303, une assemblée générale. La crainte
des foudres de Rome agit tellement sur le clergé
français, que deux archevêques et trois évêques
osèrent seuls paraître à cette assemblée ; mais il s'y
réunit un grand nombre de princes et de barons.

Charles d'Anjou, surnommé *le Boiteux*, commandait en Italie l'armée du pape ; mais, obéissant
aux ordres du roi, il repassa les Alpes, accourut au
Louvre, et prit une part active aux déterminations
fermes du roi et de la nation, pour mettre un frein
à l'ambition de Boniface.

Dans cette crise, les passions étaient trop en mouvement pour qu'aucune voix modérée pût se faire
entendre ; aussi l'avocat-général Guillaume de Nogaret rivalisa de violence avec Boniface. « Cet
» homme, disait-il, dont les lâches impostures ont
» séduit Célestin, n'est point un pape légitime ; il
» est entré dans la bergerie comme un brigand,
» dont l'insatiable cupidité opprime et dépouille
» également les riches et les pauvres ; il est héré-
» tique, simoniaque et chargé de mille crimes. Le

» seul moyen de préserver l'Église d'une destruc-
» tion totale est de faire arrêter ce misérable, et
» de convoquer un concile pour le juger, le con-
» damner et lui nommer un successeur. Je con-
» jure le roi d'opposer à son audace une fermeté
» inébranlable, car son devoir royal est d'exter-
» miner les méchans et de délivrer l'Église de toute
» oppression. » L'avocat-général termine en de-
mandant que sa requête soit enregistrée ; ce qui eut
lieu.

L'arrivée d'un légat à Paris dans ce moment ne
fit qu'accroître l'irritation des deux partis. Les envoyés de Rome, loin de répandre, comme ils l'auraient dû, l'esprit de paix, ne se présentaient alors
pour négocier qu'avec des bulles insultantes, des
paroles menaçantes, et montrant le glaive du Vatican toujours prêt à frapper.

Ce nouveau légat, nommé Jean Lemoine, après
avoir récapitulé avec aigreur tous les prétendus
griefs du pape, et développé avec fierté ses principes de domination, avertit le roi que, s'il ne faisait pas droit incessamment aux plaintes du pape,
sa sainteté emploierait contre lui tout à la fois ses
armes spirituelles et temporelles.

Philippe répondit à ce discours inconvenant avec
un calme et une fermeté dignes de son rang et de
sa cause. Il cita, pour appuyer ses droits, les actes
de tous ses prédécesseurs, les paroles de son aïeul
saint Louis : « Je respecterai, dit-il, le pouvoir
» spirituel et légitime du pape, tant qu'il ne sortira
» pas des bornes de la justice. »

Le légat l'avait attaqué sur un autre point plus

difficile à défendre, et lui avait reproché l'altération des monnaies, dont ce prince ne s'était que
trop réellement rendu coupable.

Philippe, cherchant vainement à justifier un
acte aussi tyrannique qu'immoral, et en faveur
duquel on ne pouvait alléguer que des coutumes
barbares, d'odieux exemples, et pas une seule
raison plausible, assura le légat qu'il avait pris
des mesures pour que désormais, sous ce rapport, ses peuples n'eussent plus à souffrir aucun
dommage.

Renouvelant ensuite ses plaintes contre les injustices, les intrigues et la conduite hostile du
Saint-Siége, invoquant les maximes pacifiques de
l'Évangile, il conjura le pape de cesser ses attaques
contre les libertés et les priviléges du royaume. Il
lui promit que, de son côté, il respecterait toujours les droits du Saint-Siége, et lui déclara que,
pour arriver à une conciliation désirable, il était
prêt, comme l'avait indiqué elle-même sa sainteté,
à s'en rapporter aux ducs de Bretagne et de Bourgogne, dignes à tous égards de sa confiance.

Il existait aussi dans ce temps une querelle assez
vive entre le roi et l'archevêque de Lyon. Ce prélat, voulant soutenir par la force ses droits tempo-
rels plus que douteux, avait excité parmi le peuple
une émeute que les troupes royales venaient de
réprimer.

Philippe, habile à profiter de toutes les circonstances pour étendre son pouvoir, et qui traitait alors
en effet Lyon comme une ville conquise, persista à
rejeter tous les torts de ce différend sur l'arche-

vêque, et n'eut aucun égard à ce sujet aux reproches du pape.

Boniface, jusque-là contenu par les cardinaux, crut que le moment était venu de ne plus se borner à des menaces; et, cédant à la violence de son caractère, il envoya l'ordre à son légat de déclarer au roi de France qu'il était excommunié.

Sa bulle défendait à tous les prêtres français de célébrer les saints mystères en présence de Philippe; enfin, il citait à Rome le confesseur de ce prince, pour lui faire rendre compte de sa conduite.

Le roi, instruit à temps du coup prêt à le frapper, fit arrêter à Troyes l'archidiacre de Coutances et un autre messager du pape, porteurs de ses bulles fulminantes. « Ainsi, dit l'abbé Vély, ses foudres » furent confisquées au moment où elles semblaient » devoir tout incendier. »

La guerre étant ainsi déclarée, le roi rendit une nouvelle ordonnance pour saisir le temporel des évêques qui étaient allés à Rome sans sa permission. Le légat indigné retourna précipitamment près du pape, dont son rapport redoubla la fureur.

Boniface alors, par une nouvelle bulle, déposa solennellement Philippe, et donna sa couronne au duc Albert d'Autriche, « avec d'autant plus de jus- » tice, écrivait-il, que le trône de France appar- » tient de droit aux empereurs romains. »

« Quand même, dit à cette occasion Mézeray, » on trouverait un vieux titre pour appuyer ce » droit imaginaire, la France est un royaume trop » beau et trop grand pour être enfermé ainsi dans » un morceau de parchemin. »

Précédemment ce même Albert d'Autriche, que Refus d'Albert d'Autriche relatif à la couronne. le pape voulait asseoir sur le trône de Philippe, avait été traité par lui de rebelle et d'assassin. Leur réconciliation était récente; mais Albert, qui avait été assez faible pour se soumettre et prêter serment de fidélité au Saint-Siége, fut assez sage pour refuser la couronne de France que Boniface lui offrait.

Dès que le roi eut appris l'acte insolent par le- Convocation des états-généraux. quel un prêtre voulait briser son sceptre dans sa main, et faire ainsi le plus mortel affront à la nation française et à son monarque, il convoqua de nouveau les états-généraux du royaume; ils se réunirent au Louvre le 15 juin 1303.

L'arrogance et l'emportement de Boniface avaient indigné tous les Français, et il semblait que les yeux les plus frappés d'aveuglement se fussent tout à coup ouverts. A d'autres époques, on aurait cherché à se justifier et à se défendre; mais, au lieu de cette marche timide, on prit à son tour l'offensive.

Le comte d'Évreux, frère du roi, les comtes de Saint-Pol, de Dreux, et le chevalier Guillaume de Plasian, accusèrent solennellement Boniface d'avoir commis plusieurs crimes qui exposaient la chrétienté au plus grand péril. Ils attestèrent avec serment, sur l'Évangile, la vérité des faits qu'ils imputaient au pape, et sommèrent le roi, comme champion de la foi chrétienne, de faire convoquer un concile général. Le clergé se retira pour délibérer séparément.

Dans une autre séance, Plasian accusa le pape d'avoir nié l'immortalité de l'ame, douté de l'eu-

charistie, approuvé la fornication, consulté les de-
vins et assisté au sabbat avec les sorciers; il lui
reprocha de plus d'insulter les Français en les nom-
mant *patarins.* « Violant, dit-il, les devoirs les
» plus sacrés, il a plusieurs fois contraint les prê-
» tres de lui révéler les secrets de la confession;
» il a fait battre de verges ceux d'entre eux qui
» lui désobéissaient : il a dit qu'il aimerait mieux
» être chien que Français, et que, pour abaisser
» l'orgueil de la France, il exposerait, s'il le fallait,
» la chrétienté à une ruine entière. C'est dans cet
» esprit qu'il s'est efforcé de semer la discorde entre
» la France et l'Allemagne, entre le duc Albert
» et le roi Philippe; enfin il divise tous les rois,
» menace tous les princes, opprime tous les peu-
» ples, en exige de lourds tributs, et n'a d'autre
» but que d'enrichir sa famille, hors une nièce in-
» fortunée qu'il a cloîtrée après l'avoir séduite, et
» dont il a eu deux bâtards. »

Conclu-
sions des
avocats-
généraux. Nogaret ne fut pas moins violent, en adressant
au souverain pontife de semblables reproches. Le
roi, après les avoir entendus, adhéra à leurs con-
clusions, et il appela au concile et au pape futurs
de tous les actes attentatoires à son autorité royale
rendus ou à rendre par Boniface.

La noblesse adopta unanimement l'opinion des
avocats-généraux. Le clergé vota en faveur de la
convocation d'un concile, « mais en espérant, di-
» sait-il, que le pape s'y justifierait des accusations
» intentées contre lui. » Ils adoptèrent l'appel de
ses bulles au futur concile, mais sans vouloir se
rendre formellement partie contre Boniface.

L'abbé Vély dit qu'on comptait dans cette assemblée cinq archevêques, trente-quatre évêques et onze abbés. L'archevêque de Narbonne, moins circonspect que les autres, produisit dix chefs d'accusation contre Boniface, et entre autres celui d'avoir séduit deux de ses nièces déjà mariées, dont (telles étaient ses expressions) *ce père très-fécond a eu plusieurs enfans.*

Au reste, tous les évêques promirent au roi de ne point se séparer de lui, nonobstant toute excommunication ou acte de déposition prononcé par le Saint-Siége. Neuf cardinaux se réunirent à leur avis, et Nogaret fut chargé de porter en Italie le décret des états-généraux.

Le pape se trouvait alors dans la ville d'Agnanie; loin d'être intimidé par l'explosion de l'indignation générale en France, ce pontife indomptable déclara « qu'aucun concile général ne pouvait être ras- » semblé sans sa volonté, parce qu'il n'existait sur » la terre rien de plus grand ni d'égal à lui. »

Étant sorti si violemment de toutes les bornes de la raison et même de la pudeur, il rédigea une bulle qui devait être publiée le 8 septembre, et tel était dans cette bulle son étrange langage : « En » qualité de vicaire de Jésus-Christ, ayant le pou- » voir de gouverner les rois avec une verge de fer » et de les briser comme des vases d'argile, nous » nous contentons pour cette fois de donner à Phi- » lippe une correction paternelle; en conséquence, » nous le déclarons excommunié; nous délions ses » sujets et vassaux de leur serment de fidélité, et » nous annulons tout traité fait par lui avec d'au-

Bulle du pape.

» tres princes qui doivent trembler eux-mêmes à
» la vue des foudres préparées pour les frapper. »

Le roi avait sagement compris qu'avec un tel adversaire, dont le pouvoir conservait encore trop d'influence sur la crédulité des peuples, il fallait employer des armes plus efficaces que des paroles et des décrets.

Arrestation
de Boniface. Nogaret, accusateur de Boniface, et Sciarra Colonnes, ennemi mortel de ce pontife, avaient été chargés par le roi d'ordres secrets. Tous deux, munis de l'argent qui leur était nécessaire, rassemblèrent avec promptitude et mystère, près de Sienne, plusieurs seigneurs et quelques troupes de soldats qui avaient précédemment servi sous Charles d'Anjou.

A leur tête, ils entrent subitement dans Agnanie, forcent le palais du marquis de Caïétan, ainsi que ceux de plusieurs cardinaux, font sonner le tocsin, soulèvent le peuple, et investissent le château où le pape faisait sa résidence.

Boniface se voit abandonné de tous ceux qui ne lui étaient soumis que par la crainte. Il demande et obtient une trève de quarante heures, et reçoit les Colonnes qui, libres enfin de se venger, exigent hautement son abdication.

Dans cet imminent péril, privé de défenseurs, entouré d'ennemis, Boniface ne démentit point l'opiniâtre fierté de son caractère : « Puisque je suis,
» dit-il, trahi comme le Sauveur, et livré comme
» lui à mes ennemis pour qu'ils me tuent, je veux
» au moins et je saurai mourir en pape. »

Alors, revêtu du manteau de saint Pierre, portant sur sa tête les deux couronnes comme signe de ses deux puissances, et tenant à la main la croix et les clefs de l'Église, il s'assit sur un trône, où il attendit avec immobilité la décision de son sort.

La trève finit; le combat recommence; le marquis de Caïétan fait d'impuissans efforts pour défendre l'entrée du palais; il est repoussé, vaincu, pris, et n'obtient d'autre grâce que la vie.

Les soldats se dispersent dans les appartemens, et pillent à leur gré le trésor de Boniface, « égal en » richesses, dit un auteur anglais, à ceux que tous » les monarques du monde auraient pu réunir. »

Nogaret s'approche du trône, signifie au souverain pontife le décret des états-généraux, l'accusation portée contre lui, et le somme de convoquer un concile général devant lequel il devra comparaître pour y entendre son jugement.

« Je me consolerai, répondit Boniface, de me » voir condamné, si je le suis par des *patarins*. » Ce nom était celui qu'on avait donné aux hérétiques albigeois; et le pape s'en servait pour insulter Nogaret, dont le père avait été brûlé comme fauteur de cette hérésie.

Dans ce moment Colonnes s'approche avec fureur du pontife, et lui demande grossièrement de déposer sur-le-champ sa tiare. « Non, dit Boniface, » voilà ma tête, tranchez-la; je veux mourir sur » le trône où Dieu m'a élevé; mais, avant d'expi- » rer, je maudis Philippe et ses successeurs jusqu'à » la quatrième génération.

A ces mots, Colonnes, ne pouvant plus se contenir, lui donne un soufflet, et, levant sur sa tête

son gantelet de fer, il allait le frapper et terminer
ses jours ; mais Nogaret arrête son bras en s'écriant :
« Chétif pape, considère la bonté de mon seigneur,
» le roi de France, qui, du fond de son royaume,
» tant éloigné de toi, te défend par mes mains de
» tes ennemis, comme ses prédécesseurs ont tou-
» jours défendu les tiens. » Après ces paroles, il
le remit à la garde d'un capitaine nommé Florentin, et qui lui était dévoué.

Boniface, échappé au fer, craignait le poison :
troublé par cette peur, il refusa tous les alimens
que Nogaret lui envoyait, et ne voulut recevoir
qu'un peu de pain et quelques œufs que lui donna
une pauvre femme. Il n'eut pendant trois jours que
ce faible soutien pour sa vie défaillante.

Cet excès d'humiliation réveilla soudain dans le
peuple d'Agnanie son ancienne vénération pour le
chef de l'Église : de la pitié pour ses souffrances,
il passa rapidement à la fureur contre les Français
qu'il traitait d'hérétiques. Bientôt il court aux armes, attaque les Français, les étonne, les disperse,
les met en fuite et délivre le pape.

Le souverain pontife est porté en triomphe sur
la place publique. Là, haranguant la multitude, il
l'émeut par des lamentations que rendent plus touchantes de profonds gémissemens : « Vous le voyez,
» dit-il, mes frères, les impies m'ont rendu et laissé
» aussi misérable que Job ; et si parmi vous quel-
» que pauvre artisan daigne me faire l'aumône,
» me donner du pain pour satisfaire ma faim et
» de l'eau pour étancher ma soif, je l'absoudrai
» de tous ses péchés. Au surplus, voulant suivre

» l'exemple que m'a donné le Sauveur, je pardonne
» à mes ennemis, et je décharge de toute excom-
» munication Nogaret et Colonnes. »

Ces humbles paroles excitèrent le plus vif enthousiasme, et une immense population le conduisit en grand cortége à Rome. Il y méditait de nouveaux plans d'hostilité, et voulait y rassembler un
concile pour mieux assurer sa vengeance ; mais,
succombant au chagrin et à la colère, il fut attaqué
par une fièvre dont la violence était analogue à
celle de son caractère.

Dans l'un des transports de cette fièvre chaude, Mort de ce
il se rongea, dit-on, les doigts, se fracassa la tête pontife.
contre une muraille, et mourut le 11 octobre 1303,
après avoir occupé neuf ans le siége pontifical.

« Ainsi, dit la chronique de Saint-Denis, celui
» pape, sans dévotion et sans provision de foy,
» cheut en frénésie, si qu'il mangeoit ses mains,
» et furent ouïs dans ce lieu tonnerres et foudres
» non apparens aux contrées voisines. »

Il faut convenir que si ce pape excita justement
par son orgueil, par la violence de ses actes et par
son style injurieux, l'indignation publique, ses ennemis ne montrèrent pas dans leurs déclamations
contre lui moins d'exagération et de grossièreté.

Le genre de sa mort, disent deux auteurs anglais,
vérifia la prophétie de son vertueux prédécesseur
Célestin, qui, du fond de sa prison, lui reprochant
ses intrigues et ses crimes, lui dit : « Tu es monté
» sur le trône pontifical comme un renard, tu
» régneras comme un lion, et tu mourras comme
» un chien. »

Au reste, le résultat de cette déplorable lutte entre la tiare et la couronne, entre le chef de l'Église et le monarque de la France, fut heureux pour l'Europe; car il la mit à l'abri du joug théocratique, et sauva les monarchies.

Si ce drame eût eu un autre dénouement, il en serait arrivé un mortel dommage pour la royauté et même pour la religion ; et l'on doit regarder comme une des plus mémorables époques de nos annales celle qui traça quelques limites certaines entre l'autorité spirituelle et l'autorité temporelle, deux puissances dont l'union est à la fois si désirable, si rare, et dont les discordes ont trop souvent bouleversé le monde.

Les cardinaux eux-mêmes étaient si fatigués des orages excités par l'orgueil et l'ambition de Boniface, que, cédant au besoin d'assurer le repos public, ils se réunirent tous pour élever d'un commun accord au pontificat Nicolas de Trévise, général des frères prêcheurs et cardinal d'Ostie. Il prit le nom de Benoît XI. C'était un homme paisible, vertueux, et dont le caractère modéré faisait espérer une prompte réconciliation entre Rome et la France.

La mort d'un pape turbulent délivrait en effet la France et l'Europe de l'un de ces fléaux qui en troublaient depuis tant d'années la tranquillité ; mais l'oppression des Flamands, leur humeur querelleuse, les intrigues du roi d'Angleterre, l'irascible fierté de Philippe, et ses besoins d'argent sans cesse renaissans, agitèrent encore quelque temps les esprits, et prolongèrent le malheur des peuples, triplement accablés sous le poids des impôts royaux, des vexations seigneuriales, et des fatigues d'une guerre qui répandait leur sang, consommait leurs revenus, anéantissait leur commerce et paralysait leur agriculture.

Le roi était allé en Flandre (1). La fertilité de ce pays, l'activité de ses cultivateurs, l'industrie de ses marchands et la richesse de la bourgeoisie, frappèrent d'étonnement la cour de France. On dit que la reine, sortant d'un bal que la ville de Bruges lui avait donné, et frappée de la magnificence d'un grand nombre de jeunes femmes qui en faisaient l'ornement, dit : « J'avais cru qu'on n'admirerait ici » qu'une seule reine, et je viens de voir six cents » dames dont l'éclat surpasse le mien. »

Persécutions envers les Flamands.

Les Flamands, mécontens de leurs chefs, se montraient favorablement disposés pour les Français et pour leur roi. Malheureusement la dureté de Châtillon, comte de Saint-Pol, revêtu par Philippe du gouvernement de la Flandre, et les rigoureuses instructions du chancelier Flotte, aigrirent bientôt les esprits, et firent promptement succéder la plus juste haine à une affection naissante.

Le gouverneur, le chancelier et leurs agens accablèrent les Flamands d'impôts, violèrent leurs franchises, se montrèrent sourds à leurs représentations, punirent jusqu'à leurs murmures, et opprimèrent leur liberté en construisant des citadelles à Bruges, à Courtray, à Cassel et à Lille.

On commençait alors à voir naître et s'accroître une nouvelle nation, de nouveaux peuples, com-

____

(1) 1302.

posés des hommes libres habitant les communes affranchies. La prospérité de ces communes avait fait de prodigieux progrès en population, en industrie, en aisance, et par conséquent en fierté. Elles intervenaient dans les traités des rois, s'en rendaient garantes, s'administraient elles-mêmes, et faisaient respecter leur indépendance par des milices aussi nombreuses que bien armées.

Échappées au joug arbitraire et aux vexations de tous genres du système féodal, elles étaient naturellement disposées en faveur du trône qui les avait protégées. Elles regardaient les rois comme les patrons de leurs libertés, et les seigneurs, leurs vassaux, leurs tributaires et leurs soldats, comme des rivaux et des ennemis.

Il ne fallait, pour profiter de ces sentimens, qu'une administration douce, juste et paternelle; mais la conduite de Châtillon fut celle d'un tyran. Après avoir vainement cherché à désarmer sa rigueur par des prières et par des plaintes, les Flamands se révoltèrent.

Leur révolte.

Un vieux tisserand de Bruges, Pierre Leroy, les souleva. On avait voulu arrêter son lieutenant Breyel; et, comme celui-ci se défendait courageusement contre la garde du gouverneur, Pierre Leroy, à la tête de mille bourgeois de Bruges, vint à son secours, et tailla en pièces les troupes de Châtillon.

Un calme passager suivit cette émeute, mais, quelque temps après, Pierre Leroy et vingt-cinq de ses amis ayant été surpris et arrêtés, les citoyens de Bruges prirent de nouveau les armes, et délivrèrent les prisonniers.

Sur cette nouvelle, Châtillon, impatient de se venger, accourut avec cinq cents chevaux : comptant surprendre les rebelles, il se cacha dans un bois, d'où il devait sortir et entrer dans la ville au moment convenu avec les partisans qu'il y avait conservés. Ce moment était celui où les cloches sonneraient la messe.

Pierre Leroy découvrit ce complot tramé par une faction qu'on appelait *la faction du lis*. A l'instant où le signal fut donné, tout le peuple armé tomba sur cette faction, et en fit un affreux carnage.

Châtillon, trouvant ainsi son attente déçue et les portes fermées, fut obligé de rassembler toutes ses forces et d'assiéger en forme la ville de Bruges. Privée de vivres, elle capitula ; le vainqueur anéantit tous ses priviléges et doubla ses taxes.

Capitulation de Bruges.

Cependant Pierre Leroy, avec cette audace et cette fermeté qui trouvent toujours des ressources dans les revers, s'était rendu près des fils du comte de Flandre, et en avait obtenu quelques secours en hommes et en argent. Ainsi renforcé, il revint à Bruges, surprit les Français occupés à démolir les fortifications, les battit complètement, et les contraignit de prendre la fuite.

L'exemple d'une résistance hardie et heureuse contre toute oppression est contagieux : celui de Pierre eut des imitateurs : on vit éclater des révoltes à Gand et dans d'autres villes. Guillaume de Juliers, prévôt de Maestricht, soutint les rebelles ; mais les partisans de la faction du lis le repoussèrent.

Bientôt Pierre Leroy, ne se bornant plus à se défendre contré l'ennemi, et prenant au contraire vivement l'offensive, marcha avec seize cents hommes contre la ville d'Ardenbourg, s'en empara, et fit tomber, aux acclamations du peuple, l'étendard de France, qui flottait sur ses remparts.

L'un des plus grands inconvéniens des mouvemens populaires est le défaut de plan et de suite. L'inconstante multitude, passant avec une incroyable rapidité du repos à l'agitation, et de la tempête au calme plat, déconcerte à tout moment les desseins de ses chefs et favorise ceux de ses ennemis.

Le peuple d'Ardenbourg, qui venait de porter en triomphe Pierre Leroy, se soulève peu de momens après contre lui, le proscrit et le contraint à sauver sa tête par une prompte fuite.

Bruges, encore une fois assiégée, capitula de nouveau. Cinq mille bourgeois, indignés de cette lâcheté, abandonnèrent leurs foyers. Aux termes de la capitulation, le comte de Saint-Pol ne pouvait entrer dans la ville qu'avec trois cents hommes; il y amena dix-sept cents cavaliers et une nombreuse infanterie.

Promesses, traités, lois et priviléges, rien n'était sacré aux yeux de Châtillon. Il ne connaissait d'autres moyens de gouverner que ceux qui répandent la terreur. On voyait chez lui une double rangée de grands tonneaux remplis de cordes, destinées, disait-il, à pendre un grand nombre d'habitans dont les mauvaises intentions lui étaient connues.

Le désespoir concentré ressemble à la soumission : c'est ce qui trompe si fréquemment tous les gouvernemens oppresseurs. Les habitans de Bruges, ne pouvant plus supporter un excès d'humiliation qui n'éloignait pas même le danger, rappelèrent secrètement leurs compatriotes exilés.

Pierre Leroy, avec sept mille hommes, s'approche des remparts au milieu de la nuit, enfonce les portes, escalade les murs, et défend à ses soldats de laisser sortir de la ville aucun homme sans lui faire dire ces mots flamands : *Scilt ende vriendt,* que les Français ne pouvaient pas prononcer.

- Les chevaliers, les soldats du gouverneur, dispersés, surpris, attaqués, poursuivis, sont tous égorgés : l'auteur de tous leurs maux, Châtillon seul, déguisé en prêtre, trouva moyen de se sauver et d'échapper à ses ennemis.

Les Flamands, furieux, s'enivrent de sang, déchirent avec leurs dents les Français expirans, arrachent leurs entrailles, portent sur leurs piques les têtes des chevaliers, et, par un jeu barbare, se jettent mutuellement ces têtes sanglantes. Les rues, les murs, les temples mêmes sont inondés du sang de trois mille victimes, qui périrent égorgées dans ce désastre.

Ainsi, dans le Nord comme dans le Midi, en Flandre comme en Sicile, l'orgueil, l'injustice, et les vicieuses habitudes de l'anarchie féodale livrèrent à la mort une foule de Français. Les Flamands, comme les Siciliens, punirent les crimes de leurs gouvernemens par des crimes plus atroces.

La haine contre le roi de France éclata de toutes parts : tous les Flamands, prenant les armes, accoururent en foule sous les étendards des fils du

comte de Flandre et sous la bannière de Guillaume
de Juliers.

La violence de leur haine sembla donner à leurs
progrès la rapidité d'un incendie : ils s'emparèrent
en peu de jours de Cassel, de Bergues, de Furnes,
de Courtray, d'Oudenarde, d'Ypres. Lille résista
seule à leurs efforts.

Philippe, comprenant alors qu'il n'était plus
question d'une révolte à réprimer, mais d'une
guerre formidable à soutenir, fit marcher contre
les Flamands une armée de quarante mille fantassins et de sept mille chevaux, et en confia le commandement à Robert, comte d'Artois, prince non
moins célèbre par sa violence et par sa fierté que
par son impétueuse vaillance.

Bataille de la Lys. Les Flamands occupaient un camp fortement retranché entre Bruges et Courtray; ce camp était
triplement couvert par des fossés très-profonds, par
la Lys et par un canal. A l'aspect d'une position si
forte, le connétable de Nesle, pensant avec raison
qu'il serait téméraire de vouloir l'emporter de vive
force, proposait de l'investir, et de réduire ainsi
l'ennemi par la famine, en coupant toutes ses com-
munications.

Cet avis déplut à l'orgueil du comte d'Artois;
tout ce qui n'était pas noble et chevalier semblait
vil à ses yeux : il ne parlait des Flamands, de ces
bourgeois rebelles, qu'en termes injurieux, les
appelant *horde déréglée*, *ramas de gens sans
aveu*.

« Donnez à l'instant, dit-il au connétable; donnez
» le signal du combat; vous avez vos raisons pour

» l'éviter, puisque le comte de Flandre est votre
» beau-père. »

« Je laisse à l'événement le soin de me justifier,
» répond le vieux guerrier; mais comme il faut
» que vous voyez par vous-même si je suis un
» traître, suivez-moi seulement au fort de la ba-
» taille, et je vous mènerai si avant que vous n'en
» reviendrez jamais. »

Le signal est donné : l'armée royale marche
contre ces soldats paysans avec plus d'ardeur que
de prudence ; elle y court comme à une victoire
facile et certaine; mais la profondeur du canal la
ralentit : elle n'arrive qu'en désordre au bord de la
Lys. Là, toute la masse des ennemis tombe sur elle
avec fureur, l'enfonce, la disperse et la précipite
dans les marais, où les soldats ne peuvent plus ni
combattre ni fuir.

Cette mêlée, qui dura peu d'heures, fut horri-
blement sanglante; vingt mille Français y périrent :
ceux qui s'étaient moins engagés prirent la fuite; le
comte de Saint-Pol resta sur le champ de bataille.
On offrait la vie au connétable de Nesle; sa fierté
ne voulut point de grâce; il tomba percé de coups,
ainsi que son frère, alors maréchal de France.

Après une opiniâtre résistance, préférant la mort
à la fuite, le chancelier de France, les comtes d'Eu,
d'Aumale, de Tancarville, de Dammartin, de Dreux,
de Soissons, de Hainaut, le maréchal de Melun et
deux cents chevaliers furent égorgés par l'ennemi.
On trouva parmi les morts le comte d'Artois percé
de trente coups de lance.

Cette journée désastreuse fut une des plus fu-

nestes de nos annales. Toute la noblesse française
considéra cette défaite comme un affront, « d'au-
» tant plus outrageant, dit Mézeray, qu'il avait été
» infligé à des chefs téméraires par une canaille
» plus propre à une sédition qu'à un combat. »

Ainsi la vanité oublie qu'au nom de la patrie et
le fer à la main, les opprimés, de quelque classe
qu'ils soient, savent rétablir le niveau entre eux et
leurs oppresseurs. Un champ de bataille est comme
la tombe : l'égalité y règne, et le courage seul y
marque les rangs.

Les Flamands vainqueurs emportèrent pour trophées quatre mille paires d'éperons dorés, enlevés
aux gentilshommes tués dans cette bataille, et les
suspendirent aux murs de l'église de Courtray. Au
bruit de cette victoire, toute la Flandre électrisée
proclama son indépendance, et chassa le peu de
troupes royales qui avaient pu y rester.

Une consternation générale s'était répandue en
France. Le caractère de Philippe était trop fier,
trop impérieux pour se montrer abattu par un revers. Ce prince, ranimant les courages ébranlés,
annonce une vengeance aussi éclatante que prompte;
il convoque le ban et l'arrière-ban; il appelle tous
les Français aux armes; chaque seigneur fournit
son contingent d'hommes d'armes. Les communes
levèrent un grand nombre de fantassins; le roi imposa sur tous les propriétaires une taxe du cinquième de leurs revenus, et ordonna dans les monnaies une altération qui diminua leur valeur d'un
tiers. Le zèle des Français fut prompt à seconder sa
colère; quatre-vingt mille hommes vinrent se réu-

nir sous ses drapeaux, et occupèrent un vaste camp entre Arras et Douvres.

Les Flamands s'approchèrent sans crainte de l'armée royale. On se croyait au moment d'un choc décisif; mais le mois d'octobre vit éclater tant d'orages et tomber tant de torrens de pluie que les routes devinrent impraticables. Les vivres cessèrent d'arriver; et, sans avoir combattu, les troupes des deux partis furent contraintes de se séparer et de se disperser dans les villes qui leur appartenaient.

Peu de temps après les Flamands, reprenant l'offensive, entrèrent dans l'Artois et le dévastèrent. Étourdis par leurs succès, et pleins d'une confiance insensée, ils retournaient chez eux chargés de butin, n'éclairant point leur marche et courant sans ordre. Cette imprudence fut promptement punie; ils tombèrent dans plusieurs embuscades, et, continuellement harcelés, perdirent près de vingt mille hommes par les manœuvres du nouveau connétable de France, Gaucher de Châtillon, qui sut profiter habilement de leur négligence et de leurs fautes. Revers des Flamands.

Au commencement de cette année (1), la trève conclue en 1297 entre la France et l'Angleterre expirait, et l'on devait craindre qu'Édouard ne profitât de la révolte des Flamands pour accroître les embarras de Philippe. Heureusement le monarque anglais, occupé d'autres soins, conclut la paix avec le roi de France le 10 mai 1303. Paix entre la France et l'Angleterre.

Son mariage avec Marguerite, sœur de Philippe,

____

(1) 1303.

et celui d'Isabelle de France avec l'héritier du trône
d'Angleterre, furent les principales conditions de
ce traité, par les clauses duquel on décida que
Bailleul, roi d'Écosse, allié de la France et prisonnier d'Édouard, serait remis entre les mains
du pape, qui prononcerait sur son sort.

Au reste, Édouard renouvela ses sermens d'o-
béissance comme vassal, comme duc d'Aquitaine
et pair de France. Il promit de venir rendre hommage à Philippe, soit en personne, soit en lui envoyant le prince de Galles son fils. A ces conditions
il recouvra tout ce qui avait été pris sur lui en
Aquitaine.

Les deux rois conclurent de plus un traité d'alliance défensive *contre tout homme qui peut vivre
et mourir,* en exceptant, de la part de la France,
Albert, empereur d'Allemagne, et du côté de l'Angleterre, le comte de Hainaut, gendre d'Édouard.

Défaite des
Flamands
sur mer.
Ce comte de Hainaut était alors attaqué par les
Flamands. Grimaldi, noble Génois, moyennant un
fort subside, lui amena seize galères armées qui se
joignirent à vingt vaisseaux français. Ces forces réunies marchèrent contre une armée navale de quatre-
vingts vaisseaux, commandée par Gui de Flandre.

Les Flamands, secondés par cette flotte, assié-
geaient Zirig-Zée. Un combat naval était inévitable.
Il eut lieu. Les Flamands furent vaincus; leur chef,
Gui de Flandre, fut pris et conduit à Paris par
Grimaldi.

La rebellion des Flamands, qu'on avait d'abord
méprisée comme une émeute facile à comprimer,
devint pour la France une guerre si importante,

que Philippe crut devoir prendre à St-Denis l'oriflamme, qui ne se déployait qu'au moment du départ
des rois, lorsqu'ils méditaient la conquête de l'Asie
et de l'Afrique, ou lorsque des puissances formida-
bles réunies menaçaient la France d'un grand péril.

Le monarque français entra en Flandre à la tête
de soixante mille hommes (1). Ses frères, Charles
de Valois et Louis, comte d'Évreux, l'accompa-
gnaient; les seigneurs français lui avaient amené
en foule leurs bannières.

Philippe trouva les Flamands prêts à le combattre; ils occupaient, entre Lille et Douay, près de
Mons-en-Puelle un camp retranché à la manière
des anciens Bataves et Germains, c'est-à-dire, qu'ils
s'y tenaient barricadés derrière leurs chariots.

Les souvenirs du désastre de Courtray étaient
trop récens pour qu'on fût tenté de s'exposer aux
mêmes revers par la même témérité. Le roi, se
rappelant la funeste imprudence du comte d'Artois
et les sages conseils du connétable de Nesle, résolut
d'éviter les chances d'une bataille décisive. Espérant vaincre ses ennemis par la disette, il les investit avec soin sans les attaquer.

Les Flamands avaient peu de vivres, et d'ailleurs
leur récente victoire les avait rendus plus confians
dans leurs forces et plus impétueux. Impatiens de
combattre, ils sortent de leur camp, courent avec
furie sur l'avant-garde royale, la renversent, cul-
butent les premiers postes français, attaquent le
camp du roi et y répandent une terreur panique.

(1) 1304.

Les preux les plus renommés s'épouvantent :
l'intrépide Charles de Valois, et une multitude de
chevaliers, entraînés par leurs soldats, prennent la
fuite. On n'écoute aucun commandement ; aucun
chef ne peut se faire obéir ; le désordre est par-tout ;
l'honneur semble oublié. Les Flamands, profitant
de cette confusion, font un affreux carnage de leurs
ennemis. La perte entière de l'armée paraissait inévitable.

Bravoure de Philippe.

Cependant, au milieu de cette épouvante universelle, de cette déroute honteuse, malgré les hurlemens des vainqueurs, les cris des blessés, les gémissemens des mourans, Philippe, l'épée à la main,
se montre digne de son rang, de son nom et de la
France. Entouré de vingt braves guerriers, il s'é-
lance au milieu des rangs ennemis. Cette héroïque
audace étonne et suspend quelques instans la course
des assaillans ; mais bientôt ils se jettent en foule sur
le roi ; ses défenseurs, percés de coups, tombent
presque tous à ses pieds.

Philippe, resté seul, combat toute une armée.
Son extrême péril et son inconcevable intrépidité
réveillent le courage des Français. Honteux d'abandonner ainsi leur roi, dont ils voient le casque et le
glaive briller encore au milieu des lances ennemies,
ils se rallient à la voix de leurs chefs, ils s'excitent
par des reproches mutuels. Charles de Valois, à leur
tête, se précipite de nouveau dans la mêlée ; ils dé-
gagent le monarque et lui font un rempart de leurs
corps.

Victoire des Français.

Excité par leurs cris, le reste de l'armée accourt.
L'ordre se rétablit. Tous chargent avec fureur l'in-

fanterie flamande, l'enfoncent, l'écrasent, entrent avec elle dans le camp, la poursuivent au loin, immolent tout ce qu'ils peuvent atteindre, et ne cessent cet affreux carnage qu'au moment où l'obscurité de la nuit contraignit le roi à faire sonner la retraite.

L'un des principaux chefs des Flamands, Guillaume de Juliers, fut pris. Quelques auteurs évaluent leur perte à trente-six mille hommes, et d'autres, seulement à six mille. Leurs armes, leurs équipages tombèrent dans les mains du vainqueur.

Cette éclatante victoire coûta cher aux Français. Cinq cents chevaliers y périrent, entre autres Anselme de Chevreuse, portant l'oriflamme, et deux guerriers français nommés Jancelin; c'étaient deux frères parisiens; ils furent percés de coups en parant ceux qu'on portait au roi. Philippe accorda à leurs descendans le droit de placer sur leur écu une bande d'azur semée de fleurs de lis d'or.

On ne peut contester au monarque français le mérite d'avoir déployé dans cette action toute la vaillance d'un paladin; mais il est probable que la partialité et la flatterie des écrivains du temps ont exagéré les avantages remportés par l'armée royale, et les pertes éprouvées par l'ennemi.

Cette sanglante journée n'eut pas les résultats qui suivent ordinairement une victoire complète; car, peu de temps après, au moment où le roi assiégeait Lille, les ennemis reparurent au nombre de soixante mille hommes. « Ceci sera donc sans fin, » dit alors Philippe en colère; je crois, en vérité, » qu'il pleut des Flamands. » Ces opiniâtres ennemis lui envoyèrent deux hérauts d'armes chargés

Paix avec les Flamands.

de lui demander ou une paix honorable, ou l'assi-gnation d'un jour pour une bataille décisive.

Cette fierté étonna celle du monarque. Redoutant les effets d'un courage si obstiné, et ne voulant pas les pousser à ce désespoir qui souvent enfante des prodiges, il se rendit aux instances du comte de Savoie et du duc de Brabant. Par leur interven-tion les Flamands obtinrent une trève, et, l'année d'après, le roi conclut la paix aux conditions sui-vantes : Robert, fils du comte Gui, sortit de prison et fut investi du comté de Flandre, dont il rendit hommage au roi. On rendit la liberté à tous les prisonniers flamands. La Flandre recouvra ses an-ciens priviléges; et, en dédommagement des frais de cette guerre, Philippe resta en possession des villes de Lille, de Douay, d'Orchies et de Béthune. On lui paya de plus une somme de deux cent mille francs.

Retour du roi à Paris. Le roi, ayant ainsi relevé l'honneur de ses armes, revint triomphant à Paris (1). Son premier soin fut d'aller à Notre-Dame rendre des grâces solennelles à Dieu qui l'avait protégé dans un si grand péril. Il fonda, en faveur de cette métropole, une rente de cent livres, et fit placer dans la nef sa statue équestre. Elle le représentait dans la situation où, surpris au milieu de son camp, il s'était vu con-traint de monter à cheval sans autres armes que son casque, son épée et ses gantelets : c'était en sortant de cet imminent danger qu'il avait fait vœu de consacrer sa statue à la Vierge.

(1) 1304.

CHAPITRE TROISIÈME.

SUITE DU RÈGNE DE PHILIPPE IV, DIT LE BEL.

(1304.)

Tableau des troubles de l'Europe. — Résumé de ce tableau. —
Éloge des Capétiens. — Observation de Napoléon à leur sujet. —
Réflexions sur Philippe-le-Bel. — Lois somptuaires. — Leur inu-
tilité. — Sessions des parlemens. — Révolte de l'université. —
Répression d'hérésies. — Mort de plusieurs personnes. — Mort
du pape Benoît XI. — Élection de Clément V. — Troubles à
Lyon. — Disette à Paris. — Ordonnance sur les monnaies. —
Discorde entre les ordres de l'État. — Progrès de la puissance
des parlemens. — Expulsion des Juifs. — Réconciliation avec le
Saint-Siége. — Révolte en Navarre. — Soulèvement en Suisse. —
Affaires de l'Empire. — Suite du procès de Boniface. — Réunion
de Lyon à la couronne. — Décret d'un concile contre Boniface.
— Affaire des templiers. — Époque de leur fondation. — Leur
défaite en Palestine et leur rappel en France. — Révélation de
leurs impiétés. — Leur arrestation. — Instruction de leur procès.
— Leurs aveux. — Abolition de leur ordre. — Information contre
eux à Paris. — Fermeté du grand-maître. — Mort de ces chevaliers. — Divers sentimens des auteurs sur cette affaire. — Des-
cription des tortures. — Autres détails sur le procès. — Abus du
clergé. — Croisade projetée. — Solennité à Paris. — Révolte en
Flandre. — Honteux procès des princesses. — Maladie et mort
du roi. — Son apologie.

Les combats d'un prince si actif contre les opiniâtres Flamands, sa longue et difficile lutte contre
Boniface, ses efforts pour renfermer la puissance

Tableau
des trou-
bles de
l'Europe.

du Saint-Siége dans ses limites spirituelles, ses démêlés avec Édouard, ses attaques non interrompues
contre l'autorité des grands vassaux, ses levées fréquentes et intolérables en hommes et en argent, le
spectacle nouveau qu'il donna aux Français en ras-
semblant les états-généraux, en y appelant les
communes, et plus tard l'exécution du vaste plan
qu'il avait conçu pour détruire l'ordre le plus nombreux, le plus riche, le plus belliqueux, le plus
aristocratique et le plus puissant de la chrétienté,
occupent tellement l'attention de ceux qui veulent
écrire ou lire l'histoire de son règne, qu'entraîné
par la perpétuelle activité de ce monarque, à peine
trouve-t-on le moment de sortir des limites de ses
États, et de jeter un coup-d'œil sur les autres contrées de l'Europe, pour ne pas perdre de vue les
événemens de cette époque mémorable, où l'on
ressentait par-tout la fermentation générale pro-
duite par l'ambition des princes, des grands, du
clergé, par le malaise des peuples; fermentation
inséparable du combat qui commençait à s'établir
entre les ténèbres et les lumières, la civilisation et
la barbarie, l'autorité et l'anarchie : triste tableau
d'une civilisation naissante, qui, marchant sans
plan et comme par instinct à un nouvel ordre social, se montre encore long-temps incertaine du
but auquel elle tend, troublée par l'obscurité dont
elle sort, égarée par les passions dont elle a le plus
souffert, et entravée par toutes les antiques chaînes
dont elle cherche à se délivrer. La servitude con-
serve long-temps sa flétrissure, le fanatisme son
ardeur sanguinaire, la féodalité ses orgueilleuses

prétentions. Si l'humanité, la raison et la liberté font quelques progrès, ils sont lents, inégaux ; et malheureusement, en tous genres, les hommes ne peuvent arriver à la vérité qu'après avoir parcouru un long cercle d'erreurs.

A l'extrémité orientale de l'Europe, toutes ces peuplades barbares qui avaient si long-temps fatigué ses annales sous les noms de Daces, de Goths, de Bulgares, de Huns, avaient disparu. La Hongrie, la Pologne étaient devenues des royaumes chrétiens ; mais les marches de ces nouveaux trônes étaient sans cesse, malgré les préceptes évangéliques, au mépris et pourtant au nom de la religion, souillées de crimes et d'assassinats.

Ladislas IV, roi de Hongrie, avait été tué par les Tartares ; sa succession fut un sujet de guerres étrangères et civiles. Charles-Martel et André III combattirent plus qu'ils ne régnèrent.

Le trône impérial ne fit pas moins verser de sang, et ce ne fut qu'après avoir tué de sa main Adolphe de Nassau, qu'Albert d'Autriche en resta possesseur. Ce prince, délivré de son compétiteur par un exploit brillant, ternit ce triomphe par ses vices ; il n'imita des anciens Césars que leur despotisme et leurs cruautés ; mais sa tyrannie, soufferte ailleurs, se brisa contre les montagnes de l'Helvétie. Quelques pâtres simples, modestes, mais fiers, arborèrent les premiers l'étendard de la liberté. Guillaume Tell et ses braves compagnons s'acquirent une gloire éternelle, en affranchissant leur patrie d'un joug odieux (1).

(1) 1305.

Albert voulut marcher contre eux; mais son orgueil excessif et ses vices l'avaient entouré d'ennemis : il fut poignardé par son neveu.

Henri de Luxembourg fut élu empereur, et son frère Jean, roi de Bohême. Caribert, fils de Charles-Martel et descendant de Charles d'Anjou, monta sur le trône de Hongrie sans être troublé par l'empereur Henri, qui tourna presque uniquement ses vues et ses armes sur l'Italie, d'où partaient depuis si long-temps toutes les bulles et toutes les intrigues qui avaient divisé et ensanglanté l'Empire...

Les succès de Henri furent rapides, mais courts; il entra dans Rome et s'y fit couronner. Il voulait ensuite attaquer le roi de Naples, lorsque sa vie fut violemment terminée par la perfidie sacrilége d'un moine dominicain, qui le fit communier avec une hostie empoisonnée.

Dans ce même temps Venceslas avait donné un code à la Bohême, un sénat à la Pologne; mais, ne pouvant régir ses propres passions, il opprima ses peuples, se fit haïr et fut assassiné.

En Italie, les grands luttaient contre l'autorité des papes et contre la liberté des peuples. Les Visconti s'emparèrent de Milan. Rome fut déchirée par les factions des Colonnes et des Ursins.

Gênes, riche et libre, étendait au loin ses armes et sa puissance. Elle était maîtresse d'une partie de l'Archipel, de presque toute la Corse; elle dominait dans l'ancienne Tauride; Caffa lui appartenait.

Venise fut le théâtre d'une grande révolution. Le doge Gradenigo, homme habile, mais orgueilleux et opiniâtre, s'était attiré l'affection des hautes classes et la haine de la classe populaire. Depuis long-temps il existait à Venise une aristocratie d'autant plus forte, qu'elle avait fondé sa puissance, non sur la violence, non sur les armes, mais sur l'utile et populaire emploi des grandes richesses qu'elle avait acquises par l'activité de son commerce.

Le même esprit et les mêmes services rendus à la nation avaient conservé à un certain nombre de familles une considération méritée. On s'était habitué à voir les mêmes noms revêtus des mêmes charges. Aussi depuis quelque temps les élections étaient devenues si illusoires, que ces familles nommaient elles-mêmes les électeurs.

Cette illustration, cette autorité de confiance ne suffirent pas à l'orgueil de Gradenigo; il priva le peuple du peu de droits qui lui restaient; il ne permit l'admission aux emplois et au partage de l'autorité, qu'aux membres des anciennes et riches familles qui avaient précédemment exercé des charges publiques; enfin il fonda une aristocratie dont l'éclat fut brillant, la puissance durable, le joug pesant. Ce fut ce même doge qui établit le terrible tribunal des *dix*, véritable inquisition politique.

Ainsi la noblesse, alors haïe, attaquée, dépouillée de ses priviléges, et même persécutée dans la plupart des grandes villes d'Italie, obtint dans la république de Venise le triomphe le plus complet; elle acquit aussi quelque prépondérance à Ferrare, à Bologne et dans quelques petites villes peu populeuses, et dont la faible bourgeoisie ne pouvait résister aux seigneurs puissans dont les châteaux et les domaines les entouraient.

Dans les États du Nord, les peuples, également animés contre la noblesse, se servirent des rois pour se venger, préférant le joug d'un seul palais à celui d'une foule de châteaux.

En France, ce furent les rois qui, en protégeant les communes, se servirent de la bourgeoisie des villes et de l'autorité des parlemens pour asservir les nobles, tandis que, dans la seule Angleterre, les communes et les nobles s'unirent pour fonder les libertés nationales sur les ruines du pouvoir arbitraire de la couronne.

Dans la Grèce, Michel Paléologue, après avoir comprimé l'audace de Charles d'Anjou, avait habilement divisé, combattu les Sarrasins; mais bientôt son fils Andronic, moins heureux, vit se former cette redoutable dynastie des Ottomans, qui devait, un siècle plus tard, élever une nouvelle puissance sur les derniers débris de l'empire des Césars.

Un soldat turc, Othman, s'était par sa valeur élevé au rang de sultan d'Iconium; son fils Orcan conquit la Phrygie, la Mysie et la Carie. Amurat Ier, ayant soumis complètement l'Asie-Mineure, avait formé des établissemens en Europe, et s'était emparé d'Andrinople.

Aux extrémités orientales et occidentales de l'Asie, les Chinois révoltés et les belliqueux Ottomans avaient brisé le joug des petits-fils de Gengis. Échappés, à force de courage, au fer des Musulmans et aux ruines d'Acre, les chevaliers de Saint-Jean de Jérusalem avaient enlevé aux Turcs l'île de

Rhodes. Leur célèbre grand-maître, Villaret, défendit héroïquement cette conquête contre toutes les forces des Ottomans.

Le Portugal brilla dans ce siècle d'une gloire noble et pure sous le règne d'Alphonse III, et du sage Denis qui mérita d'être appelé le Titus de son siècle.

En Espagne, une femme héroïque, Marie de Molina, mère du roi Ferdinand, combattit les Aragonais, les Arabes, et en triompha.

Au nord de l'Europe, la Russie restait ignorée et barbare. Le Danemarck était agité par des troubles continuels. Les règnes brillans de Magnus et de Canutson illustraient la Suède.

Les chevaliers teutoniques portèrent avec leurs armes victorieuses la croix et la civilisation dans la Prusse, tandis que la Pologne, leur protectrice, était déchirée par des troubles civils.

Dans le même temps, la fière Écosse se glorifiait des exploits héroïques de Robert Bruce. Ce guerrier, impatient du joug, releva les espérances de ses compatriotes; à sa voix ils coururent aux armes. Vaincu deux fois par Édouard Ier, Robert chercha un asile secret dans ses montagnes, où il attendait le moment favorable pour la vengeance; il arriva : le roi d'Angleterre mourut; son fils Édouard II, trompé par ses ministres, flatté par ses courtisans, entraîné par ses passions, se conduisit plus en tyran qu'en roi. Les barons anglais se révoltèrent. Gaveston, favori d'Édouard, fut pris par eux et décapité. Robert-Bruce alors reparut sous les armes, réunit tous ses Écossais, proclama leur indépendance, et à leur tête marcha fièrement contre leur ennemi.

— Tel est le tableau rapide des agitations sans trève que présente, pendant le long règne de Philippe et celui de son fils, cette Europe où l'on jouit aujourd'hui de tous les bienfaits de l'ordre social, et dans laquelle l'état de guerre lui-même ne peut plus rompre les liens de l'humanité.

Résumé de ce tableau.

Que voit-on dans ce tableau de ces temps de chevalerie dont on ose aujourd'hui nous vanter les mœurs et les vertus? La plus grande partie de l'espèce humaine esclave, une foule d'oppresseurs qui se disputent la puissance, se trompent, s'injurient, s'égorgent mutuellement, tandis qu'ils abrutissent et dégradent les peuples dont ils devaient protéger les droits et garantir le bonheur.

Dans le Nord comme dans le Midi, variations continuelles dans la distribution des pouvoirs, dans la confection, dans l'exécution des lois. La force gouverne, mais on n'administre point ; car tout se fait au hasard, sans plan ; et, dans toutes les classes, les dix-neuf vingtièmes des hommes ne savent ni lire ni écrire.

La religion proscrit les vices, et la plupart des ecclésiastiques s'y abandonnent ; des papes, des évêques donnent eux-mêmes de fréquens exemples de cupidité, de haine, de violence et d'une cruauté sanguinaire. Les princes bravent et combattent l'autorité du Saint-Siége quand elle les blesse ; ils la reconnaissent servilement quand elle les favorise, et ils acceptent les couronnes que les papes leur offrent après les avoir enlevées à d'autres rois.

En temps de guerre, et la guerre alors était presque perpétuelle, toutes les lois humaines et,

divines sont enfreintes sans pudeur. On viole les
capitulations, on se joüe des traités; les prisonniers
sont mutilés, égorgés; dans les temples, à la sainte
table même, le vaincu désarmé se venge en empoi-
sonnant son vainqueur. La débauche, l'adultère, se
montrent effrontément dans les cloîtres, dans les
palais; le scandale devient si éclatant, qu'il conduit
enfin des princesses à l'échafaud, tandis que leurs
complices, punis avec une barbarie sauvage, moins
pour l'atteinte aux mœurs que pour l'offense à la
majesté, sont éventrés, écorchés et traînés sur la
claie.

« On ne conçoit point, dit très-justement l'au-
» teur de l'*Esprit de l'histoire générale de l'Eu-*
» *rope*, en parlant de cette époque, on ne conçoit
» point comment le genre humain, en butte pen-
» dant dix siècles à tant de malheurs, a pu se per-
» pétuer, lorsque tout concourait à le détruire. En
» comparant l'état présent de l'Europe avec ce
» qu'elle était alors, on est tenté de croire que les
» historiens et les chroniques ne nous en ont trans-
» mis qu'une satire amère; qu'ennemis atrabilaires
» des hommes, ils n'ont employé leur plume qu'à
» les noircir aux yeux de la postérité. Cependant
» la réunion de tant de témoignages ne nous permet
» point de douter de ces tristes vérités; tant que
» l'Europe resta dans les langes de l'ignorance et
» de la superstition, elle fut le siége des violences,
» des crimes, des vices et des malheurs de tous
» genres. A mesure que les lumières se sont intro-
» duites dans ce cahos, les nuages se sont dissipés
» peu à peu; l'ordre social a pris plus de consis-

» tancé ; les grandes convulsions qui ébranlaient
» les nations ont été moins fréquentes ; les fourbe-
» ries politiques et religieuses n'ont plus trouvé
» des esclaves et des victimes si dociles. Le pou-
» voir arbitraire a perdu de son étendue ; les mœurs
» se sont adoucies, et le genre humain a respiré.
» Ce sont donc les lumières qui ont diminué la
» somme des maux dont les hommes furent si
» long-temps affligés. »

Éloge des
Capétiens

Au milieu des traces trop nombreuses de cette barbarie de dix siècles, que l'illustre Robertson regarde avec raison comme l'époque la plus calamiteuse de l'histoire des peuples, on doit remarquer que la France eut la gloire de se délivrer la première du fléau d'une si épouvantable anarchie : elle traça, pour ainsi dire, aux autres États européens, le chemin de la civilisation ; et si nos rois capétiens ne surent point ou ne voulurent pas suivre celui de la liberté, ils y entrèrent au moins avec courage, et suivirent avec constance celui de la justice ; s'ils élevèrent trop haut leur autorité, ils la justifièrent en quelque sorte aux yeux de la nation par de grands exploits, par de grands services, en substituant peu à peu les lois romaines, appelées par Cicéron *la raison écrite*, aux coutumes bizarres et capricieuses des seigneurs ; en protégeant les lettres et les sciences, en établissant de grands et d'équitables tribunaux, et en délivrant progressivement leurs peuples de la tyrannie féodale, de sorte que l'intérêt de leur autorité pût long-temps être confondu dans l'opinion publique avec l'intérêt national.

De plus, par un heureux et rare effet du sort, dans cette longue succession de princes, on n'en compte presque aucun dont les défauts n'aient été plus ou moins compensés par quelques qualités bonnes ou brillantes. Cette observation, loin d'être sortie de l'esprit d'un écrivain courtisan, a été faite par leur plus grand adversaire, par Napoléon : « C'est l'unique exemple, disait-il, d'une si longue » dynastie qui ait produit tant de braves guerriers, » de rois sages et de princes plus ou moins ha-» biles. »

Parmi tous ces princes, dont aucun ne ressembla aux rois fainéans de la première race et aux faibles monarques de la seconde, Philippe-le-Bel, quoique bien inférieur à Louis-le-Gros, à Philippe-Auguste, à saint Louis, mérita par sa vaillance personnelle, par la protection qu'il accorda au peuple contre les grands, et par sa ferme résistance aux prétentions hautaines de Rome, une place assez brillante dans nos annales.

Il montra quelque soin pour le rétablissement de la justice, une assez grande habileté dans sa politique, et une rare intrépidité dans les combats; mais, mal conseillé par un ministre avide, et trop ardent lui-même pour des projets d'agrandissement disproportionnés aux facultés de son trésor, il opprima ses peuples par de lourds impôts, ébranla le crédit public par l'altération des monnaies, et, pour amasser de l'or par des voies plus coupables encore, versa sans pitié le sang d'une foule de chevaliers du Temple, dont la richesse fut réellement le seul crime prouvé.

Ce prince dut à la nature le surnom de *Beau*; il reçut par ses exactions celui de *Faux-Monnayeur*, et n'aurait que trop mérité à la fin de ses jours celui de *Cruel*.

La pesanteur de la taxe appelée *la maltôte* excita partout de fréquentes séditions; celle de Rouen fut si menaçante et si grave, qu'il se vit obligé, pour la réprimer, d'employer les armes des tyrans, l'exil, la confiscation et les supplices.

Lois somptuaires. Enguerrand de Marigny lui persuada que les progrès du luxe dans toutes les classes, en dérangeant toutes les fortunes, tarissaient la source des impôts dans laquelle il voulait puiser sans cesse. En conséquence, il crut remédier à ce mal par des lois somptuaires, comme s'il eût voulu forcer chacun de ses sujets à n'user de sa fortune que pour remplir le trésor royal.

Il défendit donc aux personnes les plus riches d'avoir sur leur table plus de deux plats avec un potage au lard, en temps de jeûne quatre plats maigres. Le roi, donnant lui-même l'exemple, ne se faisait servir que trois plats, et ne buvait que du vin de ses propres domaines.

En prescrivant cette frugalité, il imitait l'exemple de Henri II, roi d'Angleterre, dont la sévérité avait autrefois excité les vives plaintes des moines. L'abbé Vély rappelle à cette occasion la réponse que leur fit le monarque anglais : « Il est indécent, » disait-il, que vos abbés vous permettent plus de » plats sur vos tables que votre roi n'en a sur la » sienne. »

Les ducs, comtes et barons, ainsi que leurs

femmes, ne pouvaient avoir que six robes par an, les chevaliers deux, les personnes des autres classes une. Dans ce temps, l'habillement des hommes était composé d'une longue soutane avec un manteau. Les paysans, les valets, les serfs portaient seuls l'habit court. Les fourrures étaient réservées aux personnes les plus éminentes de l'État. L'ampleur de leurs fourrures, leurs couleurs, et la longueur de la queue de leurs manteaux marquaient leurs rangs. Les pairs se distinguaient par l'écarlate et l'hermine. Le mortier était la parure de leur tête. Les autres citoyens portaient des bonnets.

Le prix des étoffes était fixé suivant chaque condition : la robe du roi, pour les solennités, coûtait seize livres dix sous ; toute la garde-robe d'un fils de France se montait à cent sept livres. Jusqu'à cette époque, le luxe et la vanité avaient réussi peu à peu à confondre les rangs.

On se rappelle que la reine Blanche, mère de saint Louis, trompée par la magnificence de quelques courtisanes, les avait embrassées, parce qu'elle les prenait pour des dames nobles.

Philippe, tout en protégeant les communes et en les appelant aux assemblées publiques, ne pouvait s'élever au-dessus des idées féodales de son siècle : il défendit aux bourgeoises de se montrer en voiture, de se faire éclairer par un flambeau, et d'enrichir leur parure, d'or, d'hermine et de toute autre fourrure.

Le prince le plus avide d'argent ne pouvait s'apercevoir dans un tel siècle qu'avec de telles lois somptuaires il paralysait l'industrie, anéantissait le

commerce, et coupait toutes les racines de la fortune publique.

Les ordonnances de Philippe contre le luxe n'excitèrent point de révoltes comme ses mesures finan-
cières ; mais on ne les exécuta point, et la vanité
nationale se montra plus opiniâtre que l'autorité.

La mode résista même à l'Église : cette mode
avait fait adopter une chaussure dite *à la Poulaine :*
c'était un soulier finissant en pointe ; cette pointe,
variant selon les rangs, s'étendait depuis un demi-
pied de longueur jusqu'à deux ; on y ajouta des
cornes ou des griffes, ce qui les fit regarder et
proscrire par le clergé comme signe d'hérésie ;
mais on ne respecta pas plus ces condamnations
ecclésiastiques que les ordonnances royales. Il en
fut de même de l'interdiction des combats judiciaires ; le point d'honneur et les préjugés triom-
phèrent encore long-temps des lois et de la raison.

Philippe publia (1) une ordonnance pour la réforme générale du royaume, promit une efficace
protection aux membres du clergé, confirma tous
les priviléges dont ils jouissaient sous le règne de
saint Louis, défendit à ses gens de saisir leur temporel sans une information préalable, rigoureuse,
et ne le permit, dans ce cas même, que jusqu'à
concurrence de l'amende à laquelle les aurait condamnés un jugement légal.

Il décerna de graves peines contre les concussions
des gardiens de bénéfices en régale ; il défendit aux
juges de recevoir des particuliers aucun salaire ni

(1) 1305.

présent. Les droits des notaires et des sergens furent taxés. Il défendit à toute personne d'occuper un emploi de juge dans le lieu de sa naissance. Toutes les causes portées à la cour du roi durent, selon cette ordonnance, être expédiées en moins de deux années.

Il prescrivit à ses conseillers de ne recevoir aucune pension ni du clergé ni des communes. Les sénéchaux, baillis, vicomtes, juges et prévôts furent assujettis au serment de rendre justice aux petits comme aux grands, sans acception de personne, et de défendre les droits du roi sans nuire à ses sujets.

Enfin, il décida que le parlement tiendrait sa session deux fois l'an à Paris, l'échiquier à Roüen, une autre assemblée à Troyes sous le nom de *grands jours*. Le roi déclara en même temps qu'il y aurait un parlement à Toulouse, si les seigneurs du pays approuvaient que le parlement jugeât sans appel.

Ce fut ainsi que les parlemens devinrent sédentaires. Jusque-là ce conseil royal ou parlement suivait le roi dans toutes ses résidences. Le chancelier de France présidait la grand'chambre. Sous le règne de Philippe, douze clercs et dix-huit laïques étaient conseillers aux enquêtes. On comptait parmi les juges, à l'époque du règne de Louis-le-Hutin, les évêques de Mende et de Soissons, les abbés de Saint-Germain-des-Prés et de Saint-Denis. Sous Philippe-le-Long, on en exclut les prélats.

Pasquier nous apprend dans ses *Recherches* que bientôt tous les seigneurs, réveillés sur les intérêts

de leur pouvoir, prétendirent faire partie du parlement; mais que, loin de faire droit à leurs prétentions, Philippe de Valois décida qu'il n'y aurait
désormais que trente conseillers à la grand'chambre, quarante aux enquêtes et huit aux requêtes.

Les seigneurs mirent peu de suite dans leurs réclamations; les formes compliquées de la procédure,
introduites par les légistes, fatiguaient les pairs,
barons et chevaliers, qui disparurent peu à peu
du parlement.

Révolte de l'université. Tout se ressentait encore des longues ténèbres
de la barbarie, et le sanctuaire des sciences et des
lettres se changeait trop souvent en foyer de tumulte et de sédition. En 1305, le prévôt de Paris
avait fait pendre un écolier de l'université. Fu-
rieuse de cette violation de ses priviléges, l'université ferme aussitôt toutes ses écoles; elle excom-
munie le prévôt; tous les curés, en procession, et
entraînant à leur suite une foule de peuple, courent
briser avec des pierres les fenêtres de ce prévôt,
qu'ils appelaient *maudit Satan*, en le menaçant
d'être englouti tout vivant dans un gouffre comme
Dathan et Abiron. Le prévôt, vaincu, fut obligé
de faire réparation à l'université, et de lui donner
deux chapelles. Le roi contribua aux frais de cette
indemnité.

Répression d'hérésies. Le clergé voyait aussi sa paix troublée par des
hérésies. Il condamna au silence le nommé Jean de
Paris, qui voulait expliquer matériellement le mystère de l'eucharistie. Nous avons vu qu'au temps de
saint Louis quelques dominicains, appuyés par saint
Bonaventure, saint Thomas d'Aquin, et combattus

par un prêtre nommé Saint-Amour, avaient prédit une troisième loi religieuse qui devait marquer le règne du Saint-Esprit.

Cette hérésie se renouvela sous Philippe-le-Bel. Les sectaires prétendaient que, la nouvelle religion étant une religion d'amour, aucune femme ne pouvait refuser de céder aux désirs d'un homme. Ces hérétiques devinrent si nombreux, qu'on fut obligé de prêcher une croisade contre eux. On s'empara de leur chef Doucin et de sa maîtresse Marguerite, et on les condamna au feu, ainsi qu'une religieuse qui se disait en commerce avec la Divinité; on brûla de même un illuminé qui avait écrit qu'une ame parvenue à l'extase ne pouvait plus pécher.

Mort de plusieurs personnes.

La mort de Boniface n'avait point éteint la colère de Philippe : il le poursuivit encore dans sa tombe, et exigea qu'on le jugeât comme on jugeait autrefois les rois d'Égypte après leur mort. Il envoya au pape Benoît XI trois ambassadeurs pour le prier d'instruire le procès de son prédécesseur.

Les motifs de sa demande étaient que Boniface, faux pasteur, usurpateur du Saint-Siége, avait mis l'Église en péril par ses crimes; qu'il avait trafiqué des élections, retenu arbitrairement à Rome les cardinaux et les évêques, vendu les indulgences et les bénéfices, attenté à l'autorité temporelle des princes, imposé les peuples pour son propre fisc, et violé toutes les règles de la discipline ecclésiastique; enfin le roi voulait qu'un concile convoqué à Lyon jugeât ce pontife.

Benoît, qui craignait également de déplaire à Philippe et de compromettre la dignité du Saint-

Siége, chercha à gagner du temps. Il accorda au roi, qui ne le demandait pas, une absolution de toute excommunication que ce prince aurait pu par hasard avoir encourue, et il annula toutes les bulles lancées par son prédécesseur contre la France. En faveur de la protection de Philippe, les Colonnes furent amnistiés et rétablis dans leurs droits.

Cette déférence ne satisfit point les cardinaux précédemment proscrits ; ils prétendirent que le souverain pontife n'avait pas eu le pouvoir de les déposer, et qu'un concile pouvait seul les juger.

D'un autre côté Benoît aigrit le courroux de Philippe, en excommuniant Nogaret et tous ceux qui avaient participé à l'arrestation de Boniface.

Mort du pape Benoît XI. Tandis que la négociation se compliquait ainsi, au lieu d'avancer, Benoît XI mourut. On le dit empoisonné par un jeune homme déguisé en tourière, qui lui avait apporté de belles figues. Les mœurs du temps multipliaient de telles accusations; le public les adoptait sans preuves. Les vices de l'époque rendaient tout forfait probable. L'opinion générale accusa de ce crime les Caïétans, les Colonnes et Nogaret.

Une grande division régna dans le conclave pendant neuf mois; elle était fomentée par le parti des Caïétans et par celui des Colonnes; mais ces deux factions italiennes tombèrent dans un piége que le cardinal de Prato leur tendit. Il leur persuada d'élire trois candidats nés hors de l'Italie, et de choisir pour pape celui des trois qui serait préféré par les cardinaux français.

Les Caïétans, ayant la majorité, élurent comme

candidats trois archevêques dont le dévouement à Élection de Clément V.
leur faction s'était le plus signalé. Parmi eux se
trouvait l'archevêque de Bordeaux, autrefois zélé
partisan de Boniface, et violent ennemi du roi de
France. Ce fut précisément cet archevêque que ce
prince fit proclamer par les cardinaux français.

Philippe, en faisant briller la tiare à ses yeux,
avait changé sa haine en affection. Le monarque et
le prélat venaient d'avoir une entrevue secrète à
Saint-Jean-d'Angely. Dans cette conférence, Philippe, allant droit au but, dit à l'archevêque : « Il
» dépend de moi de vous faire pape, si vous me
» promettez d'accéder à six de mes demandes :
» 1° ma réconciliation avec l'Église ; 2° la révoca-
» tion de toutes les censures dirigées contre moi,
» mes sujets et mes alliés ; 3° la condamnation so-
» lennelle de Boniface ; 4° le rétablissement des Co-
» lonnes ; 5° la nomination de quelques cardinaux ;
» enfin, une sixième demande, que je vous confie-
» rai plus tard. » On ne sut point dans le temps si
cette dernière demande concernait l'abolition de
l'ordre des templiers, où les prétentions de Charles
de Valois à l'Empire.

L'archevêque Bertrand de Got aimait mieux régner que discuter : il promit tout, confirma sa promesse par un serment solennel, et fut peu de temps
après proclamé dans Rome, d'abord à la grande
joie, et depuis à la grande confusion des Caïétans ;
il prit le nom de Clément V, et reçut la couronne
papale à Lusignan en Poitou.

Le monarque, les princes et une foule de seigneurs français prodiguèrent les plus grands hon-

neurs au nouveau pontife lorsqu'il fit son entrée
dans Lyon. Cependant ce triomphe fut troublé par
un accident que la crédulité pouvait regarder comme
un sinistre présage. Un mur qui s'écroula au moment où le cortége passait, tua le duc de Bretagne,
blessa le comte de Valois, et renversa le pape Clément V.

Troubles
à Lyon. Lyon était alors en tumulte par les désordres
qu'y causaient les vices et les violences impunies
d'un neveu du pape. Accompagné de quelques jeunes insensés, il courait les rues pendant la nuit et
insultait toutes les Lyonnaises. Clément s'obstinait
à le protéger. L'archevêque de Lyon jura qu'il ob-
tiendrait justice. Ses gens attaquèrent à main armée
les Gascons, partisans du pape. Le coupable neveu
de ce pontife tomba sous leurs coups. Clément voulait priver l'archevêque de son temporel : Philippe
prit son parti et le mit à l'abri de toutes persécutions. Lyon reconnut dès lors l'autorité du roi de
France.

L'élévation de Clément V au trône pontifical délivrait Philippe des longues inquiétudes que lui avait
causées l'opiniâtre et turbulente humeur de Boniface. Son attention se porta tout entière sur les
élémens de trouble qu'excitaient par-tout dans l'in-
térieur les mesures fiscales et oppressives de son
gouvernement.

Continuant à altérer les espèces monnayées, et
changeant sans cesse leur poids et leur titre, il défendit à tous ses sujets de compter, comme autrefois,
par marc, et leur ordonna de stipuler désormais
par livres, sous et deniers. Vainement, dans l'as-

semblée de 1303, les évêques, les abbés et les seigneurs lui avaient offert le dixième de leurs revenus, pourvu qu'il s'engageât, lui et ses successeurs,
à ne plus altérer les monnaies : il rejeta durement
leurs prières.

Ce prince prenait souvent le langage d'un monarque absolu; et, le premier de nos rois, il plaça
cette formule à la tête de ses édits : *Par la plénitude de notre puissance royale ;* ce fut alors que
le peuple lui donna trop justement le titre de *faux-
monnayeur.* En 1305, le marc d'argent valait huit
livres dix sous.

L'opiniâtreté du monarque et ses opérations arbitraires excitèrent une clameur générale (1). Il
occasionna une véritable disette en établissant un
maximum pour les grains : le prix du froment fut
fixé à quarante sous le setier, l'orge à trente, et
l'avoine à vingt. Toutes les transactions devenaient
incertaines, et les fortunes étaient bouleversées.

Cependant on ne vit pas de grands soulèvemens,
parce que les plus puissans seigneurs, au lieu de
protéger les opprimés, imitaient l'oppresseur, et à
son exemple altéraient les monnaies dans leurs
domaines.

L'excès du mal en amena le remède : la source
des richesses tarissant, les profits du fisc diminuaient en même temps que le mécontentement
public s'accroissait.

Philippe ouvrit enfin les yeux : il s'efforça de
justifier à ceux du peuple ses actes arbitraires, en

(1) 1305.

alléguant la pressante nécessité où il s'était trouvé de défendre à la fois l'État contre les forces de l'Angleterre, l'agression des Flamands, les menaces de l'empereur, et les intrigues du Saint-Siége. Il promit d'apporter un prompt remède aux souffrances de ses peuples, et engagea ses domaines comme garantie de la foi de ses promesses.

Ordonnance sur les monnaies. En 1306, le marc ne valut plus que deux livres quinze sous; mais les seigneurs continuèrent l'altération des monnaies dans leurs fiefs : ils devinrent odieux à la nation. Le roi, profitant avec habileté de leur avarice imprudente pour marcher à plus grands pas vers son but constant, l'abaissement de la puissance féodale, publia, contre cet abus de pouvoir des grands, une ordonnance qui devint d'autant plus célèbre qu'elle parut alors populaire.

Par cette ordonnance, il établit dans chaque monnaie seigneuriale un officier chargé de les surveiller, afin que toutes les espèces eussent désormais le même poids et le même titre que les monnaies royales. Il défendit aux seigneurs et aux prélats d'en frapper de nouvelles avant d'en avoir reçu l'ordre; enfin, attaquant sans hésiter les grands vassaux les plus puissans, il écrivit une lettre impérieuse au duc de Bourgogne, pour le contraindre à exécuter son ordonnance, et fit saisir à Bordeaux le coin de la monnaie du roi d'Angleterre, son vassal.

Discorde entre les ordres de l'État. Les seigneurs, de leur côté, avaient espéré rendre odieuse l'autorité royale, en lui laissant lever des impôts sur les bourgeois et les propriétaires de leurs domaines; mais leur espoir fut déçu; le peuple, trop long-temps tyrannisé par les seigneurs, redoutait plus leur puissance que celle du roi; et d'ailleurs Philippe-le-Bel venait d'exciter leur reconnaissance, en appelant les communes aux états-généraux; aussi ce prince, loin de craindre ces grandes assemblées nationales, les regarda comme une source féconde de discorde entre les ordres.

Une grande question agitait alors les deux premiers : c'était celle de l'amortissement. Les seigneurs prétendaient, avec assez de justice, que les corps ecclésiastiques, qui ne meurent point et qui n'aliènent jamais, ne devaient faire aucune acquisition dans leurs seigneuries sans les dédommager, par un droit d'amortissement, des lods et ventes dont ils se voyaient privés pour l'avenir, lorsque ces biens tombaient en main-morte. D'un autre côté, les évêques et les abbés traitaient ces prétentions féodales de sacrilége.

Ce fut ainsi, observe justement Mably, que les trois ordres, qui, d'accord, auraient pu imposer des limites à la royauté, augmentèrent par leurs divisions sa puissance. Il y eut entre eux émulation de complaisance pour s'efforcer à l'envi d'obtenir la faveur royale; par là s'établit la domination presque absolue du trône.

Philippe avait réuni à la couronne le royaume de Navarre, les comtés d'Angoulême, de Champagne, de Brie; et dans toute l'étendue de la France, à l'exception de quatre grands fiefs qui se défendaient encore, la Bourgogne, l'Aquitaine, la Flandre et la Bretagne, les fondemens du gouvernement féodal furent par-tout anéantis.

Le roi, poussant ses avantages, et divisant pour régner, sépara les États des provinces du midi, appelés le Languedoc, de ceux des provinces du nord, sous le nom de *la langue d'oyle*.

Il ne fixa point l'époque de leurs réunions, ne leur concéda point de droits généraux; et, loin de les établir comme des barrières contre le pouvoir absolu, il ne les considéra que comme des moyens propres à obtenir de l'argent plus facilement, et à faire tomber en désuétude les antiques assemblées politiques, ainsi qne l'ancien nom d'*assemblées nationales*.

On rendit aux pairs dans les parlemens leur ancienne préséance sur les évêques; ceux-ci reçurent l'ordre de se retirer et de résider dans leurs diocèses. On perdit l'habitude de limiter, par la volonté des barons, les ordonnances royales. On ne demanda plus leur consentement pour les faire exécuter dans leurs domaines, et l'enregistrement au parlement fut la seule formalité à laquelle ces ordonnances restèrent assujetties.

Progrès de la puissance des parlemens.
Cependant ce parlement, qui avait pris le nom de *cour royale de Paris*, commençait déjà à pressentir ses hautes destinées, et, en étendant sa compétence, à s'attribuer une partie de celle des anciens parlemens ou assemblées nationales, composées de pairs et d'évêques.

En 1309, il condamna le roi à des dommages et intérêts au profit de l'évêque d'Évreux, pour avoir voulu porter atteinte aux droits de cet évêque sur une forêt. Il jugea plusieurs souverains, condamna le roi d'Angleterre à quinze mille livres d'amende, le comte de Foix à trente mille. Lorsque le roi créait une commission, on appelait de ses jugemens au parlement.

Depuis, la renommée et la puissance de ce corps s'accrurent tellement, que les princes étrangers exigèrent souvent la vérification et l'enregistrement au parlement des traités que les rois de France avaient conclus avec eux. Le quinzième siècle en fournit plusieurs exemples, tels que les traités d'Arras, de Péronne, de Madrid, de Cateau-Cambresis et de Vervins, conclus avec les cours d'Autriche, d'Espagne et de Bourgogne.

Ainsi ces parlemens, composés de légistes, prétendirent représenter, et remplacèrent en effet peu à peu ce grand conseil royal des pairs et des grands, qui lui-même représentait les antiques assemblées nationales des Francs.

Le comte de Buat donne au parlement, dans son système plus vraisemblable que prouvé, une plus haute origine ; car il la fait remonter aux cent compagnons ou conseillers que les Germains donnaient à leur prince pour rendre la justice. « De » même, dit-il, les rois des Francs eurent leur » conseil qui jugeait les causes en appel des juge» mens rendus par le comte Palatin et par les au» tres comtes. Ces comtes, assistés de pairs ou » d'assesseurs, jugeaient, au nom du roi, les » hommes libres. On vit encore les traces de ces » coutumes, lorsque, sous la seconde race, le con» seil du roi jugea le fils de Louis-le-Débonnaire et » le condamna. Toutefois le plus souvent les grands » étaient jugés en assemblée générale, comme le

» fut Tassillon, duc de Bavière. Les parlemens gé-
» néraux étaient une institution nationale. Le par-
» lement, ou cour et conseil du roi, fut une insti-
» tution féodale et royale. »

La déférence des états-généraux pour le roi, et
les subsides qu'ils lui accordèrent, ne suffisaient
point encore à ses besoins d'argent qui renaissaient
sans cesse ; «car, ainsi que le dit Mézeray, les coffres
» de ce prince, semblables aux tonneaux des Da-
» naïdes, où l'on versait toujours, se vidaient con-
» tinuellement et ne se remplissaient jamais. »

Expulsion des Juifs.   Sa cupidité eut recours à une mesure trop souvent employée par ses prédécesseurs : par un arrêt
il chassa de France tous les Juifs, et leur défendit
d'y rentrer sous peine de confiscation et de mort.
Comme les Juifs étaient alors fermiers des impôts
et haïs par le peuple, on crut que leur expulsion
avait pour but d'apaiser les opprimés en leur sacrifiant ces victimes.

Réconciliation avec le Saint-Siége.   Ayant ainsi pacifié intérieurement la France,
Philippe eut à Poitiers une entrevue avec le pape.
La réconciliation complète de la France et du Saint-
Siége y fut confirmée. On ratifia la paix conclue avec
Édouard II, et la Guienne lui fut rendue comme
dot de sa femme Isabelle de France. Édouard II
épousa cette princesse à Boulogne, et rendit hom-
mage à Philippe pour l'Aquitaine.

Le pape, toujours pressé par le roi de faire juger
et condamner Boniface, n'osait ni refuser définitivement, ni couvrir de cette ignominie le Saint-
Siége. Ses instances obtinrent un délai, et quelques
auteurs croient que le prix de cette complaisance

royale fut l'assentiment donné par le souverain
pontife à la destruction projetée de l'ordre des
templiers.

On apprit, dans ce temps (1), que le gouverneur
de la Navarre avait soulevé ce pays pour l'enlever
à Louis-le-Hutin, fils de Philippe, qui héritait de
ce trône par les droits qu'il tenait de sa mère : Louis
y courut; il vainquit et punit les rebelles.

Ce fut à cette époque qu'on apprit le soulèvement
de la Suisse contre la tyrannie d'Albert d'Autriche.
Les cantons de Schwitz, Uri, Underwald, animés
par trois paysans, fondèrent la liberté de leur patrie. Dans leur haine contre leur tyran, ces fiers
républicains, qui s'immortalisèrent par leurs exploits, tuèrent tous les paons qui se trouvaient en
Suisse, parce que les ducs d'Autriche portaient un
paon dans leurs armes. Bientôt après, le roi fut
informé de l'assassinat du duc Albert par le duc de
Souabe, son neveu.

Philippe espérait que, conformément à ses en-
gagemens, le pape appuierait les prétentions de
Charles de Valois à l'Empire; mais cette élévation
d'un fils de France et cet accroissement de l'influence française ne pouvaient s'accorder avec la
politique romaine.

Clément trompa Philippe : apprenant que ce
prince voulait marcher avec une forte armée en
Allemagne, le pape, sans perdre de temps, écrivit
secrètement aux électeurs que, s'ils voulaient éviter d'être bientôt forcés dans leur choix, ils devaient

____

(1) 1308.

se hâter d'élire promptement Henri de Luxembourg, prince digne du trône par sa vaillance et par ses vertus. Les électeurs sentirent l'importance de cet avis; ils se réunirent, et, après huit jours de délibérations, ils proclamèrent empereur Henri de Luxembourg.

A cette nouvelle, Philippe vit avec indignation que le pape, nommé par lui, s'était joué de sa confiance imprudente. Cependant, pour le calmer, Clément convoqua à Vienne, en Dauphiné, un concile qui devait s'y réunir le 1er octobre 1310, pour juger Boniface; mais, peu de temps après, cette réunion fut différée jusqu'à l'an 1311.

De toutes parts alors éclatèrent contre la mémoire de Boniface des libelles, dans lesquels on l'accusait d'usurpation, de simonie, d'athéisme, de magie et des vices les plus infâmes. Le scandale devint général dans la chrétienté, soit par la haine des Français contre ce pontife, soit par l'artifice de ceux qui espéraient, par l'exagération même de ces violences, éviter un jugement honteux pour le pontificat.

En effet, presque tous les évêques, appuyés par les rois de Castille et d'Aragon, adressèrent à Philippe de si pressantes sollicitations pour épargner à l'Église le scandale d'un pareil procès, que le roi, cédant à leurs vœux, renvoya cette cause à l'arbitrage du pape et des cardinaux.

Les arbitres cassèrent toutes les bulles de Boniface, et firent effacer des registres de la chancellerie romaine tous les actes qui pouvaient blesser le roi de France. Nogaret fut seul excepté de l'absolution définitive. On ne la lui promit qu'à la charge de faire plusieurs pélerinages et de se croiser. Il fut dédommagé de cette vengeance pontificale par l'affection du roi, qui le combla de richesses et le fit chancelier.

Pierre de Savoie, nommé à l'archevêché de Lyon, prit les armes contre les Français (1). Louis, fils aîné de Philippe, marcha contre lui et le contraignit à capituler. Ce prélat renonça à toutes prétentions à la souveraineté. Ainsi on peut regarder cette époque comme celle de la réunion définitive de Lyon à la couronne. Les chanoines y conservèrent leurs prérogatives et le titre de comtes. Réunion de Lyon à la couronne.

On apprit dans la même année les exploits des chevaliers de Saint-Jean et la défense héroïque de leur grand-maître contre les Turcs.

Le concile de Vienne se réunit (2) pour délibérer sur le recouvrement de la Terre-Sainte, la réformation des mœurs et l'abolition de l'ordre des templiers. Ce concile, qui, dans le principe, n'avait été convoqué que pour condamner Boniface, rendit, en présence du roi, un décret qui déclara que ce pontife avait été pape légitime et exempt d'hérésie. Décret d'un concile contre Boniface.

Deux chevaliers catalans jetèrent au milieu de l'assemblée le gage du combat, en adressant un défi à ceux qui inculpaient la mémoire du pape. Personne ne croyait à son innocence, mais personne ne releva le gant des champions, et Philippe lui-même souscrivit au décret du concile.

Une autre affaire plus importante occupait alors Affaire des templiers.

(1) 1310. — (2) 1311.

tous les soins du souverain pontife et du roi; c'é-
tait la ruine totale d'un ordre illustre, jusque-là
couvert de gloire et vénéré par tous les souverains.

Ici s'ouvrent les scènes sanglantes d'un drame
terrible, dont le dénouement tragique inspire encore, après plusieurs siècles, autant de surprise
que d'horreur. Coupables ou non, les templiers,
plongés dans des cachots, livrés aux tortures,
écrasés par le glaive royal et par les foudres du
Vatican, furent par-tout, pour la postérité, un
objet de pitié, et cette postérité condamne justement l'impitoyable rigueur du pontife et du monarque.

Cependant, jusqu'à nos jours, les causes de leur
haine, la vérité ou la fausseté des accusations portées contre l'ordre du Temple, étaient restées comme
ensevelies dans les ombres d'un mystère impénétrable; mais enfin, grâce aux recherches labo-
rieuses d'un savant académicien, M. Raynouard,
tous les voiles paraissent levés, et ce mystère d'iniquité est totalement éclairci.

En lisant son ouvrage, les esprits les plus pré-
venus ne doivent plus garder aucun doute sur l'injustice de l'arrêt qui détruisit cet ordre fameux et
sur les coupables passions qui, en le dictant, im-
molèrent tant de nobles victimes. Cet illustre académicien a dignement justifié les templiers dans ses
Monumens historiques, comme il a noblement
célébré leur fermeté héroïque dans une belle tra-
gédie qui est aussi un monument.

Suivons d'abord rapidement les récits de Villani

et de la plupart de nos historiens, pour rappeler ce
que, durant plusieurs siècles, on avait dit et écrit
sur ce triste épisode de nos annales.

L'ordre des templiers, fondé à Jérusalem, en
1118, par Hugues de Payens, par Geoffroi de Saint-
Omer et par sept nobles français, se dévouait, par
ses statuts, à la défense de la religion et de la Terre-
Sainte. Leurs règles, rédigées par saint Bernard,
leur furent données dans le concile de Troyes, et
approuvées par le pape Honorius II.

Époque de leur fondation.

Ils faisaient vœu de chasteté, de pauvreté et
d'obéissance. Le roi de Jérusalem, Baudouin II, les
logea dans une maison voisine du Temple ; ce qui
leur fit donner le nom de templiers. Ils portaient
un habit long ; une croix rouge brillait sur leur
manteau blanc. La viande leur était interdite trois
jours par semaine. Cependant, pour prouver leur
incontinence, leurs ennemis citaient cet adage, devenu populaire : *Boire comme un templier.* Mais
leur savant défenseur remarque que ce dicton ne
fut en usage qu'après leur destruction. « D'ailleurs,
» dit avec raison M. Raynouard, ce dicton n'aurait
» pas plus prouvé leur penchant à l'ivrognerie,
» qu'un dicton semblable, très en vogue dans Rome
» à la même époque : *Bibere papaliter,* ne pou-
» vait prouver le penchant de tous les papes à
» l'ivrognerie. »

On a vu, dans l'histoire des croisades, les brillans exploits de ces religieux chevaliers, qui portèrent si souvent la terreur dans les camps des infidèles. Il est vrai qu'après la conquête leurs vertus
s'affaiblirent : ainsi que les autres croisés, ils se

laissèrent enivrer par les faveurs de la gloire et de la fortune; ils devinrent riches, orgueilleux, indé-pendans, avares même; car on les vit refuser à saint Louis l'argent nécessaire pour compléter sa rançon. Ils prirent malheureusement part aux discordes des chrétiens, aux querelles de Gênes et de Venise. Leur vaillance trop ardente rompit mal à propos des trèves utiles.

Leur défaite en Palestine et leur rappel eu France. Les Musulmans profitèrent de la division qui affaiblissait les croisés et des fautes de leurs chefs. La Palestine fut reconquise par les infidèles. Les faibles débris des templiers, échappés aux fers des Sarrasins et aux ruines d'Acre, s'étaient réfugiés dans l'île de Chypre, lorsqu'ils furent, ainsi que leur grand-maître, rappelés en France par Philippe-le-Bel.

Après avoir combattu avec tant d'opiniâtreté en Asie pour la croix, ces infortunés ignoraient les trames secrètes ourdies contre eux en Europe, ainsi que les odieuses accusations de débauches et d'impiété sous lesquelles ils devaient bientôt succomber. Une haine perfide cachait dans l'ombre les poignards : on accueillit comme des héros ces pélerins guerriers; le grand-maître et ses chevaliers furent comblés d'honneurs, et, pour ainsi dire, couronnés de fleurs, comme des victimes au moment d'être immolées.

Révélation de leurs impiétés. Un templier, prieur de Montfaucon, près de Toulouse, et un Florentin nommé Nofodi, au moment de subir la peine capitale due à leurs crimes, déclarent qu'ils ont à faire des révélations importantes, demandent, obtiennent d'être conduits auprès du roi Philippe, et lui dénoncent les templiers comme ennemis de l'État, des lois et de la religion.

L'historien de Clément V donne d'autres noms à ces deux accusateurs : c'étaient, disait-il, deux prêtres qui, ayant reçu pendant une tempête la confession de quelques templiers, en avaient révélé le secret à Philippe. Selon ces délateurs, les templiers avaient avoué qu'à leur réception on les forçait, suivant l'abominable coutume de l'ordre, à renier Jésus-Christ, à cracher sur le crucifix. Ils adoraient, ajoutaient-ils, une idole à longue barbe, portant des moustaches, et dont les yeux étaient deux escarboucles; ils se livraient aux vices les plus infâmes, et, à certaine époque, saisissant une mère qui venait d'accoucher, l'accablaient d'outrages, grillaient et mangeaient son enfant. Lorsqu'un templier mourait, les chevaliers brûlaient son corps et avalaient ses cendres; enfin, on leur reprochait d'avoir vendu la Terre-Sainte aux infidèles.

La chronique de Saint-Denis, l'Anglais Valshingam, Nostradamus, les historiens de Provence et celui de Malte répètent toutes ces accusations monstrueuses; elles se répandirent par-tout et furent adoptées par la crédulité du temps et par l'envie qu'excitaient la richesse et la puissance de l'ordre. Les écrivains les plus modérés disaient que ces imputations, fausses dans leur généralité, pouvaient se trouver vraies en partie : car à cette époque, dans toutes les classes et dans le clergé même, on voyait régner les plus grands désordres et cette licence grossière de mœurs qu'enfantent l'ignorance et la superstition.

Ce qui est certain, c'est que Philippe, impétueux dans sa haine, violent dans ses résolutions, fit arrêter à la fois les templiers dans tout le royaume, le 13 octobre 1307, s'empara du Temple, des trésors qu'il renfermait, s'y établit, et y plaça les chartes de France.

Nogaret, en son nom, rassembla au palais le clergé, les grands, les notables de Paris. Il leur dénonça les crimes des templiers, et se déclara leur accusateur.

Le dominicain Guillaume de Paris, inquisiteur de la foi et confesseur de Philippe, fit comparaître devant lui les templiers, les interrogea, et commença l'instruction de leur procès.

Informé de ces événemens, le pape désapprouva hautement cette procédure, prétendant que l'ordre du Temple, appartenant à l'Église, était exempt de la juridiction laïque; il adressa de vifs reproches à l'inquisiteur, et demanda que le roi remît à la disposition du Saint-Siége les personnes et les biens des templiers.

Philippe garda le trésor; mais, après avoir reproché au souverain pontife sa faiblesse pour des conseillers sacriléges qui le portaient à mépriser les évêques de France, il promit de remettre à la disposition du ministre de Rome les templiers et leurs domaines.

Le roi eut une conférence avec le pape, à Poitiers, où l'on forma une assemblée d'évêques, de seigneurs et de quelques notables habitans de la ville. Il y fut décidé que, sous l'autorité du roi, les accusés seraient commis à la garde du pape et de l'Église. En cas de condamnation, leurs biens ne devaient être employés qu'au service de la Terre-Sainte. Deux valets de chambre du roi furent nommés gardiens des chevaliers qui se trouvaient en prison.

Clément V pardonna à l'inquisiteur Guillaume, confesseur du roi, ses démarches intempestives, et lui permit de prendre rang parmi les juges de ce procès, trop digne par sa marche et par son dé-nouement d'être inscrit dans les annales sanglantes de l'inquisition. Il fut toutefois instruit par les deux autorités réunies, les évêques et les magistrats. Le pape régla par plusieurs bulles les formes qu'on devait suivre, et il menaça d'anathême les prélats, les inquisiteurs, et tous autres qui, après avoir saisi et usurpé les biens des templiers, ne les res-titueraient pas.

Le grand-maître avait hautement demandé d'être jugé par le pape; mais le roi parvint à empêcher cet illustre accusé d'approcher du souverain pon-tife. Les dernières bulles de Clément V venaient de réveiller les ressentimens de Philippe contre le Saint-Siége; cependant une explication conciliante du pape l'apaisa.

Sur cent quarante chevaliers interrogés à Paris, la plupart avouèrent les crimes qu'on leur impu-tait; trois seulement les nièrent. Quelques-uns dirent qu'ils n'étaient point initiés dans ces cou-pables mystères, où l'on n'admettait que les chefs de l'ordre. On obtint des aveux de onze templiers en Bigorre; deux les imitèrent à Troyes; cinq à Bayeux; treize à Caen; sept à Cahors; dix au Pont-de-l'Arche; sept à Carcassonne; quarante-cinq à Beaucaire.

L'historien de l'ordre de Malte, ordre rival et jaloux de celui des templiers, dit cependant que presque tous les aveux étaient extorqués par la violence. « Près des prisons où gisaient les vic- » times, on n'entendait que les cris, les gémissemens » de ces malheureux, brisés, mutilés et tenaillés. » Quelques-uns, armés d'un courage héroïque, » bravaient les tourmens et niaient avec fermeté. »

Mais ce qui troublait tous les esprits, aigrissait l'opinion publique, prévenue contre les templiers; ce qui épaississait enfin, aux regards les plus clair-voyans, l'obscurité dont cette cause était couverte, c'est qu'il passait pour constant que, sans être soumis à l'épreuve des tortures, le grand-maître Jacques de Molay, le commandeur de Normandie, frère du dauphin d'Auvergne, le grand-prieur de France, ainsi que les maîtres de Provence, d'Aquitaine et de Poitou, avaient avoué, en présence de l'inquisiteur et de plusieurs cardinaux, les crimes qu'on leur reprochait. Clément V interrogea lui-même soixante et douze templiers, qui s'en avouèrent coupables, à l'exception de quelques infamies, et entre autres, de l'insulte au crucifix. Les templiers furent également arrêtés en Espagne et en Sicile. Le roi d'Angleterre résista d'abord; mais il céda ensuite par déférence, disait-il, pour le pape et pour Philippe.

L'ordre des templiers, qui rencontrait par-tout au lieu de juges des ennemis acharnés, ne trouva que dans son propre sein de courageux défenseurs.

Ces nobles chevaliers opposaient aux reproches violens, aux accusations invraisemblables de leurs adversaires, un dévouement à la religion prouvé, pendant deux siècles, par les exploits des templiers, par leur sang versé sous le fer des Musulmans, par les chaînes qu'ils avaient portées chez les Sarrasins, enfin par leurs statuts, par leurs aumônes et par l'éclatante renommée que leur avaient méritée, en Asie comme en Europe, tant de sacrifices, de courage et de charité.

Ranimés par ces plaidoyers éloquens, une foule de templiers bravaient les tortures et rétractaient leurs premiers aveux; mais cette fermeté tardive irritait leurs juges sans les éclairer. L'autorité, décidée à trouver des coupables, condamnait comme relaps les accusés qui revenaient sur des aveux arrachés à la crainte; elle brûlait ceux qui affirmaient leur innocence, et rendait la liberté aux templiers qui confessaient leurs crimes, pourvu qu'ils consentissent à ne plus porter l'habit de leur ordre. Les condamnés épouvantèrent leurs bourreaux par l'héroïque courage qu'ils firent éclater sous le poids des chaînes, dans les angoisses des tourmens et au milieu des flammes des bûchers.

Un concile rassemblé à Vienne représenta vainement au pape la nécessité d'observer, dans une si grande cause, toutes les formes solennelles prescrites par la justice, et d'accorder aux accusés le temps nécessaire pour leur défense. L'ardeur de Philippe et la déférence du pape obtinrent un premier jugement, rendu par une commission au nom de Clément V. Ce premier arrêt prononça l'abolition de l'ordre.

Le concile cependant, ou du moins la presque totalité de ses membres, avait représenté au souverain pontife que le concile ne pouvait juger l'ordre du Temple qu'après avoir entendu sa défense par l'organe de son grand-maître.

Quatre prélats, parmi lesquels on comptait les archevêques de Sens et de Rouen, disaient hautement que l'information faite contre un ordre pervers, accusé de crimes énormes, dans différens pays et par divers témoins, était suffisante pour éclairer la justice.

Après six mois d'incertitude et de négociations, le pape déclara qu'à défaut d'autres formalités, il userait de sa puissance pontificale. Ce fut un consistoire secret qui abolit par provision et par autorité apostolique l'ordre des templiers, réservant leurs personnes et leurs biens à la disposition de l'Église. Ces biens devaient être remis à l'ordre des chevaliers de Malte.

Information contre eux à Paris. Lorsqu'on procéda à l'information contre les templiers à Paris, le grand-maître y comparut enchaîné, lui qui jadis s'était vu traité, en Asie et en Europe, comme un souverain. Défenseur intrépide de son ordre, il n'imputa qu'à une basse envie les calomnies dont cet ordre illustre était la victime, et auquel, dit-il, on ne pouvait reprocher avec justice qu'un zèle trop ardent pour maintenir ses priviléges.

La commission qui l'écoutait lui refusa durement le ministère d'un avocat, en lui rappelant les aveux qu'il avait faits à Chinon devant trois cardinaux. « Si ces cardinaux, s'écria le grand-maître, n'é-

» taient pas revêtus du sacerdoce, mon épée ré-
» pondrait à leurs mensonges; ils méritent les sup-
» plices que les Sarrasins infligent aux imposteurs :
» on fend le ventre à ces misérables et on leur
» coupe la tête. »

Persistant à défendre son ordre, rappelant la ré-
gularité, la magnificence des églises du Temple,
les actes innombrables de charité des templiers,
attestant la sincérité de leur foi dont il répétait le
symbole, et qu'ils avaient scellée de leur sang, il
avait demandé que la cause fût renvoyée au pape.

Soixante chevaliers, imitant son noble exemple,
jurèrent que leur foi était pure et sans tache; que
tous les griefs allégués contre eux n'étaient que
d'infâmes calomnies, et les aveux d'un petit nombre
d'hommes timides, des actes arrachés par les tourmens ou obtenus par la corruption. « On a, di-
» saient-ils, employé contre nous les mêmes armes;
» mais, en vrais athlètes de Jésus-Christ, nous
» souffrirons plutôt mille morts que de trahir la
» vérité. »

Cette information, faite à Paris et dans d'autres
villes, les discussions du concile, les négociations
du pape et les délibérations du consistoire secret,
avaient rempli le cours de deux années, depuis
1509 jusqu'en 1311. Le pape ne doutait point de
l'obéissance des templiers, lorsqu'un arrêt du consistoire venait de prononcer l'abolition de leur ordre.
La prison était le seul châtiment destiné aux plus
coupables. S'ils se soumettaient, la liberté devait
être rendue au plus grand nombre; une résistance
opiniâtre pouvait seule mettre leur vie en péril.

Deux légats du souverain pontife firent comparaître devant eux à Paris le grand-maître et les
chefs du Temple : on lut à ces chevaliers leur pré-
tendue confession, et on les somma de la renouveler
en leur montrant un bûcher dressé au milieu de la
place du palais, et sur lequel ils devaient expier
leurs crimes s'ils persistaient à les nier.

« Cet horrible spectacle, dit avec intrépidité le
» grand-maître, ne me forcera point à confirmer
» un premier mensonge par une seconde impos—
» ture ; il est temps d'assurer le triomphe de la
» vérité : je jure, à la face du ciel et de la terre,
» que toutes les imputations de vices, de crimes et
» d'impiété faites aux templiers, sont des calom—
» nies infâmes. Notre ordre est pur, vertueux, or-
» thodoxe : je suis digne de mort pour l'avoir ac-
» cusé, en cédant aux sollicitations du pape et du
» roi. Que ne puis-je expier ce forfait par un sup-
» plice plus terrible que le feu, afin d'obtenir la
» pitié des hommes et la miséricorde de Dieu ! »

Tous les autres chefs, excepté deux, tinrent le
même langage, furent livrés aux flammes, et pro-
testèrent de leur innocence jusqu'au dernier soupir.

L'inconstante multitude, frappée par cet héroïque courage, passa rapidement de la haine à la
pitié, de la rage à l'enthousiasme, recueillit les
cendres de ces victimes, les arrosa de larmes, et
les honora comme des reliques.

On crut et l'on répandit alors un bruit étrange :
une foule de témoins du supplice disaient que le
grand-maître, à demi consumé par les flammes,
s'était écrié : « Clément, juge inique et cruel bour-

» reau, je t'ajourne à comparaître dans quarante
» jours devant le tribunal du souverain juge ; et
» toi, Philippe, dans un an. » La prompte mort
du pontife, celle du monarque, ainsi que l'indignation excitée par ce procès scandaleux, donnèrent à
la prophétie fabuleuse du grand-maître le crédit
d'un fait historique.

Les fureurs auxquelles se livrent la haine et tout
pouvoir sorti des bornes de la justice sont conta-
gieuses ; c'est ce qu'on voit à toutes les époques ca-
lamiteuses de l'histoire ; aussi, dans plusieurs villes,
dans plusieurs contrées de l'Europe, le sang des
templiers coula sur les échafauds. Après avoir subi
d'affreuses tortures, ces infortunés périrent, prenant le ciel à témoin de leur innocence.

Quelques auteurs attribuaient ces massacres à la
cupidité de Philippe et de Clément. Si l'on en croit
Mariana, Mézeray et d'autres écrivains, l'ordre entier du Temple n'avait point commis les crimes
qu'on lui imputait ; mais une grande partie de ses
membres étaient coupables.

Dupuis et le père Daniel ne croient pas possible
qu'après avoir entendu tant de témoins, un concile
général ait condamné tout l'ordre comme criminel,
si les aveux des chevaliers leur avaient été extorqués. En même temps, disculpant Philippe des
soupçons élevés contre sa cupidité, ils affirment
que ce prince ne prit point possession des biens des
condamnés.

Assez généralement on attribua la proscription
de cet ordre fameux, d'une part aux déréglemens
de quelques chevaliers, et de l'autre à la fierté, à

l'indépendance d'un ordre noble et riche, d'une aristocratie puissante qui résistait fréquemment à l'autorité royale et à celle des évêques. La jalousie et le crédit de l'ordre de Malte contribuèrent aussi, disait-on, à la ruine des templiers.

Dans les écrits des poètes du temps on trouve tantôt des épigrammes contre les victimes, tantôt des sarcasmes contre leurs juges, et plus souvent un pénible doute sur l'innocence ou la culpabilité des accusés. L'abbé Vély rapporte les vers suivans, composés par Godefroi, témoin de leur supplice :

> Diversement de ce l'on parle ;
> Et au monde en est grand bataille :
> Mès je ne sçais que vous en die.
> Li uns dient qué par envie,
> Li autres dient autrement :
> Ne sai qui dit voir (vrai) ou qui ment :
> Vienne en ce qu'en doit avenir.
> Le monde convient de finir.
> Tel vit en biau commencement
> Qui a mauvais définement.
> L'on peut bien décevoir l'Église ;
> Mès l'on ne peut en nulle guise
> Dieu décevoir. Je n'en dis plus :
> Qui voudra die le surplus.

Le voile épais du mystère aurait peut-être encore couvert, pendant plusieurs siècles, les véritables causes de cette épouvantable proscription ; mais récemment, le torrent des révolutions s'étant étendu jusqu'au sein de la capitale du monde chrétien, on a trouvé dans les archives du Vatican toutes les pièces relatives au procès des templiers.

Elles ont été apportées en France, puis impri-

mées, et le secrétaire perpétuel de l'Académie,
M. Raynouard, cherchant avec une louable activité la lumière dans ces nombreux volumes, est
parvenu à en tirer la vérité; ce ne sont point des
conjectures qu'il nous présente; ses assertions sont
appuyées sur des faits, sur des actes, enfin sur des
pièces justificatives qui ne peuvent plus laisser de
doute à tout esprit impartial.

Ce judicieux écrivain nous prouve que les vrais
motifs de l'accusation portée contre les templiers
étaient leur puissance, leur fierté, leurs richesses.
On en comptait quinze mille en France, la plupart
habiles et braves. Leurs derniers revers en Palestine
leur avaient attiré d'injustes reproches; souvent leur
impétueuse fierté avait répandu la discorde dans les
camps des croisés. Récemment ils avaient pris parti
pour la maison d'Aragon contre celle d'Anjou.

Mécontens, comme toute la nation, des mesures
arbitraires prises par le roi relativement à l'altération des monnaies et à l'impôt de la maltôte, on les
accusait de complicité avec les Parisiens, lorsqu'ils
se révoltèrent et assiégèrent Philippe dans le Temple.
Loin d'exciter la reconnaissance du roi en lui offrant
un refuge et en calmant la sédition, ils aigrirent les
soupçons du monarque, qui crut que de tels protecteurs pouvaient devenir de redoutables ennemis.

On les vit soutenir la cause des Juifs injustement
proscrits, et celle de la puissance féodale que l'autorité royale voulait abaisser; enfin ils possédaient
des trésors que la renommée exagérait, et dont le
roi convoitait la possession. Il est vrai que le pape,
en consentant à l'abolition de l'ordre, exigea que ces

biens fussent d'abord confiés à sa garde et plus tard donnés aux chevaliers de Malte ; mais il n'en est pas moins certain qu'au mépris de cette convention , le roi ne se dessaisit ni du trésor trouvé au Temple , ni du mobilier de l'ordre, et que jusqu'à la fin de son règne il jouit de ses revenus confisqués.

Parmi les grands comme parmi le peuple, les murmures étaient universels ; tous disaient hautement qu'on n'avait arrêté les templiers que pour s'emparer de leur fortune. La dissimulation employée à leur égard prouve évidemment la mauvaise foi.

Lorsque le grand-maître, rappelé de l'Asie par ordre exprès, fut arrivé à Poitiers, il croyait n'avoir à combattre qu'un plan officiellement proclamé pour réunir l'ordre des templiers à celui de Saint-Jean de Jérusalem. Là, Molay et plusieurs grands officiers de l'ordre apprirent avec étonnement les accusations dirigées contre leurs mœurs et leur foi ; ils s'en justifièrent avec fierté, et le pape sembla convaincu de leur innocence. Ces conférences avaient eu lieu au mois d'avril 1307.

A cette époque Philippe-le-Bel prodiguait au grand-maître les marques trompeuses de ses faveurs et de son amitié ; il l'avait nommé parrain d'un de ses enfans. Cependant Nogaret et Marigny, certains de plaire au roi par ce dévouement ardent et fanatique, si utile aux courtisans et si dangereux pour les princes, obtinrent facilement de sa jalousie secrète l'autorisation de prendre les mesures les plus violentes contre les templiers.

Le 12 octobre 1307, on les traita encore avec

faveur : on voit le grand-maître nommé par le monarque, avec trois personnes des plus éminentes de la cour, pour porter le poêle à la cérémonie de l'enterrement de la princesse Catherine, femme du comte de Valois ; et le 13 octobre, ce même grand-maître et ses chevaliers se voient arrêtés, emprisonnés, enchaînés comme des criminels.

Si le sacrifice de ces victimes fut quelque temps suspendu, c'est qu'alors on ne reconnaissait point au roi, ni même au pape, le droit d'abolir un ordre religieux sans y être autorisé par un concile. D'ailleurs, avant de les exterminer, on sentait la nécessité de les perdre dans l'opinion du peuple, qui les aurait peut-être protégés et défendus, si l'on n'était point parvenu à les lui faire regarder comme usuriers, hérétiques, apostats et impies.

Cependant on voit par les poésies du temps que le public ne resta pas aussi convaincu qu'on le désirait de la vérité des accusations portées par un monarque qui, démasquant sa haine par sa violence, appelait dans son édit les templiers *loups ravissans, société perfide et idolâtre, dont les œuvres, dont les paroles seules sont capables de souiller la terre et d'infecter l'air.* La justice ne parle pas ainsi.

Un poète, exprimant à cet égard son doute, dit avec naïveté :

> En cel an qu'ai dit, or en droit,
> Et ne sai à tort ou à droit,
> Furent li templiers sans doutance
> Tous pris par le royaume de France ;
> Au mois d'octobre au point du jor,
> Et un vendredi fut le jor.

Les habitans de Paris sont rassemblés : instrumens de Nogaret et de Marigny, on voit des moines
haranguer la multitude, et, au nom d'un Dieu de
paix, exciter la fureur populaire contre les proscrits qui cependant n'étaient encore qu'accusés.

Un inquisiteur, confesseur du roi, après les avoir
effrayés par des menaces, et affaiblis en les privant
d'alimens, leur prodigue les promesses les plus sé-
duisantes s'ils avouent leurs prétendus crimes. On
leur présente de fausses lettres du grand-maître qui
les invite à ces aveux.

Voici quels étaient les tourmens que subissait tout
templier courageux qui persistait à se déclarer innocent; on attachait des poids énormes à ses pieds;
une corde, qui serrait ses mains, tenait à une poulie
au haut d'une potence. Cette corde, tantôt tendue,
tantôt relâchée rapidement, donnait les plus violentes secousses au patient suspendu en l'air, et
disloquait son corps. Quelquefois on frottait ses
pieds d'huile, et on les présentait à un feu ardent;
si son courage faiblissait, on l'éloignait du feu; s'il
reprenait sa fermeté, on le rapprochait de la flamme.
Ses talons étaient serrés dans des anneaux de fer; on
en plaçait d'autres plus petits entre ses doigts, et on
les pressait de manière à faire craquer tous les os.

Un grand nombre de ces malheureux périrent.
Ceux qui bravaient la torture se voyaient jetés dans
des cachots; on ne leur donnait d'autres alimens que
du pain et de l'eau.

Cependant, six ans auparavant, Philippe, indigné des violences exercées en Languedoc, par l'inquisiteur Foulques, contre des personnes accusées

d'hérésie, s'était écrié : « Comment cet inquisiteur
» ose-t-il commencer un procès par des arresta-
» tions, par des tortures qu'il fait subir sur un
» soupçon d'hérésie? est-ce par là violence de la
» douleur qu'un prêtre peut faire avouer aux ac-
» cusés qu'ils ont renié le Christ? » Enfin, alors il
prononça et écrivit ces belles paroles : « Tout homme
» accusé même par l'inquisition ne doit entrer dans
» une prison que pour y être gardé et non puni :
» *ad custodiam, non ad pœnam.* »

Ainsi parlait en 1301 Philippe, n'écoutant alors
que sa conscience; et en 1307 ce même Philippe,
égaré par ses ministres, entraîné par sa passion
contre les templiers, dément ces sages maximes,
ordonne des mesures plus terribles que celles qu'il
avait si justement condamnées. Il prescrit dans toutes
ses instructions aux baillis, aux sénéchaux, d'arrêter les chevaliers du Temple, de les emprisonner,
de les torturer, de les gagner par des promesses,
de les épouvanter par des menaces, et enfin, par
toutes sortes de voies, d'obtenir des aveux.

Guillaume l'inquisiteur pressa avec instance tous
les juges du royaume d'envoyer le plus promptement possible au roi les dépositions des chevaliers,
spécialement celles par lesquelles ils auront avoué
leur reniement de notre Seigneur Jésus-Christ.

Les membres de l'assemblée de Tours, soit par
complaisance, soit par exaspération, demandèrent
un jugement sommaire et la prompte punition des
templiers; ils affirmèrent que le roi n'avait pas
besoin du pape pour exterminer des hérétiques.
« Moïse, dit l'un d'eux, Moïse s'écriait, dans sa

» colère contre les adorateurs du veau d'or : *Que*
» *chacun s'arme du glaive et frappe;* et certes il
» ne demandait pas alors, pour accomplir cette
» vengeance, le consentement d'Aaron, nommé
» pourtant par Dieu grand-prêtre d'Israël. »

Le pape, par intérêt pour l'autorité pontificale,
ou, ce qui serait mieux, par un mouvement de
charité, retarda la destruction des templiers, et
ajourna la décision de ce grand procès. Sa bulle
ordonna des informations dans toutes les contrées
chrétiennes.

Il est certain qu'un très-grand nombre de templiers avouèrent les crimes qu'on leur imputait,
et que soixante et douze, entre autres, firent ces
aveux devant le pape. On a conservé leurs noms et
leurs dépositions; mais la plupart se hâtèrent de
rétracter cet acte de lâcheté, arraché par la perfidie ou la cruauté de leurs ennemis.

L'inquisiteur Guillaume reprocha au grand-maître et aux chefs de l'ordre la faiblesse qui les avait
portés à prêter hommage au sultan Saladin. « Aussi,
» continua-t-il, ce sultan, apprenant vos revers, a
» dit *que vous aviez mérité votre sort en préva-*
» *riquant dans votre foi et dans votre loi.* »

« C'est une calomnie, répondit le grand-maître;
» le roi d'Angleterre avait établi une trève en
» Orient. Les templiers possédaient plusieurs bourgs
» enclavés dans les domaines du sultan; le grand-
» maître ne rendit point hommage à l'infidèle, mais
» il cessa de combattre ainsi que le prescrivait la
» trève; et tout l'ordre, qui avait d'abord blâmé
» son inaction, reconnut et approuva sa sagesse. »

L'acte d'accusation, dressé au nom du pape contre les templiers, contenait un grand nombre de griefs dont on peut juger par le précis suivant : On déclarait au récipiendaire que le Christ n'était pas le vrai Dieu ; on l'obligeait de cracher sur la croix et de la fouler aux pieds. Il promettait d'abord un chat. Les prêtres templiers, en disant la messe, ne prononçaient pas les paroles de la consécration. Toutes sortes de débauches étaient permises aux chevaliers ; dans chaque province on leur faisait adorer différentes idoles, à la faveur desquelles ils attribuaient le rapide accroissement de leurs richesses. Ceux qui refusaient de se prêter à ces infamies, étaient égorgés ou ensevelis dans de profonds cachots.

Dans l'acte rédigé pour leur défense, les templiers s'exprimaient ainsi : « Toutes ces accusations
» sont calomnieuses ; les aveux qu'on nous oppose
» ont été arrachés par des tourmens. Flexian de
» Béziers et le moine Guillaume Robert ont fait
» périr une foule de templiers dans les tortures.
» On a violé toutes les formes de la justice à l'égard
» des accusés ; jetés en prison, outragés, mutilés ;
» ils se sont vus conduits comme des brebis à la
» boucherie ; on leur a présenté des lettres du roi
» qui leur promettait, en cas d'aveux, la vie, la
» liberté et des rentes viagères. Tous ces faits sont
» avérés et incontestables ; la bulle accusatrice du
» pape ne contient que des mensonges et d'infâmes
» turpitudes.

» L'ordre est pur ; ses accusateurs sont de faux
» chrétiens : notre foi est celle de l'Église ; nous

» faisons vœu de pauvreté, d'obéissance et de chas-
» teté ; nous combattons pour la religion contre les
» infidèles : voilà ce que prescrivent nos statuts ;
» qu'on les consulte, et, si l'on ose, qu'on les pro-
» duise. Quand les Sarrasins ont donné aux tem-
» pliers captifs le choix de la mort ou de l'apos-
» tasie, tous ont préféré la mort : aucun n'a hésité ;
» aussi les plus nobles et les plus vertueuses fa-
» milles s'empressaient de nous envoyer leurs fils.

» Tout ce que nous demandons, c'est d'être ju-
» gés par un concile général ; qu'on en éloigne nos
» persécuteurs ; qu'on nous épargne toutes ces vio-
» lences qui répandent la terreur ; qu'on écarte
» de cette assemblée tout laïque ; alors, par toutes
» les voies possibles, nous ferons éclater notre in-
» nocence. »

Voici une des preuves les plus irréfragables de la
haine et de la mauvaise foi qui présidaient à l'instruction de la cause de tant d'illustres chevaliers.
Cette preuve est tirée des pièces du procès. Pour
la faire connaître dans toute sa force, j'emprunte
ici les paroles de M. Raynouard : « Au moment
» même où les pères du concile de Vienne écou-
» taient la lecture des informations faites contre
» l'ordre, paraissent tout à coup neuf templiers
» qui offrent de prendre la défense de cet ordre
» opprimé. Ils en avaient le droit. Un concile était
» convoqué contre eux : les maximes de la religion
» exigeaient qu'ils y fussent entendus, puisqu'on
» devait prononcer sur leur sort, sur leur fortune,
» sur leur gloire et sur leur réputation de probité,
» d'honneur et de catholicité ; ils en avaient accepté

» le devoir; les autres chevaliers le leur avaient
» légué du milieu des tortures et du haut des bû-
» chers, où leurs derniers soupirs avaient attesté
» leur innocence et celle de l'ordre.

» Ces neufs chevaliers sont introduits : ils expo-
» sent franchement l'objet de leur mission; ils se
» disent mandataires de deux mille chevaliers. Ils
» s'étaient présentés sous la sauve-garde de la foi
» publique et de la permission spéciale accordée
» par le pape et proclamée dans toute la chrétienté.
» Leurs malheurs et leurs proscriptions étaient des
» titres respectables, sur-tout devant les pères et
» le chef de l'Église.

» Une grande discussion allait s'engager; le con-
» cile seul n'en eût pas été juge; l'Europe, la chré-
» tienté, le siècle, la postérité, auraient eu à ratifier
» ou à improuver le jugement du concile. Que fit
» Clément? Il m'est pénible d'accuser un pontife;
» mais je dois à la vérité, je dois à la mémoire de
» tant d'intéressantes victimes, à l'instruction des
» siècles présens, aux vertus de ces pontifes et de
» ces prêtres qui, dans des temps plus heureux,
» font oublier les erreurs de ceux qui les ont pré-
» cédés, je dois enfin à l'impartialité de révéler
» un secret caché jusqu'à ce jour.

» Clément V fit arrêter ces généreux chevaliers
» et les fit jeter dans les fers; et, se hâtant de
» prendre des mesures contre le désespoir des
» proscrits, il augmenta sa garde, et écrivit à Phi-
» lippe-le-Bel de prendre lui-même des précau-
» tions en lui transmettant des détails que l'histoire
» aurait peut-être ignorés à jamais, si les circons-

» tances ne m'avaient imposé la loi de publier la
» lettre où le pape les raconte lui-même sans nul
» déguisement. Cette lettre est datée du 11 no-
» vembre 1311.

» CLÉMENT, ÉVÊQUE, SERVITEUR DES SERVITEURS
» DE DIEU, A SON TRÈS-CHER FILS EN JÉSUS-
» CHRIST, PHILIPPE, ILLUSTRE ROI DES FRANCS,
» SALUT ET BÉNÉDICTION APOSTOLIQUE.

» *Pour faire connaître à votre grandeur royale*
» *la vérité de tous les événemens qui surviennent*
» *dans l'affaire des templiers, je ne dois pas lui*
» *taire le fait suivant : les informations faites*
» *contre l'ordre des templiers étaient lues devant*
» *les prélats et autres ecclésiastiques qui, d'après*
» *la convocation qu'ils avaient reçue de nous,*
» *sont venus à ce sacré concile. Sept chevaliers*
» *de cet ordre dans une séance, et deux autres*
» *dans une séance suivante, se sont en notre ab-*
» *sence présentés devant ces mêmes prélats et*
» *ecclésiastiques, offrant de prendre la défense*
» *de l'ordre. Ils ont assuré que quinze cents à*
» *deux mille chevaliers, qui demeuraient à Lyon*
» *ou dans ses environs, se joignaient à eux pour*
» *cette défense. Quoique ces neuf templiers se*
» *fussent présentés volontairement, nous avons*
» *cependant ordonné qu'on les arrêtât, et nous*
» *les faisons retenir en prison. Depuis, nous*
» *avons cru devoir employer des précautions*
» *particulières pour notre sûreté, et nous an-*
» *nonçons ces événemens à votre grandeur, afin*

» que, *prudemment vigilante, elle avise à ce*
» *qu'il convient et importe de faire pour la garde*
» *de votre personne.* »

Ce qui peut consoler en partie de l'iniquité d'un
acte aussi arbitraire, c'est que la plupart des pères
du concile manifestèrent hautement leur indignation
contre un déni de justice si scandaleux. On sait que,
par-tout et en tout temps, les agens secondaires du
pouvoir exagèrent servilement les mesures injustes
dont on les charge; ainsi il est facile de juger à quel
degré ils portèrent alors la violation de toute justice, quand le chef de l'Église et celui de l'État ces-
saient de la respecter.

Jamais, malgré la réclamation des accusés, on
ne voulut reproduire aux yeux des juges, et en
présence du public, aucun article de réglemens, de
statuts, ni même aucune lettre qui pût appuyer
les absurdes et atroces accusations intentées contre
cet ordre religieux et guerrier : on ne leur opposa
que des délateurs inconnus, et les aveux d'un grand
nombre de chevaliers, aveux arrachés notoirement
par la torture et presque aussitôt rétractés qu'obtenus.

Nous avons rappelé tout à l'heure l'infâme tableau des mœurs prétendues de ces chevaliers, tel
que le tracèrent alors leurs ennemis. Il faut, pour
être juste, comparer ces libelles à l'éloge impartial
que saint Bernard avait fait du même ordre. « Ces
» chevaliers, disait-il, vivent sans avoir rien en
» propre, pas même leur volonté. Vêtus simple-
» ment, et couverts de poussière, ils ont le visage
» brûlé des ardeurs du soleil, le regard fier et

» sévère : à l'approche du combat, ils s'arment de
» foi au dedans et de fer au dehors ; leurs armes
» sont leur unique parure ; ils s'en servent avec
» courage dans les plus grands périls, sans craindre
» ni le nombre ni la force des barbares. Toute
» leur confiance est dans le Dieu des armées, et,
» en combattant pour sa cause, ils cherchent une
» victoire certaine ou une mort sainte et honorable.
» O l'heureux genre de vie dans lequel on peut
» attendre la mort sans crainte, la désirer avec
» joie, et la recevoir avec assurance ! »

Leur respect pour la Trinité éclatait dans les
formes de leur réception. Le récipiendaire était in-
terrogé trois fois ; il demandait trois fois le pain et
l'eau, et son entrée dans l'ordre. Il faisait trois
vœux. Les chevaliers observaient annuellement
trois grands jeûnes. Ils communiaient trois fois
l'an, faisaient l'aumône trois fois la semaine ; ils ne
mangeaient de viande que trois fois la semaine, et
entendaient la messe trois fois en huit jours. Ceux
qui avaient mérité un châtiment grave, étaient fla-
gellés trois fois en plein chapitre. Chaque chevalier
devait avoir trois chevaux, et jurait de ne jamais
fuir en présence de trois ennemis.

Le roi d'Angleterre, avant de céder lâchement
aux persécuteurs des templiers, écrivait en ces
termes au pape : « Comme le grand-maître et ses
» chevaliers, fidèles à la pureté de la foi catho—
» lique, sont en très-grande considération, et de-
» vant nous et devant tous ceux de notre royaume,
» tant par leur conduite que par leurs mœurs, je
» ne puis ajouter foi à des accusations aussi sus—

» pectes, jusqu'à ce que j'en obtienne une certitude
» entière. »

Enfin Philippe lui-même, quatre ans avant la
proscription des templiers, s'exprimait ainsi, à
leur égard, dans un acte public : « Les œuvres de
» piété et de miséricorde, la libéralité magnifique
» qu'exerce dans le monde entier, et en tous les
» temps, le saint ordre du Temple, divinement
» institué depuis longues années ; son courage, qui
» mérite d'être excité à veiller plus attentivement
» et plus assidument encore à la défense périlleuse
» de la Terre-Sainte, nous déterminent justement
» à répandre notre libéralité royale sur l'ordre et
» ses chevaliers, en quelque lieu de notre royaume
» qu'ils se trouvent, et à donner des marques d'une
» faveur spéciale à l'ordre et aux chevaliers, pour
» lesquels nous avons une sincère prédilection. »

De si authentiques témoignages d'estime réfutent
suffisamment et victorieusement des accusations absurdes et sans preuves. Le plus simple bon sens
suffit pour rejeter l'idée d'un délire sacrilége, d'une
idolâtrie, d'une impiété que démentait tant de sang
versé pour la foi chrétienne ; comment, d'ailleurs,
concevoir que ces usages obscènes, ces renonciations
et ces outrages au Christ, renouvelés à chaque réception, aient pu rester plus de cinquante ans ca-
chés dans le sein d'un ordre où s'empressaient
d'entrer les membres de toutes les familles les plus
distinguées de l'Europe ? Il doit donc passer pour
constant que l'avarice de Philippe et sa haine pour
les colonnes de l'aristocratie furent les seules causes
de la destruction d'un ordre dont l'indépendance

et la fierté contrariaient sa politique et frondaient assez ouvertement ses concussions.

Ce monarque, aussi opiniâtre qu'audacieux dans ses entreprises, avait juré la destruction des templiers. Ayant arraché par des tourmens, par des séductions et par des promesses, les aveux d'un assez grand nombre de ces infortunés, il espérait qu'après l'abolition de l'ordre par un pape docile, aucune résistance ne lui serait plus opposée. Aussi rien ne peut exprimer sa surprise et sa colère, lorsqu'au moment où le grand-maître et un autre chef de l'ordre furent appelés à Paris, devant une commission et en présence du public, pour confirmer leurs aveux et recevoir leur grâce, le vertueux grand-maître, prenant à témoin tous les spectateurs, s'écria : « Il est bien juste que, dans un si
» terrible jour, et dans les derniers momens de ma
» vie, je découvre toute l'iniquité du mensonge et
» que je fasse triompher la vérité : je déclare donc,
» à la face du ciel et de la terre, et j'avoue, quoique
» à ma honte éternelle, que j'ai commis le plus
» grand des crimes; mais ce n'a été qu'en conve-
» nant de ceux qu'on impute avec tant de noirceur
» à notre ordre. J'atteste, et la vérité m'oblige
» d'attester qu'il est innocent. Je n'ai même fait la
» déclaration contraire que pour suspendre les
» douleurs excessives de la torture, et pour fléchir
» ceux qui me la faisaient souffrir. Je sais les sup-
» plices qu'on a infligés à tous les chevaliers qui
» ont eu le courage de révoquer une pareille con-
» fession; mais l'affreux spectacle qu'on me pré-
» sente n'est pas capable de me faire confirmer un

» premier mensonge par un second : je renonce de
» bon cœur à la vie, si l'on y attache une condition
» infâme. »

A l'instant même le conseil du roi fut rassemblé, et, sans réformer la sentence du commissaire du pape, sans attendre le jugement d'aucun autre tribunal ecclésiastique, ce conseil condamna lui-même aux flammes le grand-maître et son infortuné compagnon. Montés sur le bûcher, ils prouvèrent par leur fermeté la pureté de leur conscience. Une foule de chevaliers, avant eux, avaient subi, avec un égal courage, cette grande et terrible épreuve. Tous les historiens, dit M. Raynouard, qui ont parlé de leurs supplices, quelque opinion qu'ils aient eue, amis ou ennemis, nationaux ou étrangers, ont unanimement attesté le vertueux courage, la noble intrépidité, la résignation religieuse que montrèrent, jusqu'au dernier moment, ces martyrs de l'honneur. Arrivés au lieu du supplice, ils voient les bûchers préparés, les torches déjà fumantes et agitées par les bourreaux ; ces chevaliers ne se déconcertent pas. En vain un envoyé du roi proclame la grâce et la liberté de tous ceux qui ne persisteraient plus dans leur rétractation ; en vain les amis et les parens de ces infortunés, par les prières et les larmes, portaient l'attendrissement dans leurs cœurs : offres, menaces du roi, prières des parens et amis, rien ne les ébranle ; invoquant Dieu, la Vierge et les saints, ils entonnent l'hymne de la mort ; triomphant des plus cruelles douleurs, ils se croient déjà dans les cieux, et leurs ames s'exhalent avec leurs derniers chants. « Telle fut, dit avec

» une louable énergie M. Raynouard, la fin hono-
» rable de ces illustres victimes. Leur sort fut dé-
» cidé dans l'espace du lundi 11 mai 1310 au len-
» demain matin. C'eût été trop peu de temps pour
» des juges, c'en fut assez pour des inquisiteurs. »

Abus
du clergé. Il eût été à désirer pour l'humanité que le concile, rassemblé par l'ordre du pape, se fût plus
occupé de la réforme du clergé que de la destruction
d'un ordre illustre et calomnié. Il avait été convoqué pour fortifier la discipline et pour mettre une
digue au débordement des mœurs; mais il négligea
ce devoir, et laissa subsister des abus scandaleux,
contre lesquels la partie saine du clergé réclamait
hautement, mais sans succès.

Par-tout on voyait les moines croupir dans l'i-
gnorance et livrés à la débauche. Les armes de
l'Église devenaient celles de la haine et de l'avarice.
On abusait universellement de l'excommunication.
Dans une seule paroisse on vit sept cents excom-
muniés. Les chanoines se comportaient avec indé-
cence dans les églises, entretenaient des maîtresses
et faisaient des affaires comme des marchands. Les
religieuses se montraient parées d'étoffes de soie, de
riches fourrures, coiffées en cheveux, et couraient
les bals.

Dans la capitale du monde chrétien on abusait
du pouvoir des clefs et l'on trafiquait des choses
saintes. On y souffrait l'établissement de maisons
infâmes jusque dans le voisinage des églises; enfin
le pape lui-même fut accusé, par Villani et par
saint Antonin, d'avoir transféré le Saint-Siége à
Avignon pour se rapprocher de la comtesse de Pé-

rigord dont il était épris. Cependant, sur la demande de deux évêques français, honteux du silence
que l'on gardait sur tant de désordres, le concile de
Vienne publia quelques décrets de réforme, faibles
remèdes contre des abus si enracinés.

Depuis long-temps on avait l'habitude de croire *Croisade projetée.*
qu'une croix portée sur l'habit était une suffisante
expiation des égaremens du cœur, et qu'en se la-
vant dans les eaux du Jourdain, on effaçait les traces
de tous crimes et de tous péchés. Philippe-le-Bel,
dont la conscience devait être chargée d'un poids
bien lourd depuis le massacre des templiers, espéra
se délivrer en Palestine d'un tel fardeau. Il prit la
croix avec tous les princes de sa famille. Le roi
d'Angleterre l'imita. Il vint à Poissy, mandé par
Philippe, qui lui pardonna toutes ses infractions
aux devoirs d'un vassal fidèle.

Le monarque français convoqua à Paris tous les *Solennité à Paris.*
grands du royaume (1). En leur présence, il arma
chevaliers ses trois fils, ainsi que le duc de Bourgogne et le comte de Blois. A l'occasion de cette solennité, et conformément à un antique usage, les
communes envoyèrent au roi de forts subsides. Paris
seul paya dix mille livres. Malheureusement l'argent que recevait le trésor royal en sortait alors
plus rapidement qu'il n'y était entré.

Le luxe d'une cour consomme vite les fruits de la
sueur du peuple et de ses longs travaux. Philippe,
aussi prodigue qu'avide, distribua de belles robes
et de magnifiques fourrures à tous les seigneurs, à

____

(1) 1313.

toutes les dames, à tous les chevaliers qui étaient accourus près de son trône. On ne vit dans la capitale, pendant plusieurs semaines, que des fêtes, des bals et des festins; on y donna aussi des représentations théâtrales qui prouvent qu'on peut faire remonter l'origine de ces jeux jusqu'au commencement du quatorzième siècle. Les pièces qu'on y représentait étaient une image fidèle de la grossièreté des mœurs et des superstitions du temps; car, dans ces pièces qu'on nommait religieuses, au milieu d'un grand nombre de scènes tirées de l'Écriture sainte, on voyait, dit l'abbé Vély, Dieu manger avec sa mère, prier avec ses apôtres et juger les morts.

Le roi passa près du Louvre la revue des bourgeois armés de la capitale; ils y parurent au nombre de trente mille fantassins et de vingt mille cavaliers, ce qui causa beaucoup plus d'étonnement que de satisfaction aux Anglais qui assistaient à leurs manœuvres. Plusieurs dames se croisèrent, et ce fut à l'époque de ce redoublement d'ardeur religieuse, que l'empereur Henri de Luxembourg, plus occupé des affaires de l'Europe que de celles de l'Asie, envahit l'Italie, prit la couronne de fer à Milan, et marcha sur Rome, qui ne voulait obéir ni à l'empereur ni au pape. Henri s'en empara cependant; mais, comme nous l'avons dit, après y avoir été couronné, il y périt par une maladie si prompte qu'on attribua sa mort au poison.

Révolte en Flandre. Les projets de Philippe pour la croisade furent retardés par une nouvelle révolte des Flamands. Le comte de Flandre vint à Paris dans le dessein de se justifier; son fils Louis, qui avait été mis en prison, s'en échappa. Le parlement convoqué dépouilla le fugitif de son héritage, et, malgré les instances du pape, le roi fit marcher ses troupes contre les Flamands, qui se soumirent et se révoltèrent encore. Le comte de Flandre obtint une trève en donnant des ôtages, et viola bientôt ses promesses.

La haine des Flamands était encouragée par la position critique dans laquelle se trouvait le monarque français. La prodigalité avait épuisé son trésor, et pour le remplir il altéra de nouveau les monnaies. Alors de toutes parts on vit éclater le mécontentement des seigneurs et l'indignation des peuples contre le surintendant des finances Marigny. Des confédérations se formèrent dans diverses provinces entre les ducs, les comtes et les barons les plus puissans.

Dans le même temps les chagrins du roi étaient aigris pas des malheurs domestiques et par les désordres des femmes de ses trois fils. Marguerite, reine de Navarre, fille de Robert, duc de Bourgogne, et Blanche, fille d'Othon, comte de Bourgogne, furent accusées et convaincues d'adultère. On étrangla la première; Louis, son époux, consentit à sa mort; la seconde fut répudiée et enfermée dans l'abbaye de Maubuisson, où elle prit le voile. Jeanne de Poitiers, épouse du troisième des princes de France, également soupçonnée, fut jugée par le parlement et absoute; son époux attesta son innocence. Il fut, dit Mézeray, plus heureux, ou du moins se montra plus sage que ses frères. Les deux amans des princesses condamnées, gentilshommes normands, se nommaient Philippe et Gaultier. Après avoir été jugés et condamnés à Pontoise, ils furent écorchés tout vifs et pendus. On attacha au gibet, avec eux, l'huissier de la chambre qui avait favorisé leur intrigue. Plusieurs de leurs complices furent noyés et étouffés secrètement : telles étaient la justice et les mœurs de ce bon vieux temps si regretté.

Dans le cours des informations relatives à ce honteux procès, un évêque se trouva compromis ; il fut jugé en secret par une commission composée de cardinaux, et condamné à une prison perpétuelle.

Maladie et mort du roi. Ces malheurs domestiques, les plaintes unanimes du clergé, de la noblesse et du peuple, les confédérations des provinces, le soulèvement des Flamands, les intrigues de l'Angleterre et l'épuisement total du trésor, jetèrent Philippe dans une profonde mélancolie ; elle fut suivie d'une maladie de langueur qui l'affaiblit à tel point qu'on fut obligé de le porter en litière à Fontainebleau. Le roi, prévoyant alors sa fin prochaine, s'occupa du sort de ses enfans. Comme Louis devait lui succéder sur le trône de France, il donna à son second fils Philippe le comté de Poitiers, et à Charles celui de la Marche, en déclarant que ces deux fiefs retourneraient à la couronne à défaut de hoirs mâles, ce qui fonda la règle des apanages.

Au moment de rendre le dernier soupir, Philippe avoua publiquement les torts qu'il se reprochait, et montra un vif repentir de ses exactions qui avaient opprimé le peuple.

Ouvrant tardivement les yeux, ce monarque donna à son fils les plus sages conseils : « Gardez-
» vous, lui dit-il, d'imiter mon funeste exemple,
» en altérant les monnaies, et en faisant peser sur
» vos peuples de nouveaux impôts. »

Philippe mourut en 1314, âgé de quarante-six ans, et après trente ans de règne ; il fut enterré à Saint-Denis (1). Son corps était renfermé entre deux bassins d'argent et couvert d'une toile d'or semée de fleurs de lis.

Il avait épousé en 1284 Jeanne, reine de Navarre. Cette princesse mourut en 1304. Les enfans issus de ce mariage furent Louis X, dit le Hutin, Philippe-le-Long, Charles-le-Bel, qui régnèrent tous trois, et Robert, mort très-jeune. Philippe eut encore deux filles, l'une nommée Marguerite et l'autre Isabelle, qui épousa Édouard II, roi d'Angleterre.

Les ministres de Philippe furent Enguerrand de Marigny, surintendant de ses finances ; les chanceliers Guillaume de Crépy, Pierre Flotte, le cardinal de Suizi, Pierre de Corbeil, Guillaume de Nogaret, Pierre de Latilly ; les connétables de Nesle et de Châtillon, ainsi que Robert d'Artois, commandèrent ses armées. Parmi les maréchaux de France qui se distinguèrent sous ce règne, l'histoire cite Jean de Harcourt, Simon de Melun, Gui de Clermont, Foucault de Merle et Jean de Corbeil. Dans le petit nombre de savans de cette époque on remarque Jean de Cholet, fondateur à Paris d'un collége qui

(1) 1314.

porta son nom, Guillaume de Nangis dont les écrits historiques furent estimés, et Jean Scot.

La tour du Temple, bâtie en 1212 par frère Hubert, trésorier des templiers, devint sous Philippe le dépôt de ses chartes et le monument de ses cruautés.

Philippe-le-Bel, habile politique, guerrier vaillant, offrit un trop malheureux mélange de grands défauts et de grandes qualités pour mériter les éloges dus à une gloire pure ; mais il occupera toujours une place distinguée dans nos annales. Son règne en demeure une époque mémorable ; il fortifia l'autorité royale, affranchit le royaume du joug ultramontain, fit fléchir l'orgueil de l'Angleterre, porta des coups mortels à l'anarchie féodale et fonda sur ses débris le règne des lois. Il établit des tribunaux permanens, rendit quelque vigueur à la justice, et, soutenant la gloire de nos armes, montra dans les plus grands périls une vaillance chevaleresque.

Mais, s'il inspira un juste respect aux étrangers comme aux Français par l'élévation de ses vues et par la fermeté de son caractère, il perdit l'affection de ses peuples en les accablant d'impôts. Saint Louis avait été appelé *prince de justice ;* son petit-fils reçut trop justement de ses sujets le nom de *Faux-Monnayeur.*

Les communes lui durent leur admission aux états-généraux ; mais les subsides qu'il en exigea, firent succéder la haine à la reconnaissance. Enfin le sang des templiers pèse sur sa mémoire. Ses rigueurs tyranniques contre cet ordre furent blâ-

mées par tous les auteurs laïques ou ecclésiastiques, même dans le temps où l'on doutait encore
de l'innocence de ces victimes. « La destruction des
» templiers, dit un de nos historiens les plus cir-
» conspects, le président Hénault, est un événe-
» ment monstrueux, soit que leurs crimes fussent
» avérés ou inventés. »

CHAPITRE QUATRIÈME.

LOUIS X, DIT LE HUTIN.

(1314.)

Jeunesse du roi. — Procès de Marigny. — Son arrestation. — En-voutement. — Mort de Marigny. — Ligue contre le roi. — Révolte étrange à Sens. — Grande disette en France. — Troubles en Angleterre. — Schisme en Allemagne. — Dissensions à Rome. — Sacre et mariage du roi. — Ses succès sur les Flamands. — Re-traite de son armée. — Affranchissement des serfs. — Décret de Frédéric adopté par le roi. — Révolte des Flamands. — Mort du roi.

Jeunesse du roi. LES historiens ne sont point d'accord sur l'époque précise de la naissance de ce monarque ; les uns disent qu'il était âgé de vingt-trois ans, et les autres de vingt-cinq, lorsqu'il succéda à son père. Son premier soin fut de ratifier le testament de Philippe et d'en faire jurer par ses frères l'exécution. Ayant atteint sa majorité, mais jeune encore, son esprit était ardent et sa raison peu formée. Impétueux, sans suite dans ses résolutions, sa fougue momen-tanée n'était soutenue d'aucune force. Il menaçait avec colère, et cédait avec faiblesse au moindre effort.

Aussi Charles de Valois, son oncle, s'empara fa-cilement de sa confiance, prit sur lui un irrésistible ascendant, éloigna de lui ses serviteurs les plus zélés, et l'environna des siens. Ainsi Charles régna sous le nom de Louis.

Les circonstances étaient critiques. Il n'existait plus d'argent au trésor. Le peuple, mécontent, se refusait à toute demande de subsides.

Cependant les besoins du gouvernement étaient urgens. Pour y subvenir et calmer la haine populaire, on eut recours aux moyens de la tyrannie, aux confiscations des biens de tous ceux qu'on accusait de s'être enrichis par leurs malversations dans l'administration des finances; et le malheureux Enguerrand de Marigny fut la première victime que Charles résolut de sacrifier à la vindicte publique.

Cette rigueur était injuste; car Philippe-le-Bel, prince absolu dans ses volontés, et peu accessible aux conseils qui contrariaient ses passions, méritait seul, par l'altération des monnaies qu'il avait ordonnée et par les onéreux subsides qu'il avait exigés, la haine qu'on prétendait diriger tout entière sur son ministre.

Un conseil fut rassemblé à Vincennes. On y appela tous les receveurs des impôts, pour rendre leurs comptes; et, comme on devait s'y attendre, ces comptes furent loin d'être clairs, complets et satisfaisans.

Alors Charles demanda impérieusement à Marigny ce qu'était devenu le produit de toutes les taxes levées sur les peuples : « Tout a été employé, » répondit le ministre, pour faire face aux dépenses » qu'exigeait un état de guerre continuel en Flan- » dre, dans le Hainaut et en Guienne. Le désir

» d'affaiblir les ennemis de la France justifie les
» fortes contributions levées sur les Flamands, et
» l'on n'a rien fait que d'après les ordres précis
» du feu roi. »

Charles de Valois, peu satisfait de cette réponse, soutint que le ministre était seul coupable de la pénurie du trésor, qu'il avait détourné à son profit une partie du produit des impôts, et que ses dilapidations étaient l'unique cause de la détresse où l'on se trouvait.

« Prince, répliqua Marigny, ce que vous dites
» est faux, et vous devez savoir mieux que per-
» sonne ce qui a jeté le désordre dans nos finances ;
» car c'est vous principalement qui avez épuisé le
» trésor, en vous faisant donner par le roi la plus
» grande partie de l'argent qui y entrait. »

« Vous en avez menti par la gorge ; » s'écria Charles, en portant la main sur son épée ; et s'a-
dressant ensuite au roi son neveu : « Sire, dit-il,
» je ne remettrai jamais les pieds dans votre palais,
» si je n'obtiens pas une éclatante justice des ca-
» lomnies de cet insolent dilapidateur. »

Son arrestation. Peu de temps après, Marigny fut arrêté au Louvre et enfermé dans la tour du Temple, ainsi que Raoul de Presles, son avocat et son ami. Les biens de Raoul furent arbitrairement confisqués et donnés à Pierre Machaut, favori du roi. Plus tard on reconnut l'innocence de Raoul ; mais Machaut garda la plus grande partie de ses biens en vendant sa protection à la famille de cet infortuné.

Dans le procès intenté à Marigny, on allégua contre lui cinq griefs principaux : 1° d'avoir altéré les monnaies; 2° d'avoir surchargé le peuple d'impôts; 3° de s'être approprié illégalement des sommes considérables; 4° d'avoir laissé dégrader les forêts royales; 5° de s'être lié secrètement avec les rebelles flamands qui avaient largement payé son infidélité.

La multitude, toujours disposée à la haine contre les hommes qui ont exercé un grand pouvoir, se montrait violemment animée contre Marigny. Ses frères, l'archevêque de Sens et l'évêque de Beauvais, perdant l'espoir de le voir absoudre, sollicitaient sa grâce et s'efforçaient de fléchir le courroux du comte de Valois. Ils le suppliaient de borner sa vengeance à l'exil et d'épargner sa tête.

Le roi paraissait disposé à la clémence; mais l'implacable ressentiment de Charles de Valois ne pouvait être satisfait que par la mort de son ennemi. Les conseillers des princes faibles et crédules obtiennent tout d'eux, en les effrayant. Charles découvrit, par hasard, que la femme et la sœur de Marigny, conformément aux coutumes superstitieuses de ce temps, avaient formé un enchantement contre la vie du roi et des princes de sa famille. Cet enchantement, nommé alors *envoutement*, consistait à faire en cire une image de son ennemi, et à la percer avec des ciseaux ou un poignard.

Ces deux femmes, interrogées, répondirent inutilement qu'elles n'avaient eu recours à cette opération de magie que pour fléchir le roi, et non pour le tuer; elles furent arrêtées : cet incident accéléra la marche du procès de Marigny et décida son sort.

Comment s'étonnerait-on de la crédulité superstitieuse de cette époque, lorsque Mézeray, dont les

écrits sont presque de notre temps, dit en parlant
de ce procès : « On fit courir un bruit, *vrai ou faux,*
» que Marigny avait un démon familier, et que,
» l'ayant consulté sur son sort, le démon lui avait
» répondu que ce sort serait funeste. *Souviens-toi,*
» lui dit cet esprit, *que je t'ai souvent prédit qu'il*
» *n'y aurait de malheur à craindre pour toi que*
» *dans un temps où il n'existerait ni pape, ni*
» *empereur, ni roi de France.* Or, à l'époque du
» procès, le Saint-Siége et le trône impérial étaient
» vacans; et Louis-le-Hutin, n'étant pas alors sa-
» cré, ne pouvait point, suivant la coutume du
» temps, se dire véritablement roi. »

Ces derniers mots contiennent une erreur bien
grave pour un historien; car, depuis long-temps,
les rois capétiens, et récemment encore Philippe-
le-Hardi, en Afrique, avaient pleinement régné et
gouverné avant d'avoir reçu l'onction sainte, et leur
sceptre était respecté comme il devait l'être, quoiqu'il ne fût pas béni. L'onction sanctifiait le pouvoir
et ne le donnait pas.

Aucune forme de justice ne fut observée à l'égard
de Marigny. Cette victime, dévouée à la haine populaire, fut chargée de toutes les fautes, de tous les
torts du roi auquel il avait obéi. Sa longue faveur
était son plus grand crime. Chambellan, comte de
Longueville, surintendant des finances, et, comme
le disent les chroniques de Saint-Denis, coadjuteur
du roi au gouvernement du royaume, ce ministre,
naguère entouré de flatteurs, ne trouva que des
ennemis dans sa disgrâce, et pour ainsi dire des
bourreaux dans ses juges.

Indépendamment des crimes dont on l'accusait, on lui reprocha d'avoir placé sa propre statue dans le palais du roi, et cependant ce prince y avait consenti.

A la honte de ses juges, on refusa à l'accusé d'entendre sa défense : il ne lui restait qu'un seul protecteur, c'était le monarque ; mais bientôt Louis l'abandonna. Il fut condamné à mort la veille de l'Ascension et conduit à Montfaucon. « Là (ce sont » les termes de la chronique de Saint-Denis) il fut » pendu au plus haut du gibet avec les autres larrons. » En mourant, il protesta hautement de son innocence.

Il est certain que ses accusateurs ne fournirent aucune preuve pour constater ses crimes. Ses immenses richesses étaient peut-être les seuls indices probables de sa culpabilité.

Charles, tout puissant alors, avait invité tous ceux qui pouvaient avoir à se plaindre de ce ministre, à se rendre à la cour; aucun n'y vint. On laissa le corps de ce malheureux au gibet; il y fut long-temps la proie des corbeaux. Sous le règne suivant, on rendit ses restes à l'archevêque de Sens, qui les enterra dans l'église des Chartreux de Paris.

Vainement ses prétendus complices furent mis à la question; la violence des tortures ne leur arracha aucun aveu. Le gibet de Montfaucon avait été rétabli autrefois par Marigny. Cette circonstance n'échappa point à la malignité de ses ennemis.

Lorsque Charles de Valois mourut, laissant éclater ses remords et voulant expier un crime irréparable, il chargea ses officiers de distribuer des au-

mônes aux pauvres de Paris, en leur adressant ces
paroles : « Priez Dieu pour monseigneur Enguer-
» rand de Marigny, et pour monseigneur Charles
» de Valois. »

On doit plaindre ce ministre, jugé sans formes,
condamné sans preuves, et sacrifié, non-seulement
à la haine aveugle du peuple et à la vengeance de
Charles de Valois, mais encore, ainsi que le dit
Daniel, au ressentiment de la cour de Rome, qui
regardait Marigny comme l'auteur de toutes les violences de Philippe-le-Bel contre Boniface VIII, et
comme le promoteur de la ligue formée par le
peuple, la noblesse et le clergé de France contre
les prétentions du Saint-Siége. Cependant on ne
doit point oublier que ce ministre servit d'instru-
ment docile à l'avidité, aux injustices et aux exactions de Philippe-le-Bel.

La rigueur de sa condamnation arbitraire révolte,
avec raison, les historiens qui en ont parlé. Mais
leur pitié va trop loin, quand elle accorde des éloges
pompeux au conseiller d'un roi qui avait mérité le
nom de *Faux-Monnayeur*. On peut juger de cette
exagération par ces expressions de Daniel, à l'occasion de la mort de Marigny : « Telle fut, dit-il, la
» déplorable fin d'un ministre d'état du plus grand
» mérite que la France ait peut-être eu jusqu'alors.»
Qu'aurait-il pu dire de plus, s'il eût parlé d'un ministre tel que Suger?

Au reste, on vit alors ce qui se rencontre souvent
dans les vengeances politiques : c'est moins le crime
public que l'ennemi personnel qu'on poursuit. Deux
Florentins avaient seuls conseillé à Philippe-le-Bel

la désastreuse altération des monnaies. Marigny
n'avait point été consulté. « Les coupables, dit
» l'abbé Millot, restèrent libres, et l'innocent fut
» puni. »

Le faible Louis voyait avec effroi son trône placé ^{Ligue con-}
sur un abîme et entouré de rebellions; les peuples ^{tre le roi.}
de Vermandois, de Beauvaisis, de Champagne, de
Bourgogne et du Forez, venaient de former une
ligue redoutable contre l'autorité royale.

Les communes se plaignaient hautement du poids
des impôts; les évêques et la plupart des barons,
des atteintes portées à leurs priviléges; et le roi
retardait son sacre, parce qu'il craignait d'offrir à
tant de mécontens un moyen si favorable et si solennel de réunion et d'opposition.

Il employa le temps de ce délai en négociations;
et, pour calmer les esprits irrités, après leur avoir
sacrifié la tête de Marigny, il promit aux barons et
aux évêques de leur rendre les priviléges dont ils
avaient joui sous le règne de saint Louis. En même
temps il déchargea ses peuples d'une partie des
impôts qui pesaient sur eux.

Parmi les soulèvemens qui éclataient à cette ^{Révolte,}
époque, il en parut un à Sens d'une étrange na- ^{étrange à}
ture; les rebelles élurent tout à la fois un roi, un ^{Sens.}
pape et des cardinaux. Cette extravagance, bien-
tôt réprimée et châtiée, peut donner une idée du
chaos qui existait dans ce siècle où les vices du
clergé bravaient la religion, où les grands mépri-
saient l'autorité royale, où les lois anciennes étaient
oubliées, les droits nouveaux attaqués, le trésor
royal vide et le trône ébranlé, parce qu'il s'était

trop rapidement élevé sur les débris de toutes les institutions.

Si le sceptre, en de telles circonstances, était tombé dans les mains d'un tyran lâche et cruel semblable à Jean-sans-Terre, la France aurait probablement vu éclater, non des révoltes, mais une révolution. Les premiers Valois furent en général des princes faibles et non méchans. Ils n'eurent ni le génie qui fonde des institutions durables, ni le caractère tyrannique qui excite de grandes résistances bien combinées.

D'ailleurs, ainsi que l'observe Condillac, le clergé, les seigneurs et le peuple, bien qu'ils fussent mécontens, restaient divisés et ne songeaient pas à se réunir. Cette division sauva l'autorité royale. Les communes, en se plaignant des impôts, ménageaient cependant le roi, dont la protection leur était nécessaire pour les mettre à l'abri du pouvoir redouté de leurs anciens seigneurs. De plus, leur vanité était flattée de se voir appelées aux états-généraux.

Les évêques avaient besoin tour-à-tour et de l'appui de Rome contre le trône, et de la protection du trône contre l'ambition romaine.

Les barons, humiliés par le rôle de conseillers-jugeurs, auquel se bornait depuis peu leur droit de présence au parlement, n'y paraissaient plus qu'en petit nombre. Peu à peu tous leurs droits seigneuriaux étaient attaqués et anéantis ; aussi se montraient-ils les plus disposés à se soulever, à former des ligues et à prendre les armes. Mais, trop faibles pour braver seuls la puissance des Capétiens, dont les domaines et les forces s'étaient si prodigieusement étendus depuis Philippe-Auguste, ils se virent abandonnés par les seuls grands vassaux qui auraient pu donner quelque consistance à leur rebellion.

Les ducs de Bourgogne, de Guienne, de Bretagne, et le comte de Flandre, trop puissans pour se croire menacés par le péril commun, et conservant leurs priviléges intacts, dédaignèrent de se rendre aux parlemens, ôtèrent par leur absence toute force aux rassemblemens des barons, et bientôt ne parurent plus aux yeux de la France que comme des étrangers ou même des ennemis. Aussi l'agitation générale, causée par le mécontentement universel des Français, dura peu et fit plus de bruit que d'effet. Quelques promesses faites aux grands et au peuple suffirent à Louis pour dissiper cet orage.

Bientôt le roi, délivré de ses craintes et ne conservant que celle du manque d'argent, leva de nouveaux impôts sur ses sujets, taxa le clergé, vendit les offices, et força les serfs de son royaume à acheter leur liberté. Par ces mesures, il trouva les moyens de payer une armée pour faire la guerre aux Flamands; mais il la termina sans succès.

Sous ce règne, court, faible et agité, la fortune de la France la préserva de toute attaque étrangère. Elle n'aurait pu y résister; car, indépendamment de la pénurie du trésor et des soulèvemens partiels qui l'agitaient, elle fut désolée par des fléaux que la crédulité du temps attribuait au courroux du ciel : des pluies continuelles, que ne firent point cesser de nombreuses processions, détruisirent partout les blés. On éprouva une disette totale; dans plusieurs villes, les boulangers furent accusés de mêler à la farine des os en poudre et des excrémens. Un grand nombre de ces misérables furent arrêtés, jugés, exposés sur l'échafaud, et bannis.

Troubles en
Angleterre.

Mais les puissances étrangères n'étaient point, à cette époque, en état de profiter d'une circonstance si favorable à leur jalousie. L'Angleterre était en proie aux troubles civils. Édouard II, dominé par Gaveston, son favori, avait excité la haine des grands : ils se révoltèrent.

Gaveston, assiégé dans une forteresse, capitula ; au mépris de la capitulation, le comte de Warwick trancha ses jours. Le faible Édouard dissimulait son ressentiment; mais il refusait de publier une amnistie promise. Philippe-le-Bel l'avait enfin déterminé à l'accorder. Mais, depuis, un nouveau favori, Spencer, réveilla le mécontentement des grands, et fit renaître des hostilités qui amenèrent enfin la déposition d'Édouard.

Schisme en
Allemagne.

L'Allemagne n'était pas plus tranquille. La mort de l'empereur Henri de Luxembourg avait divisé les électeurs. Les uns élurent Louis de Bavière, les autres Frédéric, beau-fils d'Albert d'Autriche : tous deux furent couronnés; tous deux soutinrent huit ans, par les armes, leurs prétentions à l'Empire. Enfin, Louis l'emporta; il vainquit Frédéric, qui lui céda la couronne.

L'Espagne, de tout temps destinée aux discordes civiles, était à la fois dévastée par les Maures et ravagée par des troupes de bandits.

Dissensions
à Rome.

De vives dissensions éclatèrent à Rome après la mort de Clément V. On accusait ce pontife d'avoir

enrichi ses parens, vendu des bénéfices et sacrifié
ses devoirs à un coupable amour. Son neveu, disait-
on, avait détourné à son profit trois cent mille florins destinés à la défense de la Palestine. Les cardinaux s'assemblèrent à Carpentras. Divisés en deux
factions, celle des Gascons et celle des Français unis
aux Italiens, ils se séparèrent sans avoir fait d'é-
lection.

Sur ces entrefaites, Louis X envoya à Lyon le
comte de Poitiers, son frère. Ce prince invita les cardinaux à venir conférer avec lui ; dès qu'ils furent
arrivés, le comte les fit enfermer et leur déclara
qu'ils ne seraient libres qu'après avoir élu un pape.

Le roi Louis, ainsi rassuré contre les périls ex-
térieurs par toutes les dissensions des États voisins,
et tranquillisé par le succès de ses négociations avec
les grands et les communes de son propre royaume,
ne s'occupa plus que des trois affaires qui l'intéres-
saient alors principalement : son couronnement,
son mariage, et la guerre de Flandre.

N'ayant plus d'opposition à redouter, il partit
pour Reims, où son sacre fut célébré. Il trouva sur
sa route la princesse Clémence, nièce de Robert,
roi de Naples, et fille de Charles-Martel, roi de
Hongrie, qu'il avait demandée en mariage. Cette
princesse arriva en France presque seule, et après
avoir échappé aux fureurs d'une tempête qui en-
gloutit tous les officiers de sa suite et ses équipages.

De retour à Paris, Louis, après avoir célébré ses
noces, fit droit aux plaintes nombreuses que lui
adressaient les communes et les nobles d'Artois
contre Mahaud, leur comtesse.

Le roi lui ordonna de comparaître devant sa cour, et cette cause fut plaidée en présence d'Amédée-le-Grand, comte de Savoie, récemment élevé au rang de prince par l'empereur. Amédée devait le titre de *Grand* à ses vertus, qui le rendaient alors l'arbitre respecté de toutes les cours de l'Europe.

Dans le même temps, les pairs de France prononcèrent la condamnation du comte de Flandre. Ce grand vassal rebelle venait d'enfreindre tous les traités qu'il avait conclus avec Philippe-le-Bel; et, mandé devant la cour de Louis, il refusait d'y comparaître.

Ses succès sur les Flamands.

Les hostilités commencèrent. Guillaume, comte de Hainaut, dévasta les rives de l'Escaut. Les Flamands assiégèrent Lille. Le roi marcha contre eux, les contraignit à fuir, et les poursuivit si vivement qu'ils furent forcés de se jeter dans Courtray, qu'il investit. Mais la rigueur de la saison, le défaut d'ordre, l'ignorance où l'on était alors des moyens de faire subsister une armée, et une privation totale de vivres, obligèrent Louis de lever le siége.

Retraite de son armée.

Aussi prompt à se décourager qu'il s'était montré hardi pour attaquer, ce prince revint à Paris, laissant ses troupes et ses bagages embourbés. La retraite de cette armée en désordre ressemblait à une fuite, et les Flamands auraient pu facilement la détruire, si leur marche n'avait pas été arrêtée par la famine, dont ils souffraient alors autant que les Français.

Affranchissement des serfs.

Louis, ayant perdu sans dédommagement, dans cette stérile campagne, l'argent qu'il y avait destiné, rassembla les seigneurs, les évêques et les notables des communes, dans le but d'obtenir d'eux quelques subsides, qu'il promit de leur rendre sur ses revenus personnels.

Il vendit le droit de cité à des négocians italiens, se fit accorder par les cardinaux enfermés à Lyon une décime sur le clergé de France, et s'empara sans scrupule des produits de celles qui venaient d'être levées pour la Terre-Sainte. Plusieurs offices de judicature furent vendus.

La liberté des communes était due à la sagesse de trois grands monarques, Louis-le-Gros, Philippe-Auguste et saint Louis ; la liberté des gens de la campagne devint l'heureux résultat des dissipations d'un mauvais règne. Philippe-le-Bel avait laissé le trésor vide ; pour le remplir, Louis X vendit la liberté à tous les serfs de ses domaines (1). Plusieurs seigneurs imitèrent cet exemple. Ce qu'il y eut de singulier, c'est qu'un grand nombre de ces paysans, habitués à une longue servitude et dégradés par elle, refusèrent d'acheter leur affranchissement, et il fallut les forcer de devenir libres.

Cependant, tout en vendant ce bienfait, une grande vérité s'échappa de la bouche royale, et Louis, dans le préambule de son édit d'affranchissement, prononça ces paroles mémorables : « Selon » le droit de nature, chacun doit naître franc. »

Mably remarque avec raison qu'en reconnaissant que *la liberté était un droit de nature*, on aurait dû sentir qu'on n'avait pas le droit de la vendre. Le président Hénault cite un affranchissement ac-

(1) 1315.

cordé à la même époque à des conditions singu-
lières : le sire de Conflans affranchit Robert de
Bésil et ses enfans, à charge par eux de servir mi-
litairement sous sa bannière un mois par année, de
sorte que ce serf reçut la liberté comme on recevait
un fief.

Décret
de Frédéric
adopté par
le roi.

Le caractère de Louis était faible, mais bon ;
frappé de la justice d'un décret de l'empereur Frédéric qui défendait, sous quelque prétexte que ce
fût, d'opprimer les laboureurs, d'arrêter leurs personnes, leurs veuves, de séquestrer leurs biens, de
saisir leurs outils et les instrumens de l'agriculture,
il l'adopta et en fit une loi pour la France.

Ce prince, protecteur de l'université, permit à
tous ses membres de voyager par-tout et sans obstacles ; « car, disait-il, c'est à cette société savante
» que la foi doit sa conservation, la société ses
» mœurs, et le monde entier ses lumières. »

Révolte des
Flamands.

La turbulence des Flamands avait été le grand
objet des inquiétudes de Louis ; leur inconstance
le délivra momentanément des embarras de cette
guerre. Épuisés par la disette, et mécontens des
taxes qu'on levait sur eux, ils se révoltèrent contre
leur seigneur, de sorte que le comte de Flandre se
vit forcé de comparaître devant le parlement convoqué à Pontoise (1), d'implorer la clémence du
roi, et de se soumettre à toutes les conditions qu'il
lui imposerait.

Mort
du roi.

La famine avait rendu les Flamands pacifiques ;
ils reprirent les armes dès que l'abondance reparut :

______

(1) 1316.

mais Louis ne régnait plus; à le fin du mois de mai (1), ce prince tomba malade; le 5 juin il expira. Le peuple le crut empoisonné; cependant le coupable, s'il en existait, resta inconnu. La chronique de Godefroi assigne une autre cause à sa mort; elle dit que Louis, après s'être trop échauffé à la paume dans le château de Vincennes, était descendu dans une grotte, et que là, ayant bu du vin trop frais, il s'était vu attaqué d'une fièvre violente qui termina ses jours. Son testament contenait des legs pieux, des restitutions, des dons aux églises, cinquante mille livres pour secourir les chrétiens dans la Palestine, et dix mille pour soulager la misère des enfans de Marigny.

Avant de régner, Louis avait épousé Marguerite, fille de Robert, duc de Bourgogne. Cette princesse fut accusée d'adultère, condamnée, enfermée et ensuite étranglée. Il en avait eu une fille nommée Jeanne, héritière du royaume de Navarre, qu'elle apporta à son mari Philippe, comte d'Évreux, petit-fils de Philippe-le-Hardi. Lorsque Louis mourut, sa seconde femme, Clémence de Hongrie, était enceinte de quatre mois.

Sous son règne, Étienne de Mornay fut chancelier, Gaucher de Châtillon connétable. Les souverains les plus illustres de son temps furent Robert Bruce, roi d'Écosse; Ottoman, chef de la dynastie belliqueuse qui renversa l'empire grec.

Louis, dans sa jeunesse, fut surnommé *le Hutin,* parce qu'il avait vaincu et réprimé les factieux de

____

(1) 1316.

o

la Navarre et ceux de Lyon, qu'on appelait *Hutins*.
Depuis qu'il fut sur le trône, il ne justifia ce surnom par aucun acte de vigueur et de bravoure.
Ce fut peut-être le seul prince insignifiant qu'on
puisse compter parmi ceux de la race capétienne :
il porta, il est vrai, la couronne ; mais ce fut
Charles, son oncle, qui fut réellement chargé du
sceptre ; il gouverna l'État et le roi. Un auteur de
ce temps, Godefroi, dit avec la naïveté de son vieux
langage : « Louis X étoit *volentif, mais n'étoit pas*
» *bien ententif en ce qu'au royaume falloit.* »

CHAPITRE CINQUIÈME.

INTERRÈGNE ET RÉGENCE.

(1316.)

Position critique de la France. — Arrivée de Philippe à Paris. — Obsèques du feu roi. — Discussion pour la régence. — Pouvoir de Philippe comme régent. — Projet de croisade. — Élection de Jean XXII. — Contestations pour le comté d'Artois. — Procès à ce sujet. — Usurpation de Robert d'Artois. — Départ de Philippe avec ses troupes. — Arrêt du parlement relatif au comté d'Artois. — Retour de Philippe à Paris.

———

Le trône était délivré de la crainte des orages que Philippe-le-Bel lui avait légués. Louis X, profitant des divisions des mécontens, et leur prodiguant les protestations d'une scrupuleuse exactitude à réparer leurs griefs et à maintenir leurs priviléges, avait tout pacifié. « Ce prince, dit Mably, » promit tout pour ne rien accorder. »

La rivalité des trois ordres de l'État favorisa sa politique; ils se contentèrent d'espérances, et, lorsque Louis mourut, aucun trouble n'inquiétait la France; mais tout à coup une grande question s'agita, et elle était si grave qu'elle pouvait rallumer toutes les passions, donner le sceptre à une autre dynastie, et livrer le royaume aux plus sanglantes discordes.

Position critique de la France.

Louis était mort sans enfans; sa femme, qui se trouvait enceinte, pouvait donner le jour à une fille, et dans ce cas quel devait être l'héritier du trône? C'était la première fois, depuis la fondation de la monarchie, qu'une difficulté d'un tel genre se présentait. La nomination d'un régent, bien que différente de celle d'un roi, avait tant de connexité avec la question principale, qu'il eût été difficile de les séparer. Comment en effet donner toute l'autorité d'un régent au prince qui n'aurait pas dû monter sur le trône, si les femmes n'en étaient pas exclues?

Philippe, comte de Poitiers, et frère du feu roi, sentit tout ce que sa position avait d'urgent et de critique. Louis mourant lui avait destiné la régence; mais Charles de Valois, leur oncle, y prétendait, et se voyait appuyé par un grand nombre de partisans. Il était même déjà établi dans le palais, qu'il avait rempli de soldats.

Arrivée de Philippe à Paris. Philippe, par sa célérité, déjoua ses projets, et, laissant les cardinaux dans la ville de Lyon occupés à élire un pape, il partit rapidement pour Paris.

Plusieurs seigneurs vinrent au-devant de lui: à leur tête, on distinguait le connétable Gaucher de Châtillon, déterminé à faire exécuter les ordres qu'il avait reçus du feu roi, et le comte Amédée de Savoie, dont le nom respecté était alors une puissance.

Celui-ci, selon la chronique de Godefroi, conseilla sagement à Philippe d'assurer ses droits en s'emparant promptement, *par le droit de la nation,* de l'autorité souveraine.

Suivi d'une nombreuse troupe, il força les soldats de Charles à évacuer le palais, étonna par
cette action ceux qui hésitaient, déconcerta ses adversaires, accrut le zèle et la confiance de ses amis,
et prit ainsi les rênes du gouvernement avant de
demander qu'on les lui confiât.

Son premier soin fut de faire célébrer avec pompe
à Saint-Denis les obsèques du roi son frère. Après
cette cérémonie, il invita à un grand festin les
princes, les prélats et les barons. Enfin, ayant en-
vironné de gardes le palais qu'il fit évacuer par
tous les marchands, il y convoqua les grands du
royaume, et, devant ce parlement, développa ses
droits à la régence pour l'instant, et au trône si la
reine Clémence donnait naissance à une fille.

La discussion fut longue et vive. Le duc de Bourgogne prétendait que, si Clémence accouchait d'une
fille, la couronne devait appartenir à la princesse
Jeanne, fille aînée de Louis-le-Hutin, et nièce du
duc de Bourgogne. Ce qui peut moins s'expliquer,
c'est que Charles de Valois, comte de la Marche,
qui depuis monta sur le trône, s'opposait alors à
l'élévation de son frère Philippe, et soutenait, contre son propre intérêt, les prétentions du comte de
Valois son oncle.

Aucun exemple, dans nos annales, n'était appli-
cable à la position dans laquelle la France se trouvait alors. Depuis Hugues Capet, tous nos rois, en
mourant, avaient laissé des fils. Ainsi la coutume
de suivre, pour monter au trône, le droit des mâles
par ordre de primogéniture, avait été observée sans
contestation; mais, dans la position où se trouvait

le trône vacant, les adversaires de Philippe soutenaient les prétentions de Jeanne, fille de Louis, alléguant qu'en France presque tous les grands fiefs pouvaient passer aux femmes, et tomber, comme on disait alors, *de lance en quenouille.*

D'un autre côté, les partisans de Philippe invoquaient pour la première fois la loi salique, et citaient en leur faveur ce passage ainsi conçu : *De terrâ verò salicâ nulla portio hœreditatis mulieri veniat, sed ad virilem sexum totœ terrœ hœreditas perveniat :* article, ainsi que l'ont observé tous nos anciens publicistes, inapplicable à la succession au trône, et qui n'avait eu pour objet que les terres des Francs, leurs maisons, leurs manoirs, leur *sala,* que l'épée pouvait seule posséder et défendre.

Un argument plus fort pouvait être tiré de l'usage constant, observé pendant toute la durée de la première dynastie. Jamais les filles des rois francs n'héritèrent du sceptre; il passa successivement à leurs frères, et les princesses en demeurèrent exclues; mais la faiblesse des derniers rois carlovingiens amena un bouleversement total, et laissa introduire dans notre droit public des coutumes aussi variées que bizarres.

Plusieurs aspirans au trône appuyèrent leurs prétentions sur leur descendance de Charlemagne par les femmes. Par-tout on vit ces femmes devenir juges, magistrats, seigneurs ; elles héritèrent des fiefs les plus importans, et plusieurs, depuis Hugues Capet, siégèrent dans les parlemens, comme pairs du royaume.

La plus éminente des seigneuries, la royauté,

devait-elle être déclarée seule une seigneurie masculine? « Telle était, dit Mably, la grande question
» que la mort de Louis-le-Hutin obligeait à discuter
» et à résoudre. »

Cette question même était double, car il fallait
décider premièrement si les femmes pouvaient régner sur la France, et deuxièmement, si, les femmes
étant exclues du trône, on devait préférer, parmi
les princes qui y prétendaient, au plus proche parent par les femmes, le parent plus éloigné, mais
qui tirait ses droits de la ligne masculine.

Quoi qu'il en soit, la majorité de l'assemblée des
seigneurs et des prélats décida ces deux questions
en faveur des droits des mâles par ordre de primogéniture, et s'appuya sur le passage précité de la
loi salique, bien qu'il n'y eût point de rapport.

On se fonda aussi sur les coutumes antiques des
Francs, quoique abolies par le temps; mais sans
doute le véritable motif de cette décision fut la
crainte très-fondée de voir par le mariage d'une
reine le sceptre français passer dans les mains d'une
famille étrangère; de tous les argumens politiques;
c'était le meilleur et le plus évident. Enfin, la succession au trône de mâle en mâle, qui devint à
cette époque une loi solennelle du royaume, était
la plus sûre garantie que la nation devait désirer et
vouloir pour le maintien de sa tranquillité.

Malgré l'évidence de cet intérêt général, la dé-
libération se prolongea d'autant plus que quelques
princes du sang royal soutinrent eux-mêmes les
prétentions de Jeanne.

Cependant, comme la couronne de Navarre et le

comté de Champagne pouvaient, suivant l'usage, être possédés et régis par des femmes, Philippe et l'assemblée, faisant droit aux réclamations du duc de Bourgogne, décidèrent que, si Clémence n'accouchait pas d'un fils, Jeanne serait investie de la couronne de Navarre et du comté de Champagne.

On déclara donc que, si Clémence mettait au monde une fille, Philippe monterait au trône, et que, si elle accouchait d'un prince, Philippe, pendant dix-huit années, exercerait la régence et la tutelle, présiderait tous les conseils, ferait la guerre et la paix, et remplirait enfin toutes les fonctions royales.

Il promit d'augmenter de quatre mille livres la pension de la reine. Enfin on décida que le régent aurait un sceau particulier sur lequel serait empreinte cette inscription : *Philippe, fils du roi des Français, gouvernant les royaumes de France et de Navarre.*

Conformément à ces résolutions, les pairs, les barons, les prélats le proclamèrent gardien de l'État et lui jurèrent fidélité.

Ainsi cette coutume antique de la race mérovingienne, sous laquelle jamais les neveux des rois francs ne virent contester leurs droits par les filles de ces monarques, devint, en 1316, une loi fondamentale de notre monarchie ; et, comme Vély le remarque avec raison, « l'assentiment général des » Français à l'élévation de Philippe au trône comme » à la régence, prouve suffisamment à quel point la » décision du parlement était reconnue juste et na- » tionale. »

Philippe, élevé au pouvoir suprême par les vœux de la nation, et délivré de l'opposition du duc de Bourgogne dont il avait satisfait les prétentions, en reconnaissant les droits de Jeanne à la couronne de Navarre, crut qu'il ne lui était pas moins nécessaire de s'assurer l'appui du clergé par une marque éclatante de son zèle pour la religion. Déterminé probablement par ce motif, il déclara publiquement son intention formelle de se mettre à la tête d'une nouvelle croisade, conformément aux derniers vœux de Philippe-le-Bel.

Peu de temps après avoir pris les rênes de l'État, il fut informé de l'accomplissement entier des plans qu'il avait formés relativement à l'élection d'un pape. Sa fermeté avait triomphé des irrésolutions du sacré collége, irrésolutions dont la prolongation aurait pu produire de funestes désordres.

Précédemment le peuple de Carpentras, impatient de la lenteur des cardinaux, avait mis le feu au palais où se tenait le conclave, qui fut ainsi dispersé par l'épouvante. Depuis, comme on l'a dit, Philippe, ayant réuni les cardinaux à Lyon, les avait enfermés pour les contraindre à ne plus retarder la nomination d'un souverain pontife.

Le Saint-Siége était vacant depuis deux années. Enfin, après de longues discussions, Jacques d'Ens, cardinal, évêque de Porto et né à Cahors, fut élu; il prit le nom de Jean XXII. On a raconté que, les suffrages étant balancés et incertains, ce cardinal décida la majorité en se donnant sa propre voix, et s'écria : *Ego sum papa.* Mais on ne lit ce fait

dans les écrits d'aucun auteur contemporain. Ce
qui est constant, au contraire, c'est que, dans une
lettre écrite au roi, Jean XXII se vantait d'avoir
été élevé au trône pontifical par les suffrages unanimes des cardinaux.

Ce pontife, fils d'un savetier, avait la stature
courte, la physionomie basse; mais il était doué
d'un esprit fin et d'un caractère ferme. Un de ses
premiers actes fut un acte de vengeance. Il fit
mettre en jugement Hugues Geraldi, évêque de
Cahors, et l'accusa d'avoir voulu l'empoisonner.
Les juges condamnèrent ce prélat à être dégradé,
écorché et brûlé.

On se plaignait alors généralement des exemples
fréquens de simonie, et Jean XXII, sous prétexte
de prévenir cet abus, publia, dit l'abbé Millot, une
bulle par laquelle il s'attribuait la collation de tous
les bénéfices.

L'élection d'un pape français, l'entière soumission
des grands feudataires au régent, et les dissensions
intestines qui agitaient les États voisins, semblaient
ne devoir laisser à la France la crainte d'aucun
orage prochain.

Une contestation particulière, relativement à la
succession du comte d'Artois, était alors la seule
affaire qui parût mériter, non l'emploi des forces,
mais l'intervention de la sagesse du régent; et cependant ce léger nuage devint un des élémens des
tempêtes qui bientôt ébranlèrent le trône des Valois, inondèrent de sang la France, et la soumirent
momentanément au joug humiliant d'un monarque
anglais.

De si grands événemens, produits par une cause si légère, nous forcent de retracer en peu de mots l'origine et la marche de cette contestation. C'est un malheur, et presque une honte pour nos annales modernes, que cette conséquence inévitable des institutions féodales, qui, ne considérant les villes, les terres, les contrées que comme des fermes, des héritages, et les peuples comme des troupeaux, ne faisaient dépendre le sort des États, leur tranquillité, leur puissance et leurs limites, que des droits compliqués résultant des naissances, des mariages, des testamens des princes ou seigneurs, et de leur degré plus ou moins éloigné de parenté.

Les historiens de l'antiquité n'avaient, pour expliquer de grands événemens, qu'à rechercher avec soin les opinions des peuples, à peindre leurs mœurs, leurs passions, à buriner en traits fermes les vertus et les vices des souverains, des grands capitaines, à faire revivre les discussions orageuses des assemblées publiques, où se débattaient les grands intérêts des nations; tandis que, dans les temps modernes, nous sommes obligés de descendre à chaque instant des hauteurs de la philosophie et de la politique pour nous traîner péniblement dans le dédale de chicanes obscures qui rempliraient plus convenablement les archives d'un greffe que celles de l'histoire.

La longue rivalité des Valois et des rois d'Angleterre, de la maison d'Anjou et de la maison d'Aragon, et tant d'autres querelles sanglantes, qui ont coûté de si cruels sacrifices à l'humanité, ne peuvent être racontées avec la clarté et le soin qu'exige la vérité, qu'en prenant le froid et ennuyeux langage d'un jurisconsulte qui doit éclairer les juges sur les titres d'un procès.

Tel est le triste résultat de nos vieilles coutumes féodales; elles ont à la fois trop long-temps dégradé les peuples et les talens. Quelles ames élevées, quels nobles esprits auraient pu transmettre jusqu'à nous les rivalités d'Athènes et de Sparte, de la Grèce et de l'Asie, de Rome et de Carthage, si ces grandes et terribles luttes n'avaient eu pour cause que des actes matrimoniaux ou testamentaires ! Les nations, à ce point abaissées, n'auraient point trouvé de grands peintres; les riches couleurs de Tite-Live et le ferme burin de Tacite auraient dédaigné de pareils sujets; de si lourdes entraves auraient enchaîné leur génie.

Cependant, puisque tel a été le destin de l'Europe moderne pendant tant de siècles, résignons-nous au pénible devoir qu'il nous impose, et cherchons, en racontant la gloire et les revers d'une grande nation, à épargner à la postérité, par la clarté d'un court récit, l'ennui inséparable des détails nécessaires dans lesquels il faut entrer pour connaître la vraie source de nos guerres, de nos révolutions et de nos vicissitudes d'infortunes et de prospérités.

Procès
à ce sujet. Un procès intenté par Robert d'Artois contre Mahaud, qui possédait ce comté, fut la cause d'une guerre de plus de cent années entre l'Angleterre et la France, de la captivité d'un de nos monarques et du couronnement d'un prince anglais au milieu de notre capitale.

Isabelle de Hainaut, en épousant Philippe-Au-

guste, lui avait apporté en dot le comté d'Artois ;
Louis VIII le posséda ; il le donna en douaire à la
reine Blanche ; enfin saint Louis en investit son
frère Robert, ce prince célèbre et infortuné, dont
la témérité bouillante subit en Égypte un si cruel
châtiment sous le fer des Sarrasins.

Son fils Robert II, qui hérita de son apanage, eut
deux enfans : Philippe, marié à Blanche de Bretagne, et Mahaud qui épousa Othon, comte de
Bourgogne.

Philippe périt à la bataille de Furnes, laissant
un fils et quatre filles. Le droit de représentation
n'était pas reconnu dans l'Artois ; en conséquence,
lorsque Robert II mourut, Mahaud, sa fille, réclama
la succession de son père, étant plus proche héritière que son neveu Robert III et ses nièces. Robert
s'opposa à sa demande ; le roi Philippe-le-Bel décida ce procès en faveur de Mahaud, réservant les
droits ultérieurs du prince et de ses sœurs.

Le jeune Robert, ayant atteint sa majorité, renouvela ses prétentions : mais il perdit encore sa
cause et n'obtint du parlement de Paris que des
dédommagemens en domaines et en argent.

Robert, ratifiant ce jugement, avait paru tran- ^{Usurpation}
quillement se soumettre à son sort ; mais à la mort ^{de Robert}
de Louis X, et à l'époque de l'interrègne, voyant ^{d'Artois.}
que les peuples et les nobles d'Artois, malgré l'intervention du feu roi, faisaient éclater leur mécontentement contre Mahaud, il prit les armes avec
le secours d'un grand nombre de nobles, et s'empara du comté qu'il prétendait lui appartenir.

Les principales villes de l'Artois lui ouvrirent

leurs portes, à l'exception de Saint-Omer. Lorsqu'il somma les habitans de cette cité de le reconnaître pour seigneur, ils lui répondirent : « Nous » ne sommes point faiseurs de ducs ni de comtes; » ce droit appartient au roi; et, s'il vous eût » nommé, nous vous aurions aimé autant qu'un » autre. »

Robert, qui avait compté sur des troubles en France, redoutait peu un gouvernement encore incertain de ses droits. Cité au parlement, il refusa d'y comparaître.

Départ de Philippe avec ses troupes.

Philippe alors rassemble ses troupes et marche rapidement sur Amiens. Les insurgés, troublés par cette brusque attaque, demandent grâce et l'obtiennent en s'obligeant à payer une amende et à restituer provisoirement à la comtesse Mahaud ses châteaux et son mobilier. On convint en même temps de soumettre à un arbitrage la cause de Mahaud et de Robert. En cas de discord entre les arbitres, le procès devait être jugé par les pairs et barons de France.

Jusque-là, il fut enjoint à Robert de se constituer prisonnier, ce qu'il fit; et, en attendant le jugement définitif, le comté d'Artois resta séquestré entre les mains des comtes de Valois et d'Évreux.

Arrêt du parlement relatif au comté d'Artois.

Deux ans après, le jugement solennel des pairs fut prononcé; ils adjugèrent le comté-pairie d'Artois à la comtesse ainsi qu'à ses hoirs.

Robert et Mahaud se jurèrent amitié et s'obligèrent à faire ratifier leur traité par les comtes de Richemont et de Namur, par leurs parens et les princes de la famille royale. La paix parut ainsi rétablie ; mais Robert, regardant cette décision comme une injure, en conserva dans l'ame un profond ressentiment dont l'éclat, sous un autre règne, eut des suites trop funestes.

Philippe, de retour à Paris, vit les vœux de son ambition d'abord un moment trompés, et bientôt ensuite satisfaits par deux événemens qui se succédèrent en peu de jours.

La reine Clémence mit au monde un fils, qui fut reconnu, sous le nom de Jean Ier, comme roi de France et de Navarre.

CHAPITRE SIXIÈME.

JEAN Ier.

(1316.)

Naissance et mort de Jean, proclamé roi. — Avénement de Philippe.

Naissance et mort de Jean, proclamé roi.

DEPUIS la naissance de ce prince, une semaine ne s'était pas encore écoulée lorsqu'il mourut. Porté dans l'église de Saint-Denis, il y fut à la fois proclamé roi et solennellement enterré.

Avénement de Philippe.

Aussitôt le régent, déclarant ses droits au trône, y monta et prit le nom de Philippe V. Sa taille élevée le fit appeler par les Français Philippe-le-Long.

CHAPITRE SEPTIÈME.

PHILIPPE V, DIT LE LONG.

(1316.)

Vaine opposition de quelques seigneurs au sacre de Philippe. — Son sacre et son couronnement. — Son retour à Paris. — Serment solennel en assemblée générale. — Irrégularité de ces assemblées. — Concessions de Philippe. — Ses mesures sévères. — Négociations avec les Flamands. — Paix conclue. — Troubles en Italie. — Mort du comte d'Évreux. — Action indigne des moines de Saint-Taurin. — Dispute entre les cordeliers et d'autres ordres. — Bulle du pape à ce sujet. — Confrérie des pénitens d'amour. — Nouveaux pastoureaux. — Conspiration des lépreux. — Violences contre les Juifs. — Crédulité du temps. — Exécution d'un magistrat. — Réglemens de justice, d'économie et de police. — Origine des épices. — Professions distinctes sous ce règne. — Luxe des princes et des grands. — État de Paris. — Mort du roi.

LA décision solennelle prise par les pairs, les grands, les prélats du royaume pour l'exclusion des femmes de tout droit à la succession au trône, aurait dû faire croire que Philippe y monterait sans contestations.

Cependant, lorsqu'en conséquence de cette décision, on vit, pour la première fois depuis Hugues Capet, le sceptre de France passer par l'élévation de Philippe dans les mains d'une branche collaté-

Vaine opposition de quelques seigneurs au sacre de Philippe.

rale, Charles de Valois, le duc de Bourgogne et le comte de la Marche, faisant revivre les prétentions de la princesse Jeanne, fille de Louis X, soutinrent si vivement leurs réclamations, que l'on put craindre de voir la solennité du sacre troublée par une scandaleuse opposition.

Nangis prétend qu'il existait à cette époque environ trente princes de la famille royale. Un historien habituellement partial pour les Anglais, Rapin Thoiras, se montre avec raison surpris de la conduite de quelques-uns de ces princes français, qui, contre leur propre intérêt, refusèrent de reconnaître les droits de Philippe. L'opposition surtout du comte de la Marche, qui hérita bientôt du trône sous le nom de Charles IV, semblait inexplicable.

Cependant on trouve dans le *Spicilegium* un motif qui ne se reproduit que trop souvent. Il existait une assez vive inimitié entre le prince et le régent, et l'intérêt le plus évident n'est guère écouté quand la passion parle.

Philippe, ne croyant pas devoir laisser fermenter ces mécontentemens, partit promptement pour Reims, où les grands étaient convoqués; il entoura de troupes le palais et la cathédrale. Son frère, le comte de la Marche, arrivé avant lui, se retira lorsqu'il vit que ses intrigues seraient sans succès; il protesta, ainsi que le duc de Bourgogne, contre l'atteinte portée aux droits de Jeanne.

Son sacre et son couronnement. Robert de Courtenay, archevêque de Reims, sacra et couronna Philippe. Mahaud, comtesse d'Artois, assistant à cette cérémonie comme pair de France, soutint, ainsi que les autres pairs, la couronne sur la tête du roi son gendre ; ce qui causa pour lors, dit-on, autant de mécontentement que de surprise.

Il s'était élevé, à l'occasion de cette cérémonie, une dispute de préséance entre deux pairs, l'évêque de Langres et l'évêque de Beauvais : celui-ci, bien qu'il ne fût que comte, obtint le pas sur celui de Langres, qui était duc. La fermeté de Philippe et sa promptitude imposèrent aux mécontens et les réduisirent au silence.

Le roi revint à Paris, qui témoigna sa joie par de brillantes fêtes. Philippe convoqua dans la capitale une assemblée de pairs, de barons, de bourgeois de quelques villes, d'évêques et des membres de l'université.

Son retour à Paris.

Tous jurèrent, entre les mains du chancelier, le cardinal Pierre d'Arablay, de ne reconnaître de rois que Philippe et ses hoirs mâles, à l'exclusion des filles. Les membres de l'université ne prêtèrent point serment, non que leur opinion y fût contraire, mais parce qu'ils n'étaient pas de droit membres de ce parlement.

Serment solennel en assemblée générale.

Au reste, rien ne fut plus irrégulier, comme l'observe M. Hallam, que ces nouvelles assemblées ; elles n'avaient rien de commun avec celles de la nation sous la première race, où tous les Francs avaient droit de se rendre ; elles étaient différentes des assemblées de leudes, d'officiers du roi et d'évêques, que convoquaient les maires du palais ; elles ressemblaient encore moins aux champs de mai ; aux parlemens de Charlemagne, où l'on voyait,

Irrégularité de ces assemblées.

dit Hincmar, trois ordres, tantôt unis, tantôt séparés, discuter, proposer ou accepter les capitulaires.

Ce n'était pas non plus, comme sous les premiers rois capétiens, tous les pairs, c'est-à-dire, tous les vassaux immédiats du trône rassemblés pour décider de la paix, de la guerre, des mariages et des alliances, pour régler la régence, et pour juger les grands vassaux accusés de félonie.

C'était un mélange informe et arbitraire de ces diverses formes d'assemblées, sans droits généralement établis, sans pouvoirs certains, sans attributions et règles fixes. Les empiétemens du trône, les usurpations des seigneuries sur la royauté, les prétentions diverses et contestées des nobles et du clergé, enfin les droits nouveaux des communes, tout s'y trouvait en confusion et en discord.

Les coutumes, depuis long-temps, avaient remplacé les lois; depuis peu le droit romain commençait à triompher des coutumes. Les parlemens, composés de légistes, s'efforçaient d'effacer le souvenir des parlemens seigneuriaux.

Au milieu de cette confusion et de ces divisions, le pouvoir royal, dont chacun à l'envi cherchait la protection, s'élevait rapidement au-dessus de tout. C'est ce que la politique hardie et adroite de Philippe-le-Bel avait voulu, senti et prévu.

Le roi convoquait, où et quand il lui plaisait, les assemblées, tantôt générales, tantôt particulières; souvent ce n'était que la réunion des seigneurs, des prélats et de quelques bourgeois d'une province ou même d'une ville.

Rien n'était gênant pour l'autorité, mais rien ne

se trouvait stable pour l'intérêt public; il n'existait de fixe que le dessein constant du prince et de ses ministres d'accroître la puissance royale et d'abolir celle des seigneurs.

Ils y furent long-temps et puissamment aidés par la jalousie des évêques contre les seigneurs, et par l'intérêt des légistes, qui ne fondaient leur puissance nouvelle au parlement que sur les débris de celle des anciens pairs, barons et nobles.

Les ducs d'Aquitaine, de Bourgogne, de Bretagne, et les comtes de Flandre purent seuls pendant long-temps maintenir encore leur indépendance et leurs priviléges contre cet accroissement graduel et rapide de l'autorité royale.

Néanmoins Philippe, bien qu'aucun ennemi n'osât le combattre, voyait avec inquiétude régner dans tout l'État un esprit de mécontentement. Par quelques concessions il se rapprocha, ainsi que la reine, de Louis d'Évreux, son oncle, et du comte de la Marche, son frère. Il apaisa aussi le duc de Bourgogne, en lui accordant, ainsi qu'à Jeanne, fille de Louis X, des pensions considérables sur le duché d'Angoulême.

En même temps il assura à Jeanne, dans le cas où il n'aurait pas de fils, la possession des comtés de Brie et de Champagne.

Apaisés par cet arrangement, ces princes, renonçant à toute autre prétention, jurèrent fidélité au roi. La main de la princesse Jeanne fut promise à Philippe, fils du comte d'Évreux, à la charge d'obtenir de Rome les dispenses nécessaires.

Philippe-le-Bel et Louis-le-Hutin avaient eu le

malheur et le tort de donner leur confiance à des
ministres, à des courtisans avides, qui s'enrichirent
par des échanges frauduleux, par de scandaleux
démembremens du domaine royal, par de fortes
pensions qu'ils obtinrent de la faiblesse des princes.

Ses mesures sévères. Philippe, trouvant son trésor vide, employa pour
le remplir des mesures sévères. Il rentra dans ses
domaines, révoqua les dons de ses prédécesseurs,
et poursuivit sans relâche les dilapidateurs, dont
les plus signalés étaient Duplessis, Pierre Flotte,
Machaut et Nogaret.

Le roi, conformément au système des monarques capétiens, saisit, pour agrandir sa puissance,
le peu d'occasions favorables qui se présentaient (1).
Un esprit de discorde s'était répandu dans la ville
de Verdun; une partie des habitans exila l'autre.
Le comte de Bar prenait les armes en faveur des
bannis; l'évêque soutenait le parti de leurs adversaires. Le roi chargea son connétable de ramener
l'ordre dans cette ville, et il y rétablit la paix en
la soumettant à son autorité.

Négocia-
tions avec
les Fla-
mands. La Flandre continuait à se livrer aux conseils
des ennemis de la France; mais une partie des ha-
bitans de ce pays s'opposait aux vues ambitieuses
de leur comte Robert. Le pape avait chargé le cardinal Gosselin et l'évêque d'Amiens de ménager
un accommodement entre Robert et le roi, et de
réconcilier les Flamands avec leur comte.

Ces légats trouvèrent peu de disposition à les ac-
cueillir. Le pape Jean étant né en France, on crai-

____

(1) 1319.

gnait sa partialité. Le comte Robert avec une armée
envahit le territoire de Lille (1). Mais la commune
de Gand et plusieurs autres grandes villes désobéi-
rent aux ordres du comte, et refusèrent de rompre
la trève récemment conclue avec le monarque
français. Une guerre entre ces villes et Robert fut
la suite de ce refus.

Le cardinal Gosselin poursuivait avec constance
ses négociations, qui eurent enfin un heureux succès. Au mois de mai 1320, la paix fut conclue.
Douay et Orchies restèrent dans les mains du roi;
les Flamands lui payèrent un tribut de trente mille
florins, et promirent de ne donner aucun secours
au comte s'il rompait ce traité.

Le roi consentit à donner la main de sa fille
Marguerite à Louis, comte de Nevers et de Rethel,
arrière-petit-fils du célèbre Robert, comte d'Artois,
à condition qu'il hériterait du comté de Flandre à
la mort du comte Robert son père, quand même
son aïeul vivrait encore.

Le comte de Flandre était alors à Paris; et,
comme il cédait ses prétentions avec répugnance,
on apprit, au moment de la signature du traité,
qu'il venait de s'évader. Ce départ remplit de terreur les députés des villes flamandes; ils envoyèrent
des messagers après lui, et lui écrivirent que sa
fuite les compromettait et les exposait à la vengeance du roi. « Si vous ne revenez pas, disaient-
» ils, nous n'aurons plus de têtes pour mettre dans
» nos chaperons, et toutes nos communes pren-

____

(1) 1320.

» dront les armes contre vous. » Robert, plus déterminé par leurs menaces que touché de leur
péril, revint, se soumit aux volontés du roi et signa.

Le feu de la guerre entre les guelfes et les gibelins éclatait plus que jamais en Italie : Galéas Visconti, souverain de Milan, donnait beaucoup de
force au parti gibelin. Ses troupes firent le siége de
Verceil.

Le souverain pontife implora contre lui l'appui
du roi de France. Ce prince envoya au secours
de Verceil quinze cents chevaux, commandés par
Philippe de Valois, qui monta depuis sur le trône.
Les troupes du pape, du roi de Sicile, de Florence,
et tout le parti guelfe devaient se joindre à lui;
son impatience ne lui permit pas d'attendre les secours promis, et, à la tête d'un corps trop peu nombreux, il vint camper sous les murs de Verceil.

Galéas, après lui avoir prodigué de vaines assu-
rances de respect pour le roi de France, n'en témoigna pas moins sa résolution de combattre s'il
était attaqué; en conséquence, il se présenta en
face de Philippe avec toutes ses forces rangées en
bataille.

A la vue d'une armée si nombreuse, le jeune
prince, jugeant qu'il serait téméraire de se mesu-
rer avec elle, demanda une conférence à Galéas,
qui l'accepta avec empressement. Ce chef, adroit
autant que hardi, séduisit Philippe par sa courtoisie, par sa soumission apparente, par des promesses vagues, par de riches présens, et le jeune
prince français revint assez honteusement en France
sans avoir combattu.

Dès qu'il se fut éloigné de Verceil, Visconti, chef des gibelins et revêtu du titre de lieutenant de l'empereur, dirigea ses forces contre Gênes; qu'il assiégea. Le pape lui écrivit des lettres menaçantes, et lui défendit de persister dans son entreprise. Galéas ayant bravé ses ordres, le souverain pontife l'excommunia.

Par sa bulle, il le déclarait hérétique et coupable d'avoir frappé, empoisonné des nonces apostoliques, fouetté, banni des évêques, brûlé des églises, outragé des vierges, forcé le clergé à célébrer l'office divin en sa présence, au mépris des ordres du Saint-Siége, enfin d'avoir manifesté des doutes impies sur la résurrection. En même temps, suivant l'usage scandaleux des pontifes romains à cette malheureuse époque, Jean XXII publia une croisade contre lui. Telle était alors la déplorable erreur des vicaires de Jésus-Christ : par leurs ordres, le signe de la rédemption, de la paix et de la charité, devenait le signe de la discorde et des vengeances les plus sanguinaires.

Tandis que la faiblesse de Philippe laissait à l'ambition de Galéas un libre cours, la France perdit un autre prince plus âgé, et dont toute l'Europe révérait les vertus. Louis, comte d'Évreux, mourut cette même année 1320.

Mort du comte d'Évreux.

On le regardait comme un ferme défenseur des libertés de l'église gallicane, un ami sincère de la justice, un constant protecteur des opprimés. « La » grandeur d'un prince du sang, disait-il, consiste » dans sa fidélité à Dieu, au souverain et aux » lois de l'État; il ne doit avoir d'autre but dans la

» législation que le repos et le bonheur du peuple,
» dans la guerre qu'une paix durable, dans toutes
» les affaires que le bien public. »

C'était pour ce prince qu'en 1316 Philippe-le-
Long avait érigé le comté d'Évreux en pairie perpétuelle, avec jouissance de tous les priviléges at-
tachés aux anciennes pairies.

Action indigne des moines de Saint-Taurin. Geoffroi de Bar, évêque d'Évreux, suivant les conseils de ce vertueux prince, avait voulu réformer les mœurs licencieuses des moines de Saint-
Taurin; mais il n'y pût réussir, et il mourut sans
avoir rétabli l'ordre dans cette communauté.

On l'avait déposé, suivant la coutume, dans l'é-
glise du monastère : les moines, altérés de vengeance, tirèrent son corps de la bière, et le fusti-
gèrent cruellement. Une action aussi abominable ne
tarda pas à s'ébruiter; mais ce qui prouve l'étrange
puissance des moines à cette époque, c'est qu'ils
ne furent condamnés qu'à une amende annuelle de
quarante sous qu'ils devaient payer chaque année
le jour anniversaire de la mort du pieux évêque.

En écrivant ces tristes annales de notre monarchie, si l'on ne veut pas se laisser entraîner à une
continuelle indignation contre les crimes et les folies qui les souillent, il faut se replacer sans cesse
dans la situation où se trouvaient alors la plupart
des hommes qui régissaient les États, ou gouver-
naient ce nombre infini de seigneuries composant
l'informe édifice féodal.

Les lumières antiques étaient perdues; d'épaisses
ténèbres avaient couvert l'Europe pendant plusieurs
siècles; les semences salutaires jetées par une reli-

gion morale au milieu des hordes sauvages qui
avaient démembré le colosse romain, ne s'élevaient
que lentement au travers de ces débris et de ces
races ignorantes, grossières et belliqueuses, qui ne
traçaient leurs lois qu'avec leur épée, ne prenaient
pour guides que leurs passions, et s'abandonnaient
sans frein à leurs vices, tant qu'ils pouvaient espérer l'impunité.

Malheureusement, les efforts de plusieurs princes
magnanimes et éclairés, joints à ceux d'un grand
nombre de prélats vénérables par leurs vertus,
étaient sans cesse entravés par le torrent des mœurs
barbares, par l'avidité cupide d'une foule de prêtres
et de moines sans instruction, et par l'ambition des
chefs de l'Église, qui songeaient plus à se servir
des erreurs des peuples pour les dominer, qu'à
éclairer leur raison pour les rendre plus heureux
et plus sociables.

Abandonnant les maximes sévères et pures de
l'Évangile, qui condamne l'esprit d'orgueil, d'avarice et de domination, ils favorisaient la plus dangereuse ennemie du vrai culte, la superstition, parce
que toutes les passions trouvent en elle une alliée
complaisante.

L'ignorance leur semblait une garantie de l'obéissance ; les minutieuses pratiques d'un zèle aveugle,
la croyance aux faux miracles, les disputes théo-
logiques, les vaines subtilités scolastiques, la vénération pour de fausses reliques, les riches présens
offerts aux églises, les nombreux pèlerinages pour
acheter des indulgences, les procès de magie, d'hérésie, qui satisfaisaient les haines personnelles et

multipliaient les confiscations; voilà ce qu'alors on préférait presque par-tout aux bonnes œuvres et à l'exercice des vertus évangéliques.

Les personnages même les plus distingués dans ces siècles demi-sauvages ne pouvaient se dégager totalement de la contagion des mœurs sous l'empire desquelles ils vivaient; et nous jugerions non-seulement avec sévérité, mais même avec injustice, des hommes tels que Louis-le-Gros, Philippe-Auguste, saint Louis et les premiers Valois, si nous blâmions leur étrange patience contre tant d'abus, leurs rigueurs trop souvent cruelles envers les Juifs et les hérétiques, enfin leur crédulité, et la part qu'ils prenaient à des disputes aussi violentes qu'absurdes, comme on devrait les blâmer s'ils vivaient aujourd'hui, et si ces épouvantables extravagances pouvaient renaître.

Personne ne peut vivre totalement étranger à l'esprit de son temps, et les hommes d'un grand caractère, qui s'élèvent au-dessus de ce temps, restent toujours un peu dans son atmosphère.

L'esprit du quatorzième siècle était encore un esprit de sottises, de superstition, de cruauté et de folies. Comment concevoir qu'à cette époque, où régnait le petit-fils de saint Louis, les cours de France et de Rome fussent gravement occupées et troublées par des querelles telles que celles qu'on vit alors excitées par la jalousie de plusieurs ordres monastiques contre celui des cordeliers?

Ces cordeliers, tirant vanité de leur règle, qui exigeait l'absolu renoncement à toutes les propriétés de la terre, dont elle ne leur permettait

que l'usage, se laissèrent enivrer d'un tel enthousiasme, qu'ils prétendirent l'emporter en perfec-
tion et en sainteté, par l'austérité de leur vie, sur
toutes les autres communautés religieuses.

Cet orgueil irrita leurs rivaux : « En fait d'ali-
» mens, dirent ceux-ci, la propriété étant insépa-
» rable de l'usage, il est évident qu'un cordelier, à
» chaque morceau qu'il mange, commet un parjure,
» une infraction à son vœu, enfin un péché mortel.
» Ainsi, ces présomptueux cordeliers, continuelle-
» ment souillés de péchés, prononcent un horrible
» blasphème lorsqu'ils osent comparer la sainteté
» de leur vie à celle du Sauveur. »

Cette querelle, qui ne semblerait aujourd'hui Bulle
du pape à
ce sujet.
que ridicule, devint très-grave en s'échauffant :
des deux côtés on se fit des partisans fanatiques,
on s'injuria, on se battit. Jean XXII, voulant faire
cesser ce scandale, publia une bulle par laquelle il
déclara, malgré les prétentions et l'opiniâtreté des
cordeliers, que les alimens consommés par eux
étaient leur propriété. La même bulle défendit, sous
peine d'hérésie, de soutenir une opinion contraire
à cette décision.

Quelques franciscains s'étant montrés réfrac-
taires aux ordres du Saint-Siége, le pape les condamna au feu. Alors ils implorèrent l'appui de
l'empereur et des gibelins, accusant le saint père
d'errer contre la foi en attaquant la règle sainte
des frères mineurs, règle fondée sur l'Évangile.

Le pape soutint sa bulle par les foudres de l'É-
glise. Les gibelins défendirent leur opinion par les
armes; de sorte, dit avec raison l'abbé Vély, que

d'une si extravagante dispute, on vit naître une guerre civile, un schisme et une croisade contre les gibelins.

Tout portait encore, au milieu d'une civilisation naissante, l'âpre empreinte du caractère ardent et dur des Cimbres, des Teutons et des Francs. On voyait toujours les Français disposés, dans leur bouillante humeur, à changer les discussions en combats, et à se servir de la croix comme autrefois de la francisque.

Confrérie des pénitens d'amour.

Ce n'était pas seulement dans les affaires religieuses qu'éclatait leur fanatisme. L'amour et la galanterie même alors avaient leurs sectaires, leurs anachorètes, leurs victimes. Il se forma une confrérie de pénitens d'amour, congrégation d'amans fanatiques, communauté de vagabonds, qu'on appelait *galois* et *galoises*. Ils faisaient consister leur gloire à prouver l'excès de leur amour en courant les aventures, en affrontant les périls, et en bravant follement toutes les rigueurs des saisons.

Au milieu des plus grands froids, on voyait une foule de chevaliers, de dames, de demoiselles, se promener à demi nus, et se jeter dans les fleuves glacés. Dans les maisons, leurs cheminées, sans feu, n'étaient garnies que de verdure; au plus fort de la canicule, ils se montraient vêtus de fourrures, et se tenaient auprès de brasiers ardens.

Ce fanatisme amoureux, aussi contraire à la pudeur qu'à la raison, ne permettait aux époux aucun acte de jalousie contre les galois qui visitaient leurs femmes. On devait au moins croire qu'une telle extravagance serait aussi courte qu'elle était

étrange. Mais, à cet égard, il faut bien s'en rapporter aux chroniques du temps, qui s'expriment
ainsi : « Et dura long-temps cette vie, cette amou-
» rette jusques à temps que la plupart de ceux en
» fussent morts et péris de froid, étant reconnus,
» sans nul doute, martyrs d'amour. »

Sous le même règne, un grand nombre de paysans
prirent subitement les armes dans le dessein de con-
quérir la Terre-Sainte; ils s'appelaient *pastoureaux* (1); on les voyait marcher en foule, sous les
ordres d'un moine renégat et d'un prêtre chassé
de sa cure. Une de leurs troupes vint audacieuse-
ment se montrer à Paris; des corps plus nombreux
parcoururent l'Aquitaine et le Languedoc, répandant la terreur, pillant les bourgs, et massacrant
par-tout les Juifs qu'ils rencontraient. Heureusement le comté de Foix les attaqua, les battit, les
dispersa et en fit pendre un grand nombre.

Un seul fait suffira pour peindre la sombre férocité des mœurs de cette époque. Les pastoureaux, poursuivant les Juifs, en assiégèrent cinq
cents renfermés dans une tour. Ceux-ci, après s'être
défendus à coups de pierres et de bâtons, jetèrent
leurs enfans à la tête des assaillans. Enfin, décidés à
échapper à des tourmens inévitables par un genre
de mort qu'ils voulaient eux-mêmes choisir, ils
chargèrent le plus jeune et le plus fort d'entre eux
de les égorger tous. Le barbare obéit; et, resté seul
avec quelques enfans, il se livra aux pastoureaux,
qui le coupèrent en morceaux.

____

(1) 1321.

Ce fut encore en 1321 qu'on entendit soudainement parler d'une conspiration inouie jusqu'alors,
celle des lépreux, classe aussi nombreuse qu'infortunée : ces malheureux, isolés au milieu du monde
qui les fuyait avec dégoût et horreur, cédant au
délire du désespoir, avaient conçu, disait-on, l'exécrable dessein de faire partager leur misère et leurs
honteuses souffrances à tous les Français, en dispersant et répandant au fond des sources, des fontaines, sur les tables, dans les lits, sur les meubles,
par-tout enfin, leurs linges et leurs vêtemens infectés du venin le plus contagieux.

On attribuait l'idée de ce complot à un prince
sarrasin, dont les Juifs établis en France étaient
les agens et les complices. La crédulité populaire
adopta ce bruit; quelques moines fanatiques l'accréditèrent. Les princes, les seigneurs n'osèrent ou
ne voulurent pas dissiper ces folles craintes, et en
arrêter les funestes effets.

On brûla plusieurs lépreux ; on enferma les autres. Le roi voulait se saisir de leurs biens; mais
l'opposition que rencontra ce dessein l'y fit renoncer.

La vengeance du peuple tomba sur les Juifs : un
grand nombre de ces malheureux furent massacrés;
Philippe bannit du royaume ceux qui purent échapper à la furie populaire. Leur dépouille lui valut
environ cent cinquante mille livres. Aussi, lorsque
la première effervescence de la multitude fut apaisée, et qu'on eut reconnu l'inanité du complot prétendu qui avait causé tant d'effroi, l'opinion générale attribua tous ces bruits répandus contre les
Juifs et les lépreux à la cupidité des ministres du

roi, qui cherchaient, par toutes sortes de moyens, à remplir un trésor que leur mauvaise administration épuisait sans cesse.

Le besoin pressant d'argent éprouvé presque continuellement par le gouvernement royal, depuis Philippe-le-Bel, fut en tous temps, et par-tout, une des causes les plus fécondes d'actes arbitraires et oppressifs; mais on se tromperait en lui attribuant exclusivement toutes les cruautés dont les hérétiques, les Juifs, les lépreux furent les victimes dans ce siècle. On ne doit pas oublier qu'alors les chefs des nations étaient presque aussi crédules que le vulgaire.

Philippe V lui-même, tourmenté par la jalousie, et voulant savoir si sa femme était infidèle, avait consulté une prophétesse flamande qui le tranquillisa. La femme et la sœur de Marigny avaient été brûlées pour crime de sortilége. Un savant évêque de ce temps écrivait qu'il existait un certain démon, si familier avec les religieuses, qu'elles souffraient sans crainte sa présence. Le pape Jean XXII, ayant découvert une conspiration tramée contre sa vie, pria instamment la comtesse de Foix de lui céder une corne de serpent dont la vertu magique garantissait contre tout poison. Enfin, il s'était élevé une longue, vive et grave discussion, entre le pape et l'université de Paris, relativement à la *vision béatifique*, c'est-à-dire, à la manière dont on doit concevoir que les saints peuvent voir Dieu dans le paradis.

Une telle crédulité et de telles mœurs peuvent seules expliquer ce qui nous paraît aujourd'hui si

étrange dans la conduite et dans les actes de plusieurs monarques, auxquels cependant on ne peut
refuser l'estime due à de grandes qualités.

Exécution d'un magis- trat.
Philippe V était vaillant, sage, généreux, habile
en politique, et plusieurs de ses actes ont prouvé
qu'il voulait être juste. Par ses ordres, le parlement
donna dans ce temps un exemple sévère de justice ; il condamna à la potence un magistrat nommé
Capperel : ce misérable, séduit par l'or d'un homme
riche et condamné à mort, avait fait pendre à sa
place un infortuné très-obscur et très-pauvre, et
qui n'était soupçonné d'aucun crime.

On aime encore à répéter ces belles paroles de
Philippe dans une de ses ordonnances : « Dieu,
» dit-il, qui tient sous sa main tous les rois, ne les
» a établis sur la terre qu'afin qu'ayant première-
» ment réglé avec sagesse leur propre conduite,
» ils gouvernent leurs royaumes et leurs sujets
» avec justice. Aussi, en reconnaissance de sa
» bonté, qui nous a fait roi du royaume de France
» et de Navarre, nous désirons ardemment que le
» plus grand ordre règne dans notre vie et dans
» celle des gens qui nous entourent, de sorte qu'on
» ne puisse reprocher aucun défaut à notre gou-
» vernement, que nous puissions servir d'exemple
» à nos peuples, et que, lorsqu'ils recourront à
» nous et à nos gens, ils trouvent toujours prompte
» et convenable satisfaction. »

Réglemens de justice, d'économie et de police.
Le même prince défendit à ses ministres, à ses
conseillers, de lui présenter aucun acte, lettre ou
missive contraires aux lois ou aux anciens réglemens. Il interdit même au chancelier, sous peine

de prévarication, de sceller tout acte où se trouverait cette clause : *Nonobstant telle ou telle ordonnance.*

Il accueillit avec bienveillance les requêtes des bonnes villes qui imploraient sa protection contre les entreprises oppressives des seigneurs; il établit dans chacune de ces villes un capitaine-général, qui commandait leurs hommes d'armes. Cet officier, élu par les bourgeois prud'hommes, jurait aux communes de les défendre; elles, de leur côté, promettaient de l'aider à maintenir l'ordre et les lois.

Par là, ce roi habile affermissait à la fois sa propre autorité en affaiblissant celle des seigneurs, et la sécurité de ses peuples en les garantissant de toutes vexations. Il avait également opposé une digue à l'ambition temporelle du clergé, par une ordonnance de 1319, dans laquelle il s'exprimait ainsi : « Il n'y aura, depuis ce jour, nul prélat au parlement; car le roi fait conscience de eux empêcher au gouvernement de leur spiritualité. »

Ses prédécesseurs s'étaient vainement efforcés de délivrer la France du fléau des guerres privées; elles n'eurent plus lieu, depuis Philippe V, qu'entre les grands vassaux, qui étaient alors des souverains presque indépendans et des sujets couronnés.

Il réprima la turbulence des autres seigneurs en envoyant des sauvegardes qui furent par-tout respectées. Mais le coup le plus sensible qu'il porta au système féodal, fut l'ordonnance par laquelle il s'attribua l'inspection universelle des monnaies. Les petits vassaux furent contraints à l'obéissance. Le roi, négociant avec les plus puissans, acheta du

comte de Valois les monnaies de Chartres et d'Anjou, et du seigneur de Bourbon celles de Clermont
et du Bourbonnais.

Si Philippe eût borné à de tels actes le désir d'é-
tendre son pouvoir et celui d'affaiblir la puissance
féodale, il n'aurait mérité que des éloges; mais on
ne doit jamais ternir une institution qu'on est contraint de conserver. La noblesse ne pouvait maintenir sa considération qu'en demeurant le prix héréditaire des anciens services rendus à l'État, ou
celui des vertus et des talens destinés à commencer
une illustration nouvelle. Philippe délustra cette
noblesse en accordant la jouissance de ses priviléges
à un grand nombre de familles roturières qui les
achetèrent.

La même ambition de pouvoir lui fit prendre
une mesure humiliante contre les bourgeois des
villes qu'il avait voulu protéger. Il ordonna leur
désarmement et ne permit de leur rendre leurs
armes qu'au moment où il aurait besoin de leurs
services.

Aussi de toutes parts on vit naître un mécontentement
général, qui n'attendait qu'une occasion favorable pour éclater. Les nobles réclamaient leurs
droits, le clergé ses priviléges, les bourgeois leur
indépendance; l'ancien système s'écroulait de toutes
parts; et dans l'ordre nouveau qui s'établissait régulièrement, on ne voyait s'élever et grossir avec
rapidité que le pouvoir du trône, entouré de ministres avides et de parlemens formés de légistes.

Ces légistes furent d'abord peu considérés par un
peuple long-temps habitué à l'éclat, à l'indépen-

dance turbulente de la noble et antique cour des barons et des pairs. Ces nouveaux juges, plus instruits que les anciens, se montraient certainement plus soumis aux lois et moins arbitraires.

Mais, si l'on en croit les écrits de l'illustre chancelier de l'Hôpital, moins puissans et plus pauvres que leurs devanciers, ils ne surent pas assez résister à la tentation de l'or. Voici les termes dans lesquels l'Hôpital s'exprimait sur ce sujet : « Il arriva, peu » après l'érection du parlement de Paris, sous Phi- » lippe-le-Bel, que quelques parties, ayant eu bonne » et prompte expédition de leurs procès, allant re- » mercier leurs juges, leur apportèrent, par hon- » nêteté, quelques boîtes de dragées, par forme » de remercîmens, en reconnaissance de la peine » qu'ils avaient eue de décider leurs différends, et » de la bonne justice qui leur avait été rendue. Au » reste, c'était si peu de cas, que celui qui donnait » n'en était pas plus pauvre, et celui qui prenait » n'en était pas plus riche. Néanmoins, ce qui était » de son origine tant si peu que rien, s'est, par » succession des temps, accru, et a monté à un si » grand et si insupportable excès, que je puis dire » que le désordre qui est aujourd'hui en la justice » de France, dérive de cette non pas douce et su- » crée, mais bien âpre, amère et piquante épi- » cerie. »

Ces progrès furent prompts; car vingt ans après, bien que les épices ne fussent pas encore converties en monnaies, l'usage s'établit de donner ces dragées dans des bassins d'argent, non plus comme courtoisie, mais comme nécessité.

En 1420, une ordonnance porta que les épices viendraient en taxes; les procureurs, les avocats s'en enrichirent comme les juges; enfin, par ce casuel, les gens de loi quadruplèrent leurs émolumens; leur honorable profession devint une spéculation lucrative; et comme ils eurent intérêt à obscurcir les affaires pour les prolonger, la chicane naquit.

Sous François Ier, le fisc créa et vendit de nouvelles charges. « Aujourd'hui, dit encore l'Hôpital, » un office de judicature se vend plus que les anciens gages n'auraient produit en trois cents ans. »

Malgré la justice de ces reproches faits aux tribunaux par l'immortel l'Hôpital, ce fut un grand pas en civilisation que d'avoir remplacé le code des Francs par celui des Romains, et le règne de l'épée par celui des lois; par là l'ordre sortit du chaos.

Professions distinctes sous ce règne.

Ce fut sous Philippe V que l'exercice de la justice, la profession ecclésiastique et celle des armes commencèrent à devenir totalement séparés. Les pairs conservèrent, il est vrai, quelque droit de séance dans les parlemens; mais il ne suffit plus comme autrefois de tenir directement un fief du roi pour y siéger. Depuis le quatorzième siècle on n'y admit plus de nouveaux pairs qu'en vertu de lettres spéciales du monarque.

Philippe V était remarquable par la fermeté de son caractère; il sut se faire obéir, rendit la justice avec équité, réprima les concussions, et exigea de tous les comptables l'ordre dont il donnait l'exemple dans les dépenses de sa maison.

Dans ce temps le luxe des princes et des grands

consistait en chevaux de guerre et de chasse, en armures richement travaillées, en robes et fourrures somptueuses pour les grandes solennités, pendant lesquelles ils se livraient à la joie des festins, où régnait plus l'abondance que la délicatesse.

.. Mais, dans la vie ordinaire, la simplicité antique existait encore : un large foyer tenait lieu de cheminée pour toute une famille; peu de rues étaient pavées; les nobles les parcouraient à cheval ou en charrette; on regardait comme un luxe ces charrettes, dont Philippe-le-Bel avait défendu l'usage aux bourgeois.

.La plupart des maisons de Paris étaient de bois : malgré cette rusticité, les étroites limites de son enceinte, le peu de police qui y était établi, et la saleté de la plupart de ses quartiers, cette capitale de la France, qui pouvait présenter sous les armes trente mille hommes de milice, excitait déjà l'admiration et l'envie.

La vie de Philippe V fut courte : si le sort l'eût prolongée, elle aurait peut-être été agitée par de grandes traverses; car les atteintes multipliées et pressées que ce prince avait portées au clergé, à la noblesse et aux communes, les avaient tellement irrités, qu'en plusieurs endroits on tramait des complots, et l'on formait des ligues contre son autorité.

Depuis plusieurs mois une dyssenterie, jointe à une fièvre quarte, épuisait progressivement les forces du roi. Il mourut le 3 janvier 1322, âgé de trente et un ans. Il en avait régné cinq. On l'enterra à Saint-Denis; son cœur fut déposé aux cordeliers, et ses entrailles aux jacobins de Paris.

Philippe, comme plusieurs de ses devanciers, légua par son testament à son successeur le devoir de réparer ses torts, et de dégrever ses peuples des lourds impôts dont il les avait chargés. Il fit beaucoup de legs pieux, et nomma le pape Jean XXII son exécuteur testamentaire. Ce monarque fut le premier qui publia des ordonnances relatives aux rentes perpétuelles et à vie.

Ce prince n'avait eu qu'une femme, Jeanne, fille d'Othon, comte de Bourgogne, et de Mahaud, comtesse d'Artois. Leurs enfans furent Louis, mort au berceau; Jeanne, mariée au duc de Bourgogne; Marguerite, à Louis, comte de Flandre; Isabelle, au dauphin de Viennois, et Blanche, qui prit le voile.

Il eut pour ministres Gérard de La Guette, le chancelier Pierre de Chapes, et Jean de Cherchemont. Les armées furent commandées par le connétable Gaucher de Châtillon, et par les maréchaux Jean de Corbeil, Jean de Beaumont et Renaud de Trie.

Sous son règne, le bon Joinville existait encore, et ce témoin vivant des vertus et des hauts faits de saint Louis était l'objet de la vénération publique. Dans le même temps un poète immortel, le Dante, illustrait l'Italie.

Aucune grande action de Philippe ne lui mérita une place parmi les héros dont s'honore la France; mais quelques nobles qualités, une fermeté active et un assez constant amour pour la justice, lui assurent un rang honorable dans l'histoire de nos rois.

CHAPITRE HUITIÈME.

CHARLES IV, DIT LE BEL.

(1322.)

Sacre du roi. — Son divorce. — Son mariage. — Vain projet de croisade. — Origine et prérogatives de la charge *d'amiral*. — Sévère justice du roi. — Troubles en Flandre. — Séjour de Charles à Toulouse. — Mort de la reine. — Mariage du roi. — Victoire des Basques sur les Navarrois. — Querelle entre Montpesat et des officiers royaux. — Conquête de l'Agénois. — Mort de Montpesat. — Mort de Charles de Valois. — Dissensions en Angleterre. — Amour coupable de la reine Isabelle pour Mortimer. — Fuite de Mortimer. — Arrivée de la reine en France. — Ses plaintes contre son époux et les Spencer. — Traité de paix. — Position critique de la reine. — Rupture entre la France et l'Angleterre. — Fuite de la reine. — Son débarquement à Harwich. — Mort des Spencer. — Captivité d'Édouard. — Mort de Mortimer. — Captivité de la reine. — Guerre des bâtards. — Paix définitive entre la France et l'Angleterre. — Prétentions de Charles à l'Empire. — Affaires d'Orient. — Projet de croisade du pape. — Réduction des monnaies en une seule. — Leur altération. — Institution des jeux floraux. — Mort du roi. — Ses enfans. — Guerriers et ministres.

CHARLES dut se féliciter d'avoir échoué dans les efforts qu'il avait faits, étant comte de la Marche, pour écarter du trône son frère Philippe. S'il eût réussi, il se serait lui-même fermé tout chemin pour y arriver; la princesse Jeanne aurait régné. Mais il profita de la décision unanime prise par

Sacre du roi.

les pairs et barons de France relativement à la succession des mâles au trône. On le reconnut roi sans opposition, et il fut sacré à Reims par le même Robert de Courtenay qui avait répandu l'huile sainte sur ses deux frères, Louis-le-Hutin et Philippe-le-Long.

Tous les pairs, excepté le roi d'Angleterre, le duc de Guienne et le comte de Flandre, y assistèrent. Le premier soin du roi fut de rompre le lien qui l'avait uni à Blanche de Bourgogne ; cette princesse, convaincue d'adultère, vivait enfermée dans les murs de Château-Gaillard.

Charles prétendit qu'étant parent de Blanche et filleul de sa belle-mère Mahaud d'Artois, son mariage devait être cassé. La comtesse voulut d'abord défendre les droits de sa fille; mais on l'intimida en lui faisant craindre l'exécution rigoureuse du jugement qui avait condamné à mort cette reine criminelle.

Son divorce. Jean XXII, par déférence pour Charles, déclara le mariage nul, sans égard pour la bulle de son prédécesseur Clément, qui en avait reconnu la validité. Jean prétendit que cette bulle n'avait pas été donnée en bonnes formes, et que les motifs de la décision qu'elle contenait n'étaient pas suffisamment développés.

Son mariage. Le roi, devenu libre, épousa Marie de Luxembourg, fille de l'empereur Henri VII ; le jugement du pape, connu à Rome, y excitait un mécontentement presque général. Pour calmer les esprits, Vain projet de croisade. Charles les occupa d'une croisade destinée à secourir dans l'Orient le roi d'Arménie.

Il chargea de la direction de cette entreprise Almaric, vicomte de Narbonne, alors en prison, et condamné à mort pour avoir fait pendre arbitrairement deux de ses vassaux qui avaient formé appel au roi contre un de ses jugemens; ainsi le vicomte de Narbonne, par une étrange vicissitude de fortune, sortit inopinément de ses chaînes pour commander une armée.

La flotte fut confiée au grand amiral Béranger : cette charge était revêtue de grands priviléges sur la mer, dans les ports, à la cour et dans les parlemens. Elle fut supprimée sous Henri II, et rétablie plus tard en faveur du cardinal de Richelieu. Villaret croit avec assez de probabilité que le nom d'amiral venait du mot sarrasin *émir*.

Charles ordonna au vicomte de Narbonne d'acheter vingt galères, qui devaient être montées chacune de deux cents hommes. Mais il en fut de cette croisade comme des entreprises semblables tant de fois projetées depuis la mort de saint Louis ; on l'avait résolue avec ardeur, on l'abandonna avec légèreté.

Depuis Philippe-le-Bel, on traitait les ministres à peu près comme les Juifs : lorsqu'ils s'étaient enrichis des dépouilles du peuple, on les proscrivait pour confisquer leurs biens et profiter du fruit de leurs rapines.

Charles, ainsi que son père, poursuivit les financiers du règne précédent : Gérard La Guette, Auvergnat, né dans une classe obscure, était parvenu au ministère des finances; accusé de malversations par la clameur publique, il fut arrêté, et mourut dans les tourmens de la question, sans qu'on ait pu lui faire déclarer le lieu où il avait déposé ses trésors. Son corps fut traîné dans les rues et attaché au gibet de Montfaucon.

Des mesures non moins rigoureuses, mais plus justes, puisque les délits étaient patens et prouvés, firent honneur au roi dans l'esprit du peuple, qui l'appela *sévère justicier, gardant le droit à chacun.*

Ce prince envoya, dans diverses provinces, des commissaires avec des forces suffisantes pour réprimer les entreprises de plusieurs seigneurs qui pillaient les biens des bourgeois et les propriétés des habitans de la campagne.

L'un d'entre eux, Jourdain de Lille, seigneur de Casaubon, fut arrêté. On alléguait contre lui dix-huit chefs d'accusation, dont le moindre, dit-on, méritait la mort. Comme il était neveu du pape, les vives sollicitations de ce pontife lui firent obtenir sa grâce.

L'impunité l'enhardit; se livrant sans frein à ses passions fougueuses, il se mit à la tête d'une bande de brigands, incendia des villages, dépouilla des marchands, outragea des vierges, massacra tous ceux qui tentaient de lui résister.

Cité à la cour du roi, il assomma l'huissier chargé de la citation, et porta l'audace au point de se rendre ensuite à Paris, entouré des nobles les plus distingués de la province.

Un tel entourage suffit pour prouver aux panégyristes les plus aveugles de ce prétendu âge d'or d'une chevaleresque loyauté, l'inconcevable dépravation des mœurs d'une trop grande partie de la noblesse de cette époque.

Pour compléter le scandale, le pape renouvela ses sollicitations en faveur de ce scélérat ; mais ses accusateurs, les seigneurs de Lomagne et d'Albert, soutenus par la fermeté du roi, firent triompher la justice. Jourdain, jugé, condamné à mort, fut traîné dans Paris à la queue d'un cheval et pendu : on voit, par le récit de Nangis, que l'usage barbare de traîner ainsi les condamnés existait encore en France comme au temps de Brunehaut.

L'esprit de discorde régnait toujours en Flandre (1) : conformément au dernier traité, Louis, fils du comte de Nevers et gendre de Philippe V, devait hériter de la Flandre, quand même son père mourrait avant son aïeul. Le cas prévu arriva ; le vieux comte survécut deux mois à son fils aîné. Robert de Cassel, son second fils, sans égard pour les traités et pour les décisions du parlement, prétendit à la succession, s'arma, et, avec le secours du comte de Namur, s'empara de plusieurs villes. Louis protesta contre ces violences ; le roi évoqua l'affaire au parlement.

Les cités de Flandre manifestèrent le plus vif intérêt pour Louis, et déclarèrent que si on leur donnait un autre comte, elles s'établiraient en républiques.

Trop confiant dans cet appui que lui donnait la faveur populaire, Louis, sans attendre le jugement de la cour du roi, commit l'imprudence de recevoir l'hommage des Flamands.

Troubles
en Flandre.

(1) 1323.

Charles le fit arrêter et enfermer dans la tour du Louvre; mais, après avoir ainsi montré qu'il savait faire respecter l'autorité de la cour des pairs, il pardonna au comte et le mit en liberté.

Le parlement lui adjugea le comté de Flandre, à la charge de ne jamais redemander à la France les villes de Douay, Orchies et Lille; Robert de Cassel conserva l'apanage qui lui avait été concédé.

Si Louis, appelé par le vœu des Flamands, les eût gouvernés avec justice, il aurait joui paisiblement d'une autorité consolidée par l'affection; mais il perdit cette affection en se laissant diriger par les conseils imprudens d'un Francais, l'abbé de Vezelay, fils du fameux chancelier Pierre Flotte, que les Flamands avaient tué à la bataille de Courtray.

Ce ministre les fatigua par de lourds impôts; ils éclatèrent en murmures, et obtinrent sa disgrâce de la faiblesse de Louis. Cette faiblesse, qui rendait le comte incapable de réprimer les exactions de ses officiers chargés de recevoir les contributions, enhardit les mécontens. Les habitans de Bruges se soulevèrent, et tuèrent plusieurs de ses administrateurs.

On soupçonnait Robert de Cassel d'avoir fomenté cette révolte : Louis, violent comme tous les hommes faibles, chargea quelques habitans de Warneton, commune où résidait Robert, de l'assassiner; mais, averti secrètement par le chancelier du comte, il se sauva. Louis, irrité, fit arrêter son ministre: « Pourquoi, dit-il, avez-vous trahi mon secret? » « Pour sauver votre honneur, » répondit le chancelier. Cette vertueuse réponse, qui devait exciter

la reconnaissance et la vénération, fut punie; on jeta
le ministre dans les fers.

Tout gouvernement injuste entre dans un cercle
vicieux dont il ne peut plus sortir. Les sujets, mécontens des taxes, résistent; pour les contenir, il
faut des armes; pour payer des armes, on doit
lever de plus lourds impôts, et les mécontens de
viennent des ennemis.

De toutes parts les Flamands se soulèvent, se
rassemblent, s'arment et livrent bataille à Louis,
qui fut vaincu, captif et jeté en prison à Bruges.
Toute la Flandre, excepté la ville de Gand, reconnut pour comte Robert de Cassel.

Louis méritait son sort; mais l'audace de Robert,
qui se faisait proclamer comte, au mépris de la
décision du parlement et de l'autorité du roi son
suzerain, ne pouvait être tolérée par Charles. Il
déclara son opposition à cet acte d'indépendance,
et, après avoir vainement tenté la voie des négociations, il rassembla une nombreuse armée.

Les Flamands effrayés implorèrent sa clémence;
le roi leur pardonna, en exigeant la démolition des
forteresses d'Ypres, de Bruges et de quelques autres; la soumission à leur comte Louis; l'engagement, sous peine de la vie, de renoncer à toutes
ligues, et la promesse de payer quatre mille livres
pour fonder un couvent à Courtray. De plus, ils furent obligés d'envoyer à leurs frais cent pélerins à
Saint-Jacques de Galice, autant à d'autres églises
éloignées, et de payer au roi une amende de dix
mille livres.

Les historiens du temps louent presque tous cette

fermeté de Charles; elle aurait mérité les éloges de
la postérité, si, l'équité dirigeant sa puissance, il
eût infligé quelques peines au comte son vassal,
dont la conduite tyrannique avait fait naître ces
troubles, et à Robert de Cassel qui, par ambition et
désir de vengeance, avait excité la guerre civile.

A l'autre extrémité du royaume, l'humeur turbulente des Basques et la conduite équivoque des
Anglais inspiraient de justes inquiétudes au roi (1).
Ce prince, dissimulant le but réel qui l'attirait dans
le midi, partit pour le Languedoc sous le prétexte
de visiter ces belles contrées, et d'y rendre plus ré-
gulière l'administration de la justice.

Séjour de Charles à Toulouse.
Il se rendit à Toulouse avec la reine, le roi de
Bohême son beau-frère, le comte Charles de Valois
son oncle, et don Sanche, roi de Majorque. Son séjour dans cette ville, où il resta deux mois, fut
marqué par des fêtes et des actes de justice.

Mort de la reine.
Dans cette même année il éprouva un grand malheur : la reine Marie, dont on admirait la vertu et
la beauté, mourut en couches. La politique permet
rarement aux douleurs royales d'être longues.
Charles voulait avoir un héritier de son trône.

Mariage du roi.
Peu de mois après, il épousa la princesse Jeanne,
fille du comte d'Évreux son oncle.

Victoire des Basques sur les Navarrois.
Les vrais motifs du voyage de Charles furent
bientôt dévoilés. Depuis quelque temps les Basques
et les Navarrois se disputaient la possession d'un
château situé dans la province de Guipuscoa. Les
Basques surprirent cette forteresse et s'en emparè-

____

(1) 1324.

rént. Les Navarrois, arrivant en grand nombre, reprirent ce château et dévastèrent le pays. Ils se retiraient chargés de butin; mais, engagés dans un défilé, ils s'y virent entourés par les Basques, que conduisait avec habileté Gilles d'Onaz.

Les Navarrois, ne pouvant ni fuir ni combattre, périssaient écrasés sous le poids des rochers que leur lançaient, du haut des monts, d'inattaquables ennemis. Les Basques vainqueurs détruisirent, dans cette action, trente mille hommes. Ceux que la mort épargna furent contraints de se rendre, malgré l'opiniâtre courage de leur chef; le seigneur de Mortain, nommé vice-roi de Navarre par le roi Charles-le-Bel. De nos jours, les Basques, dans leurs chants populaires, célèbrent encore cette victoire sanglante.

Charles avait rassemblé des troupes pour les conduire dans la Navarre; mais une autre querelle survenue entre un seigneur d'Agénois, vassal du roi d'Angleterre, et des officiers du roi de France, le fit changer de dessein.

Querelle entre Montpesat et des officiers royaux.

Le seigneur de Montpesat avait bâti un château sur un terrain que les officiers de Charles déclaraient appartenir aux domaines de la couronne de France; ils s'adressèrent au parlement de Paris, qui adjugea la forteresse au domaine royal.

Conformément à cette décision, les Français s'y étaient établis; mais Montpesat, réclamant la protection du sénéchal de Guienne, en obtint de prompts secours. Tous deux attaquèrent le château, le prirent d'assaut, passèrent la garnison française au fil de l'épée, et firent pendre plusieurs officiers royaux.

Charles demanda au roi d'Angleterre réparation

de cette offense. Édouard, paraissant disposé à le satisfaire, envoya son frère le prince Edmond à Paris. Charles exigeait qu'on lui rendît le château, et que le seigneur de Montpesat, ainsi que le chancelier de Guienne, lui fussent livrés pour subir le châtiment qu'ils méritaient.

Edmond, cherchant à obtenir des conditions plus douces, prolongeait la négociation. Cependant, vaincu en apparence par la fermeté du roi, il promit tout, et partit pour la Guienne, accompagné d'un officier dans les mains duquel il devait remettre la forteresse, le chancelier et Montpesat; mais ce prince, cessant tout déguisement dès qu'il fut arrivé à la frontière de la Guienne, chassa l'envoyé royal avec mépris, le menaçant de la mort s'il tardait à s'éloigner.

Le roi confia sa vengeance et son armée à son oncle, le vieux et célèbre comte de Valois, dont la fortune avait toujours couronné les armes. Cet habile général se rendit sans délai à l'armée, accompagné de ses deux fils, Philippe et Charles, de Robert d'Artois et du comte de Beaumont.

Conquête de l'Agénois.

Tout céda à ses efforts : l'Agénois fut bientôt conquis; la ville d'Agen ouvrit ses portes sans résistance, pour se venger du prince Edmond qui, nouveau Tarquin, avait enlevé et outragé une fille noble de cette cité.

Un nombreux détachement français, poursuivant avec ardeur le prince anglais, le contraignit de se renfermer dans la Réole; mais ensuite cette troupe, négligeant de se garder, fut surprise et attaquée par Edmond, qui la mit en déroute.

Le comte de Valois, accourant alors avec toutes ses forces, répara promptement cet échec, investit la Réole, et la resserra étroitement. Bientôt, les tours et les machines de guerre des Français faisant pleuvoir dans la ville une grêle de pierres et de flèches, les assiégés capitulèrent.

Edmond obtint une suspension d'armes aux conditions que lui dicta le vainqueur ; le château, premier objet de cette guerre, fut rasé ; Montpesat en mourut de chagrin. Toute la Guienne, jusqu'à la paix, dut se soumettre à l'autorité du roi, à l'exception de Bordeaux et de Bayonne.

On accorda au prince Edmond la liberté d'aller en Angleterre, à la charge de revenir se constituer prisonnier, s'il ne pouvait engager le roi son frère à comparaître devant la cour des pairs, pour lui soumettre sa cause, et à rendre hommage au roi de France, son suzerain.

Ce triomphe rapide et complet termina les jours glorieux de Charles de Valois. Il mourut en 1325, au moment où il formait le dessein de conclure et de consolider la paix, en mariant sa fille au fils aîné du roi d'Angleterre.

L'injuste vengeance que Charles avait autrefois exercée contre Marigny fut expiée par les remords que laissa éclater, dans ses derniers momens, cet illustre petit-fils de saint Louis. Le peuple, qui le révérait, disait que ce prince, fils, frère, oncle, père, gendre, beau-père de rois, et jamais roi, réunissait en lui toutes les vertus royales.

On répandit le bruit qu'il avait été empoisonné. Ces accusations étaient alors fréquentes. On croyait que les Italiens avaient introduit en France ce crime, jusque-là étranger au caractère national. Il fallait qu'il ne fût pas rare, puisqu'il inspirait tant de crainte. Récemment on avait vu Philippe-le-Long publier un réglement, par lequel il ordonnait à ses chambellans de ne laisser approcher aucun inconnu ou étranger de son lit, de sa table, de ses cuisines et offices, ainsi que de ceux de la reine et de sés enfans.

Dissensions en Angleterre. La défaite des Anglais en Guienne, et la soumission des Flamands, laissèrent jouir la France de quelque repos. Cette tranquillité fut prolongée par les dissensions intérieures auxquelles la faiblesse du roi Édouard II, ses vices, l'orgueil, là cupidité de ses favoris et le caractère vindicatif dè la reine Isabelle livrèrent alors l'Angleterre.

Édouard ne pouvait vivre sans favori : lorsque les barons anglais eurent pris et tué Gaveston, désirant placer près du prince un homme de leur choix, ils contraighirent le roi à donner la charge de chambellan à Spehcer, que ce monarque détestait, et qu'ils regardaient comme dévoué à leur parti. Mais ce jeune ambitieux trompa leur espoir : parvenu, en flattant les vices d'Édouard, à s'insinuer dans son cœur, il s'empara de toute sa confiance, le maîtrisa totalement, et se montra bientôt aussi orgueilleux, avide et cruel que son prédécesseur.

Devenu l'objet de la haine générale, il brava avec arrogance sés nombreux ennemis. Les barons et la reine méditaient sa perte; il forma l'audacieux dessein d'éloigner l'une, et d'effrayer les autres par la terreur des supplices.

Cependant les barons assemblés firent une adresse menaçante au roi pour obtenir la punition ou l'exil de Spencer et de son père. Édouard, effrayé, hésitait, différait sa réponse; mais, égaré par son favori, qui lui fit croire que les barons voulaient le détrôner, il en fit arrêter et décapiter vingt-deux, « parmi lesquels, dit Froissard, on vit tout pre-
» mier le comte Thomas de Lancastre, son oncle,
» qui étoit prud'homme, saint homme, et qui fit
» depuis moult de beaux miracles au lieu où il fut
» décapité. »

. Le continuateur de Nangis, en racontant ce fait sans réflexion, peut donner une juste idée de l'horrible mélange de barbarie et de dévotion que présentaient alors les mœurs des princes et des grands. « Le comte de Lancastre, oncle du roi, dit-il, étant
» arrêté avec plusieurs barons, fut amené en pré-
» sence d'Édouard. Celui-ci, après avoir entendu
» la messe, fait dévotement, selon la coutume, sa
» confession à un prêtre, et ayant aussi mangé le
» corps du Seigneur, condamna à la mort et à dif-
» férens supplices, comme conspirateurs, le comte
» son oncle et les barons. »

Ce lâche coup d'État produisit son effet ordinaire : le mépris, la haine et la soif de la vengeance. Les débauches infâmes d'Édouard et de ses complices justifiaient suffisamment cette haine et le mépris public; mais la reine Isabelle, bien qu'elle eût de justes sujets de plainte contre les Spencer, qui éloignaient d'elle son époux, n'était guère plus digne d'estime que lui; car elle s'abandonnait, sans réserve et sans mystère, à une passion coupable

pour un jeune seigneur normand, nommé Mortimer, remarquable par son esprit et par sa beauté.

Fuite de
Mortimer.

Le roi le fit arrêter et condamner à mort; mais,
cette peine ayant été commuée en prison perpétuelle dans la tour de Londres, il trouva moyen de
s'évader, et chercha un asile en France.

Les Spencer aigrissaient sans cesse le courroux
de la reine par de nouveaux outrages : le comté
de Cornouailles lui avait été assigné pour son entre-
tien; on l'en priva, en alléguant le danger de laisser un domaine si près des côtes à une reine née
Française, lorsqu'on était en guerre avec la France.

Ce fut dans ces circonstances que le prince Edmond revint à Londres pour y rendre le triste
compte de sa défaite, de la perte de la Guienne,
et des conditions rigoureuses proposées par le roi
Charles.

Dans le premier moment d'effroi, Édouard déclara qu'il était prêt à donner toute satisfaction au
roi, son seigneur, en lui prouvant son obéissance
et son respect. Il fit partir pour Paris les évêques
de Norwich et de Winchester, le comte de Richemont et Henri de Beaumont, revêtus de ses pleins-
pouvoirs.

Ces négociateurs obtinrent que la trêve fût prolongée jusqu'au 25 juillet ; mais, s'efforçant en vain
d'amener Charles à modifier les conditions sévères
qu'il voulait imposer aux vaincus, ils crurent qu'ils
réussiraient mieux si la reine Isabelle, sœur de
Charles, venait en France appuyer leurs démarches de son crédit sur son frère.

L'évêque de Winchester retourna à Londres,

dans le dessein de décider Édouard de tenter ce
dernier moyen d'arriver à la paix. Le succès de
l'évêque fut facile; tout ce que désiraient les Spencer,
c'était l'éloignement de la reine. Cette princesse, de
son côté, ne cherchait qu'une occasion d'échapper
à la haine des favoris du roi, de rejoindre Mortimer
en France, et d'y rassembler les moyens de se venger de ses ennemis.

Édouard haïssait la reine, et n'avait d'autre volonté que celle de Spencer. Le départ d'Isabelle fut
résolu; elle partit et courut se jeter dans les bras
de son frère, avec l'espoir d'obtenir de lui la paix
avec l'Angleterre, et des secours contre les Spencer.
Les conseillers d'Édouard commirent l'extrême
imprudence de lui laisser emmener avec elle le
jeune Édouard son fils, héritier du trône.

Arrivée de
la reine en
France.

Charles accueillit avec tendresse sa sœur et son
neveu. Les premières paroles d'Isabelle furent de
vives plaintes contre son époux. «Il m'a prise, di-
» sait-elle, en trop grand haine, et si ne sait pour-
» quoi, et tout par l'hennortement d'un chevalier
» nommé Hugh Spencer, qui a tellement attrait
» mon seigneur à soi et à sa volonté, que tout ce
» qu'il veut dire et faire, il est. »

Ses plaintes
contre son
époux et les
Spencer.

Elle ajouta le tableau de tous les actes sanguinaires de ce favori, le supplice des barons, la mort
tragique de Lancastre. « Enfin, dit-elle, il me fut
» dit en grand secret, par un homme qui doit assez
» savoir les desseins de mon mari et de Spencer,
» qu'on avoit grand envie sur moi, et que si je de-
» meurois au pays guère de temps, le roi, par
» mauvaise et fausse information, me feroit mou-

» rir ou languir à honte; si je m'en suis enfuie,
» comme femme égarée et déconseillée, devers vous
» pour avoir conseil et confort de ces besognes. »

« Ma chère sœur, apaisez-vous, répondit Char-
» les, et vous confortez; car foi que je dois à Dieu
» et à monseigneur saint Denis, j'y pourvoirai de
» remèdes. » Le roi la logea dans son palais, la
traita magnifiquement, « et lui fit délivrer, con-
» tinue Froissard, par la chambre aux deniers,
» tout ce qui étoit nécessaire pour la reine et pour
» son état. »

Charles rassembla les pairs et les barons pour les
consulter sur la paix qu'il voulait conclure avec
l'Angleterre, et sur l'assistance qu'il désirait donner à sa sœur. Ils lui répondirent qu'une affaire de
famille n'était pas une affaire nationale, et qu'ils
ne trouvaient pas dans la brouillerie du roi Édouard
et de sa femme des motifs suffisans pour rompre
avec l'Angleterre, et enfreindre l'engagement récemment pris avec le pape de conclure promptement la paix.

Charles, se rendant à cet avis, dit à sa sœur qu'il
ne pouvait rien pour elle que de lui fournir secrètement des armes, et de lui permettre d'engager
quelques chevaliers à soutenir sa cause. « Or, dit
» Froissard, il lui donna de l'or et de l'argent, qui
» est le métal de quoi on acquiert l'amour des gen-
» tilshommes et de pauvres souldoyars. »

Traité
de paix. Le roi conclut avec les négociateurs d'Édouard
un traité dont telles étaient les conditions: la Guienne
sera remise provisoirement au monarque français,
qui y enverra un sénéchal; les troupes anglaises et

françaises évacueront le pays; Édouard viendra à
Beauvais, à l'époque des fêtes de l'Assomption; là,
il rendra hommage au roi de France, son seigneur;
ensuite, par amitié, Charles restituera la Guienne
et l'Agénois à Édouard, mais non les autres terres
récemment conquises, à moins que la cour des pairs
n'en ordonne la restitution; cette même cour jugera les questions relatives aux indemnités; les
prisonniers seront rendus de part et d'autre.

Ce traité fut signé le 31 mai (1): Édouard le
ratifia; mais les Spencer ne voulurent pas lui permettre de partir pour la France. Ce faible roi ne
savait pas désobéir à son favori; mais en même
temps il craignait, en ne se rendant pas à Beauvais,
de perdre la Guienne et le comté de Ponthieu. Pour
sortir de cet embarras, il céda ces deux grands fiefs
à son fils Édouard, héritier de son trône et comte
de Chester.

Ce jeune prince, âgé de treize ans, rendit hommage à Charles. Le roi de France lui restitua la
Guienne; mais l'acte d'investiture de ce fief fut
déposé dans les mains de l'archevêque de Vienne
jusqu'au moment où Édouard en aurait payé les
frais, taxés à soixante mille livres.

La position d'Isabelle devenait critique; elle n'a-
vait plus de prétexte décent pour rester en France.
Le roi son époux et ses ministres, informés de ses
intrigues, la rappelaient en Angleterre. Cependant
l'amour et Mortimer la retenaient à Paris; cet amour
scandaleux excitait en France assez de mécontente-

Position
critique
de la reine.

(1) 1325.

ment. Les murmures du peuple ouvrirent les yeux de Charles, naturellement ennemi de tout déréglement, et sévère dans ses mœurs; il ne contraignit point d'abord sa sœur à s'éloigner, mais il lui marqua une froideur extrême.

Dès que les courtisans s'en aperçurent, ils l'imitèrent; et cette belle reine pour laquelle, peu de temps avant, tant de bras chevaleresques voulaient s'armer, ne vit bientôt plus autour d'elle que Mortimer, le seigneur de Beaumont et Jean de Hainaut, dévoués à elle sans réserve.

Les mécontens d'Angleterre écrivaient à la reine que, si elle voulait revenir avec mille hommes d'armes, ils se joindraient à elle et la délivreraient de ses ennemis. Charles, après avoir lu cette lettre, déclara de nouveau à Isabelle qu'il ne pouvait lui donner aucun secours.

Rupture entre la France et l'Angleterre.

Cependant, comme il lui permettait de rester en France, Édouard irrité déclara ennemis de l'État la reine Isabelle et son fils; il poussa même l'imprudence jusqu'à déclarer la guerre au roi de France, qu'il accusait de favoriser les complots de sa sœur. Les hostilités recommencèrent : vingt vaisseaux français furent enlevés dans les ports de Normandie, et les Anglais s'emparèrent de Saintes (1).

Dans le même moment, on assurait qu'en Angleterre on avait massacré tous les Français qui s'y trouvaient, et confisqué leurs biens. Déjà Charles avait ordonné de cruelles représailles; heureusement la nouvelle du massacre fut démentie.

(1) 1326.

- La guerre était recommencée, un grand nombre de seigneurs et de chevaliers offrirent leurs épées à Isabelle; mais les Spencer, pour détourner cet orage et décider Charles à éloigner sa sœur, « en- » voyèrent, devers lui et son plus privé conseil, » messages secrets et grande abondance d'or et » d'argent et de joyaux riches; firent tant, en » brefs termes, que le roi et tout son conseil fu- » rent aussi froids d'aider à la dame comme ils en » avoient été en grand désir, et brisa le roi tout ce » voyage, et défendit, sous peine d'être banni hors » le royaume, qu'il ne fût nul qui, avec la reine, » se mît à voie pour lui aider à se remettre en An- » gleterre à main armée. »

En même temps, Édouard avait écrit au pape et aux cardinaux pour les intéresser à sa cause : « envoyant aussi grand or et grand argent aux » prélats les plus secrets et les plus prochains du » pape; » ce qui eut un plein succès; car le sou-verain pontife écrivit au roi de France pour le presser, « sous peine d'excommuniement, de ren- » voyer sa sœur Isabelle en Angleterre, devers son » mari le roi. »

Charles, ne voulant pas lutter contre l'Église, fit dire à sa sœur « qu'elle vuidât tôt et hâtivement » son royaume, ou qu'il l'en feroit vuider à honte. »

Isabelle cherchait cependant toujours, sous dif-férens prétextes, à retarder son départ; mais Ro-bert d'Artois, son cousin et son ami le plus fidèle, vint au milieu de la nuit l'avertir que le conseil du roi venait à l'instant de décider qu'elle serait le lendemain arrêtée avec le prince son fils, le comte

de Kent, le seigneur de Mortimer, et qu'on les li-
vrerait aux Spencer.

Fuite de la reine. : Alors, sans perdre de temps, cette princesse prit
la fuite avec précipitation, resta quelques jours dans
le Ponthieu, et chercha ensuite un asile dans le
Hainaut, où le sire d'Ambricourt l'accueillit honorablement.

Là, elle vit accourir le prince Jean, frère du
comte de Hainaut, qui la supplia de le prendre
pour son chevalier. Sous sa garde, Isabelle se rendit
à Valenciennes. Son fils y devint épris de la princesse Philippe, seconde fille du comte de Hainaut,
et la politique de la reine hâta la conclusion d'un
mariage aussi utile à ses propres intérêts que désiré
par son fils.

Jean de Hainaut était ardent, brave, aventureux;
il résolut, avec trois cents hommes d'armes, de ramener triomphante en Angleterre la belle reine
qu'il avait juré de servir. Vainement son frère, le
comte de Hainaut, s'efforça de le détourner d'une
entreprise si hardie et soutenue avec des moyens
si faibles; il persista dans son dessein. La reine et
lui s'embarquèrent sans autres forces que leurs
trois cents hommes d'armes, et la fortune favorisa
leur témérité.

Son débar- quement à Harwich. Une tempête, qui, par sa violence, les menaçait
des plus grands périls, les sauva en les éloignant
du port où la flotte d'Édouard les attendait, et les
poussa sans obstacles dans le port de Harwich, où
ils débarquèrent. Là, ils virent avec joie accourir
près d'eux Henri de Lancastre et plusieurs seigneurs
anglais.

Isabelle publia un manifeste dans lequel elle déclarait qu'elle ne prenait les armes que pour châtier les indignes favoris qui abusaient tyranniquement de l'autorité et du nom du roi. Son but unique, disait-elle, était de délivrer le peuple de leur joug intolérable, de rétablir la noblesse dans ses priviléges, de maintenir les droits de la sainte Église. En même temps elle demanda une entrevue à son époux. Ce prince, dans son aveuglement, n'écouta que les conseils désespérés des Spencer et refusa toute négociation.

La haine contre les favoris était universelle; aussi de toutes parts les barons et les guerriers anglais vinrent grossir le camp de la reine. Édouard, poursuivi et abandonné, se renferma dans Bristol avec son trésor et ses ministres; il y fut assiégé.

La ville, après une légère résistance, capitula. Spencer le père, et le comte d'Arundel, que les troupes avaient pris, furent éventrés, pendus, décapités et écartelés sous les yeux du roi et de son favori, réfugiés alors tous deux dans la citadelle.

Ceux-ci trouvèrent le moyen de s'évader la nuit et de s'embarquer; mais ils furent poursuivis et arrêtés. Spencer, condamné par le conseil de la reine, fut mutilé et attaché à un gibet; après lui avoir arraché le cœur, on le brûla; Isabelle envoya la tête de sa victime à Londres.

Le roi fut enfermé dans le château de Monmouth. On convoqua le parlement. La reine et son fils, trompant le roi captif par de rassurantes promesses, obtinrent de lui son sceau et l'autorisation de s'en servir. Bientôt le parlement déclara Édouard indigne de la couronne, décida qu'il finirait ses jours en prison, et que son fils monterait sur le trône. Isabelle eut la présidence du conseil de régence.

Un messager du parlement se rendit dans la prison du monarque condamné, et lui prononça son arrêt en ces termes : « Moi, Guillaume Trussel, » procureur du parlement et de toute la nation » anglaise, je vous déclare, en leur nom et de leur » autorité, que je rétracte l'hommage que je vous » ai rendu. Dès ce moment, je vous prive de la » puissance royale, et proteste que je ne vous obéi- » rai plus comme à mon roi. »

Conformément à la décision du parlement, les douze tuteurs donnés au roi devaient avoir pour chef Henri de Lancastre ; mais la reine, qui voulait que Roger de Mortimer régnât sur l'Angleterre comme sur elle, l'investit d'un pouvoir absolu.

Ce nouveau favori, aussi arbitraire, aussi cupide, aussi cruel que les Spencer, devint, en peu de temps, l'objet de la haine des grands et du mépris des peuples. Par-tout on murmurait. Quelques complots se tramaient pour rétablir le roi captif sur le trône. Alors les vils conseillers de la reine corrompirent quelques-uns des gardiens du malheureux Édouard, et ces barbares lui introduisirent dans le corps, à travers un tuyau de corne, un fer ardent qui brûla ses entrailles.

Dans ce même temps, on dit généralement qu'Isabelle était enceinte et portait le fruit d'un amour criminel. Ce scandale fit éclater la révolte. Le favori fut arrêté dans la chambre de la reine et

Mort de Mortimer.

jeté en prison, malgré les supplications de cette princesse, qui s'écriait vainement : *Mon fils, épargnez le gentil Mortimer !* Il fut jugé par ses ennemis. La condamnation était juste ; mais l'arrêt fut cruel, comme la haine qui le dictait. Mortimer fut mutilé, pendu, écartelé. Ses membres furent envoyés aux principales cités, et l'on exposa sa tête sur la tour de Londres.

On relégua la reine dans le château de Rising, où elle vécut vingt-huit ans. Froissard dit « qu'on » lui donna chambrières pour la servir, dames pour » lui tenir compagnie, chevaliers d'honneur pour » la garder, et que le roi son fils la visitait deux » ou trois fois par an. ». Tels furent le cours et la fin de ces deux révolutions, produites en Angleterre par les vices d'un roi faible et les passions d'une reine infidèle.

Charles, dont la sévérité condamnait justement la conduite de sa sœur, n'entreprit rien pour la défendre ni pour la venger.

Dès troubles d'un autre genre agitaient alors la France : un grand nombre d'enfans naturels des gentilshommes de la Guienne, poursuivant la fortune à la pointe de l'épée, prirent les armes, enrôlèrent une foule de gens sans aveu, devinrent chefs de brigands et dévastèrent l'Aquitaine.

Alphonse d'Espagne, seigneur de Lunel, marcha contre eux pour réprimer leurs brigandages ; mais ils defirent ses troupes, s'emparèrent de Saintes et la livrèrent aux flammes.

Une nouvelle armée, commandée par le maréchal de Bricbec, les atteignit, les battit, les dispersa et termina ainsi cette étrange guerre, nommée alors *la guerre des bâtards.*

Paix définitive entre la France et l'Angleterre. La paix n'était pas encore définitivement rétablie entre la France et l'Angleterre (1). Le nouveau roi Édouard III, sommé par Charles de venir lui rendre hommage, donnait pour excuse de son retard l'état d'agitation où se trouvait son royaume. Charles ne pouvait douter de la réalité de ce motif.

De part et d'autre on nomma des commissaires qui s'accordèrent promptement et conclurent la paix. Toutes les places conquises furent restituées à Édouard, qui promit de payer cinquante mille livres sterling au roi de France pour l'indemniser des dépenses de la guerre.

Une amnistie générale fut accordée, à l'exception des Gascons, que des arrêts avaient condamnés. Ils obtinrent cependant la vie; mais Charles les bannit, et le roi Édouard promit de faire raser leurs châteaux.

Prétentions de Charles à l'Empire. Charles, sage et modéré dans sa politique, joignait la fermeté à la prudence; il avait su réprimer avec succès l'ambition hostile de l'Angleterre, l'humeur turbulente des Flamands, ainsi que les désordres excités en France par quelques agitateurs. Il n'aurait compté les années de son règne que par des succès, s'il ne s'était laissé décevoir par la vaine espérance d'obtenir le titre d'empereur des Romains; mais son erreur fut courte, et l'échec qu'il éprouva n'humilia que son amour-propre, sans compromettre la tranquillité du royaume.

(1) 1327.

Le pape Jean XXII, après être resté quelque temps neutre entre Frédéric d'Autriche et Louis de Bavière, tous deux prétendans à l'Empire, se déclara soudainement en faveur de Frédéric, au moment où ce prince venait d'être battu et pris à Muhldorf par les Bavarois.

Le souverain pontife soutenait que, depuis Léon III, il était reconnu qu'aucun empereur élu ne pouvait profiter de son élection avant qu'elle fût confirmée par le Saint-Siége; en conséquence il défendit à Louis de Bavière de se décorer des titres d'empereur et de roi des Romains.

Louis, dans l'espoir d'enlever tout prétexte au pape et toute force à ses foudres, négocia si adroitement avec Frédéric, qu'il obtint de celui-ci la renonciation solennelle au trône impérial. Mais le saint père, alors changeant de batterie, s'adressa au roi Charles, et lui promit de le seconder de tout son pouvoir, s'il voulait se faire élire roi des Romains.

Léopold d'Autriche, et Jean, roi de Bohême, beau-frère du roi de France, s'engagèrent à l'appuyer dans cette entreprise. Charles leur crut plus d'influence qu'ils n'en avaient réellement.

Des électeurs et des princes allemands furent convoqués à Bar-le-Duc; mais le roi Charles n'y trouva que le seul Léopold; et, comme la reine Marie, sœur du roi de Bohême, était morte, ce prince changea bientôt de parti, et prit ouvertement celui de Louis de Bavière; le monarque français, honteux du mauvais succès de cette intrigue, y renonça.

On parlait toujours de la croisade projetée; et, bien qu'aucune mesure ne fût prise pour l'exécution de ce dessein, il répandit l'alarme dans l'Orient, si mal secouru et si souvent dévasté par les guerriers de l'Occident.

L'empereur Andronic, qui redoutait autant que les infidèles une nouvelle invasion des croisés, envoya des ambassadeurs à Charles pour l'engager à se rendre médiateur entre les églises grecque et latine. Le roi chargea Robert, roi de Sicile, et un moine, de traiter à Rome cette réconciliation; mais leurs tentatives restèrent sans succès.

On trouve dans Nangis une anecdote qui prouve à quel point les doctrines ultramontaines, les plus contraires à l'autorité temporelle des princes, exerçaient encore à cette époque d'influence sur l'esprit des souverains, des écrivains et des peuples.

Au moment où le pape et Louis de Bavière agitaient par leurs dissensions l'Allemagne et l'Italie, deux docteurs fameux, mais enfans du diable (ce sont les termes de la chronique); l'un, Jean de Gaudunoin, et l'autre, Manlius de Padoue, vinrent trouver Louis, duc de Bavière, roi des Romains. « Quel motif, leur dit-il, vous a fait quitter une
» terre de paix pour une terre de troubles? »

« C'est, répondirent-ils, une grave erreur de
» l'Église de Dieu et le devoir de notre conscience
» qui nous ont fait exiler et chercher un refuge
» près de vous; car c'est à vous qu'il appartient
» de réprimer de si graves erreurs et de révoquer
» les actes injustes qu'elles entraînent. Nos adver-
» saires prétendent à tort que l'Empire est soumis

» à l'Église, car l'Empire existait avant que l'Église
» eût aucune principauté ni autorité. Elle ne peut
» donc soumettre l'Empire à sa puissance.

» Il est certain que plusieurs empereurs ont con-
» firmé les élections des souverains pontifes, con-
» voqué des synodes, et leur ont fait jurer foi à leur
» autorité suivant les droits de l'Empire. Donc les
» prétentions alléguées depuis quelque temps con-
» tre l'Empire et ses libertés sont des usurpations
» frauduleuses sur cet empire. C'est une vérité que
» nous sommes prêts à soutenir contre tout homme,
» et même au péril de notre vie. »

« Le duc de Bavière, dit Nangis, n'approuva pas
» totalement cette *démence*, que des conseillers
» expérimentés lui firent considérer comme pro-
» fane et pestiférée, d'après laquelle, s'il l'adop-
» tait, il serait, avec raison, déclaré hérétique,
» donnant ainsi au pape le moyen de le priver
» justement de tout droit à l'Empire. » Ils lui demandèrent même de châtier sévèrement ces docteurs, parce que le devoir d'un empereur était
non-seulement de défendre la foi, mais d'extirper
les hérésies.

Le duc de Bavière répondit qu'il serait inhumain
de punir et de tuer dans son camp ceux qui avaient
quitté leur patrie, leurs biens pour ses intérêts; il
les laissa donc libres et les combla de présens. Informé de ces faits, le pape Jean mit en jugement
le duc, les deux docteurs, leurs partisans, et les
excommunia.

Le même pape, ayant prêché une croisade contre Galéas Visconti et les gibelins, demanda, pour

Projet
de croisade
du pape.

cette guerre, à toutes les provinces de France, un subside. Le roi s'opposa d'abord à la levée de ce tribut, comme contraire aux libertés et aux usages du royaume; mais ensuite, sur les instances du souverain pontife, qui proposait de lui céder la moitié du produit de cette levée de décimes, il consentit à ce que désirait le pape, déterminé sans doute par cette maxime : *Do ut des.*

Le besoin d'argent éprouvé continuellement par nos rois, et renouvelé sans cesse par la nécessité de réprimer des rebellions féodales et de soutenir des guerres ruineuses contre l'Angleterre, fit commettre de graves injustices au plus sage des princes: Charles, si sévère et si justicier au commencement de son règne, suivit les traces de son père : il se permit lui-même des actes arbitraires qu'il avait cru devoir punir en montant sur le trône.

Sous prétexte d'établir dans le royaume l'uniformité des poids et des mesures, il voulut aussi, sans égards pour les droits des seigneurs, assujettir toutes les monnaies à la même valeur et au même titre.

Les évêques et les barons s'opposèrent vivement à cette entreprise, prétendant avec raison, conformément au droit féodal, que son ordonnance ne pouvait avoir force de loi hors de son domaine et dans les seigneuries, sans avoir obtenu préalablement le consentement des seigneurs: Charles soutint son projet, qui n'avait, disait-il, que le bien public en vue.

De jour en jour l'autorité royale devenait plus forte, et la résistance des nobles plus faible. Les

sénéchaux et les commissaires envoyés par le roi
employant tour-à-tour avec succès l'adresse et
la menace, on céda; presque toutes les monnaies
furent fondues en une seule nommée *agnelet;* les
autres n'eurent plus de cours.

Ce grand acte de puissance n'aurait mérité que
des éloges par son utilité, s'il eût été dicté par la
bonne foi. Mais Charles, dont le trésor était vide
et ne pouvait suffire aux frais de la guerre contre
Édouard, abusa du nouveau droit qu'il s'était ar-
rogé, et altéra les monnaies comme ses prédécesseurs. Quelques grands vassaux, qui s'étaient opposés
à ses prétentions, lui vendirent leur ancien droit de
battre monnaie; dès lors aucun obstacle n'arrêta sa
marche.

« Cette altération des monnaies, dit Condillac,
» expédient funeste employé par Charles et ses
» prédécesseurs, le fut encore par ses succes-
» seurs. On s'étonne sans doute de l'aveuglement
» de tous ces rois; c'était l'effet de leur ignorance.
» Les princes, incapables de connaître par eux-
» mêmes leurs vrais intérêts, se livrent à des mi-
» nistres qui, partageant les dépouilles des sujets,
» ne se mettent pas en peine des pertes que fera
» bientôt leur maître. C'est assez pour leur justi-
» fication qu'ils ne fassent que les fautes qu'on a
» faites avant eux; car lorsqu'il s'agit d'adminis-
» tration publique, il semble que l'exemple suffise
» pour autoriser les abus. »

Les rois et les hommes d'État ne sauraient trop
lire et méditer Condillac; on pourrait dire des ouvrages de ce vertueux, illustre et profond politique,

ce que Cicéron disait des lois romaines : *C'est la raison écrite.*

On doit donc attribuer cette grave erreur du roi Charles à sa position, à ses conseillers et aux mœurs de son temps plus qu'à sa personne ; il était naturellement sage, bon, généreux, ami de l'ordre, de la justice et des lettres.

Tout prince qui protége les sciences et propage les lumières, rend le plus grand service à l'humanité, en aidant les hommes à sortir des langes de l'état sauvage et des ténèbres de la barbarie. Déjà, au milieu du quatorzième siècle, malgré les obstacles que les préjugés et les superstitions opposaient à la raison publique, elle cherchait de toute part à se faire jour. Dans ce réveil, l'imagination précéda le jugement, et c'était par l'amour des romans et de la poésie, que la France devait arriver peu à peu à celui de la sage liberté et de la vraie philosophie.

Institution des jeux floraux.

Ce fut sous le règne de Charles et à l'époque de son voyage à Toulouse, que s'établirent les jeux floraux (1). La guerre civile, l'inquisition, ses bûchers, les proscriptions, qui pendant un siècle inondèrent de sang nos provinces méridionales, n'avaient pu y éteindre la passion naturelle de leurs habitans pour la poésie ; leur brillant soleil était encore Apollon pour eux, et les chants des troubadours n'avaient jamais cessé de se faire entendre au milieu des cris des combattans, des hurlemens des fanatiques, et des gémissemens de leurs victimes.

(1) 1324.

Sept nobles troubadours, ayant formé une petite association sous le nom de *la gaie société des torbadors*, écrivirent une lettre circulaire à tous les poètes du Languedoc, pour les inviter à venir à Toulouse et à y faire la lecture de leurs vers ; en même temps ils promirent une violette d'or à l'auteur de l'ouvrage qui serait couronné : le sujet du concours devait être religieux.

On se rendit avec empressement à cette invitation, et les sept associés ou *mainteneurs* tinrent l'assemblée dans leur jardin. Maître Arnaud de Vidal de Castelnaudary remporta le prix, obtint la violette, et fut nommé docteur en *la gaie science*.

Les capitouls, magistrats de Toulouse, régularisèrent cette institution, qui devait attirer beaucoup d'argent et de voyageurs dans leur ville ; ils assignèrent des fonds pour établir un prix annuel ; la nouvelle académie devait être sous la présidence d'un chancelier élu par les sept *mainteneurs* ; elle fut chargée de rédiger ses statuts sous le nom de *lois du jeu d'amour*.

Nul ne pouvait obtenir le grade de docteur dans la gaie science, sans avoir subi préalablement un examen public.

Dans les troubles civils, la discorde ne respecte pas plus le temple des muses que celui des lois : le jardin des sept troubadours ayant été détruit, l'hôtel de ville leur offrit un refuge.

Vers la fin de ce siècle, une femme célèbre, née à Toulouse, Clémence Isaure, qui dut sa renommée à son amour pour la poésie, fonda par testament, en faveur des *jeux d'amour*, deux nouveaux prix annuels; elle ajouta l'églantine et le souci d'argent à la violette d'or. La reconnaissance érigea une statue de marbre à Isaure, et le temps l'a respectée.

Cette société libre des troubadours fut constituée régulièrement sous Louis XIV comme académie, et placée sous la protection du chancelier de France. On augmenta le nombre des prix; le quatrième fut l'amaranthe d'or. Les académiciens, d'abord au nombre de trente-six, furent portés à quarante.

Mort du roi. La paix générale dont jouissait la France, favorisant les progrès des arts et de la civilisation, semblait, après tant d'orages, promettre des jours heureux, et le peuple fondait de justes espérances sur le caractère généreux et pacifique de Charles. Mais une maladie vive termina son existence à Vincennes le 1ᵉʳ février 1328, après sept années de règne; il n'était âgé que de trente-quatre ans.

Ainsi mourut le dernier des trois fils de Philippe-le-Bel : ces trois princes, remarquables par leur courage et leur beauté, et qui promettaient au trône une longue suite de rois, disparurent en moins de quatorze ans, sans laisser aucun héritier mâle de leur couronne.

Ses enfans. La première femme de Charles, Blanche de Bourgogne, lui avait donné deux enfans, Philippe et Jeanne, qui moururent jeunes. La seconde, Marie de Luxembourg, mourut sans laisser de postérité, et la troisième, Jeanne, fille de Louis, comte d'Évreux, ne donna le jour qu'à trois filles, dont la dernière, appelée Blanche, épousa Philippe, duc d'Orleans, dernier fils de Philippe de Valois.

La reine était enceinte de sept mois lorsque son

mari mourut : Charles, avant d'expirer, appela
près de lui les grands de sa cour et leur dit :
« Si la reine met au jour un fils, je suis certain
» que vous le reconnaîtrez pour votre roi; et, si
» elle ne met au monde qu'une fille, ce sera aux
» grands barons de France d'adjuger la couronne
» à qui il appartiendra; en attendant, je déclare
» Philippe de Valois régent du royaume. »

Ce fut Charles-le-Bel qui érigea en duché-pairie
la baronnie de Bourbon en faveur de Louis, fils de
Robert et petit-fils de saint Louis. « J'espère, dit-il
» à cette occasion, que les descendans du nouveau
» duc contribueront, par leur vaillance, à main-
» tenir la dignité de la couronne. »

Les armées de Charles furent commandées par
les généraux qui s'étaient illustrés sous ses frères; il
leur adjoignit Jean des Barres, maréchal de France.
Un des ministres qui possédait le plus de part à sa
confiance, était Pierre Remy. Il n'échappa point
au sort de ses prédécesseurs, car depuis il fut pendu
comme eux.

Les obsèques de Charles eurent lieu à Saint-
Denis. Le président Hénault prononce, contre la
mémoire de ce prince, un jugement trop rigou-
reux. Il fallait qu'il eût mérité l'affection de ses sujets par sa douceur, par la pureté de ses mœurs,
par son penchant à récompenser le mérite, par son
dédain pour le faste et par son amour pour les
lettres, puisque ses courtisans lui reprochaient de
vivre plus en philosophe qu'en roi.

FIN DU TOME SEIZIÈME.

TABLE DES MATIÈRES

CONTENUES DANS CE VOLUME.

HISTOIRE MODERNE.

TOME SEIZIÈME.

FIN DE LA TABLE DES MATIÈRES.

www.ingramcontent.com/pod-product-compliance
Lightning Source LLC
LaVergne TN
LVHW021941030726
842523LV00001B/235